分権型福祉社会と地方自治

樋田 洋 著

桜井書店

目次

分権型福祉社会と地方自治

はじめに

本書は、基礎自治体の役割を個々人の自立を支える公共政策の担い手と捉えた上で、その再生に向けた改革課題を探ろうとするものである。そのための検討の出発点においているのは、子育てを支援する活動や健康づくりなどの、住民が主体となった地域活動が自治体と住民・地域団体との協働の取り組みとして活発化しつつある今日的状況である。それは住民の生活を支える基盤としての自治体の新たな役割を示しているだけでなく、将来の自治体行財政制度や地方自治の理念を再構築する上で、大きな示唆を与えるものといえる。これらを念頭においた場合に求められる基本的な課題は、あらためて個々人の自由と主権という原則から出発した地方自治と行財政運営の論理を組み立て直し、経済のグローバル化の拡大と福祉国家の動揺のなかで、その将来展望を見出すことであろう。こうした課題を前提にして、以下では本書の構成にかかわる基本的な論点を示しておきたい。

1　スウェーデンの自治体改革と二つの道

経済・社会のトータルな変化のなかで今後の自治体の役割を考える際に注目されるのは、スウェーデンにおける自治体改革の過程である。スウェーデンの自治体改革が興味深いのは、市民の参加をとおした自治体行政の改革と、経済のグローバル化のなかで地域の権限を拡大する改革とが並行して進められていることにある。第二次大戦後のスウェーデンにおいては、自治体を福祉国家によるサービス供給システムの基礎単位と位置づけた上で、効率的なサービス提供に向けて、合併をとおした自治体の大規模化が進められてきたが、一九九〇年代初頭の経済危機を契機に、こうした集権型の福祉国家システムの見直しが進められている。そのなかで注目されるのは、二つのレベルで進められている地方自治システムの改革である。それは一方では、基礎自治体であるコミューンの自律性を高めるためのフリーコミューン実験を嚆矢とする諸改革であり、近隣議会の設置などをとおして自治体と市民との接点を広げるための改革が進められている。他方で注目されるのは、広域自治体の設置によって中央政府の権限を委譲する改革である。これはEUの統合にともなう国境を超えた地域間のネットワークの拡大を背景としている。スウェーデンは福祉国家と競争力ある経済の建設とを同時に成し遂げてきた国として評価されてきたが、一九九〇年代初めの経済危機を乗り越えた現在、知識社会での社会的インフラストラクチャーを整備して経済と財政とをともに再建した国という評価があらためて寄せられている。(1) こうした九〇年代以降の経済社会の改革と、大胆な地方自治改革とが並行して進められていることは注目すべきである。

興味深いのは、一連の自治体改革をつうじて自治体の基本的な役割や自治の主体形成をめぐる論争と模索が続けられていることである。その核心は、突き詰めていえば市民を自治体によるサービスの受け身の消費者と捉えるか、それとも自治の主体として捉えるかという点にある。スウェーデンにおけるこうした過程は、将来の分権型社会を構想するにあたって自治体の役割と市民の主体的なかかわりが大きな焦点になることを示しているといえよう。

2　ポスト福祉国家の自治体改革

R・J・ベネットはヨーロッパの各国で進む地方政府改革の支配的な傾向を、ポスト福祉国家モデルへの移行であるとする。ベネットによれば、公共サービスの実施が地方政府の責任とされる一方で、中央政府に財源と権限が集中していた福祉国家モデルが行き詰まった背景として、二つの要因が指摘される。一つは人口五〇〇—五〇〇〇人程度の小規模なコミューンの伝統に対する住民の執着と、その一方で財源と専門職員を必要とする洗練された社会サービスへの要求が増大していることである。他方、上位の政府部門に財源配分が偏在する結果として、基礎自治体の財源が乏しいために外部の変化に適応する柔軟性の不足が表面化していることである。こうした認識にもとづいて、ヨーロッパ各国における地方政府改革の諸傾向が二つの側面から捉えられている。第一は、集権化から分権化への移行である。それは政府間のレベルでの連邦・中央から州・地方への統治機能の分権化、同時に政府部門から市場部門や非政府組織への機能や役割の委譲・分権化として進みつつある。第二は、分権化をとおして地方政府の役割が増大するなかでの、政府部門の役割の変化である。委託契約をつうじた間接的なサービス提供をはじめとして、市場型改革に向けた手法が共通して見られるとともに、各レベルの政府部門は私的セクターへの授権者（enabler）、パートナーまたは促進者へとその役割を変えつつある。(2)

福祉国家の構造変化を、地方政府への分権化と公・私のパートナーシップへの移行と特徴づけるベネットの議論は、今後の自治体改革をめぐる焦点が、中央と地方との政府間関係にあると同時に、政府部門と私的部門との関係をめぐるものであることを示す意味で示唆的である。しかし、こうした枠組みでは、地方政府改革の焦点が、ある意味ではサービス供給体制の問題に矮小化されかねない限界をもつだけでなく、市民自治や市民参加をめぐる改革と公共サービスの市場への開放とが無前提に同列に置かれる恐れのあることも指摘せざるをえない。必要なのは、あらためて個々の市民の主権を基礎とした地方自治理論を再構築することであろう。

3　ウェッブとコール

地方自治をめぐる理論的な枠組みを再検討するにあたって注目すべきは、現代の福祉国家を主導した一つの理論的な典型としてのウェッブ夫妻による社会システム論と、これを厳しく批判したG・D・H・コールによる分権型福祉社会に関する論点である。ナショナルミニマム論をはじめとするウェッブ夫妻の社会システム論は、産業競争力の強化と国民の生活水準の向上とを並行的に発展させることを目指す理論としての側面を強くもつものであった。同時に、夫妻の政策論的な特徴は、社会システムの一体性と合理性とをなによりも重視する姿勢に傾斜したことであり、地方自治体は、国庫補助金をつうじてナショナルミニマムを実施する単位として捉えられていた[3]。

一方、コールは、個々人の自主性と創意を最大限発揮することが全体の利益につながるという認識を、社会システムの構想を描くにあたっての出発点とした。コールの地方自治論の特徴は、個人の主権から出発した社会組織の全体構想を、地方自治制度を基礎単位として描いたことにある。それは、〝上から〟の地方自治論に対するパラダイム転換ともいうべき内容をもつものであった[4]。コールの地方自治論は、職場の労働者の創意を最大限に生かす産業民主主義の確立と一体のものとして論じられている。それは第二次大戦前後の都市型生活様式の拡大や、電力エネルギーの普及とも相まった経済の広域化などを背景として、地域の固有性を活かす経済システムと個人の主権に基礎をおく地方自治制度とを統一的に論じたものということができる。

コールの地方自治論を今日的に検討する一つの意義は、地方自治改革の焦点を自治体行政と住民生活との相互関係や、参加と自治主体の形成といった側面から捉え返す上で貴重な示唆を与える点にある。コールの理論の特徴は、自治体と市民との関係を、「共同的な生活スタイル」という生活様式をめぐる捉え方をキーワードに考察していることである。コールによれば、自治体によるサービスの充実は、男女の平等と住民の共同的な生活スタイルを支えると同時に、住民による自治体への信頼を増大させて、住民に支えられた自治体を生み出すとされる。ここで重要なのは、生活圏ごとの狭域的な自治体が構想されていることであり、それは住民の生活を支え、自治体と住民の活動とをつなぐ結節点としての役割を果たす[5]。他方で、経済・社会活動の広域化を踏まえた広域的な自治体の設置が、基礎自治体の機能を広域的にフォローする枠組みとして提起される[6]。ここでの広域自治体論は、地域の住民と職場の労働者という〝下からの〟主体形成を重視した上で、経済活動の広域化に対応した自治の発展を支え、同時に中央政府権限の委譲の受け皿となるシステムとして展開されている。そこでは国家の機能は全国的な調整と財源再配分などに限定されており、その意味では分権型福祉社会と表現するほうが適切であろう。

4 現代地方自治改革の論点

今日の日本の地方自治体改革をめぐる議論は、行財政システム全般の改革ともかかわって進められている。多くの論者が指摘しているように、問題は、自治体の中央依存傾向を生み出し、自治体におけるアカウンタビリティの著しい喪失と巨大な不効率を生んでいる中央集中型の地方自治制度の今日的特徴にある。こうした現状認識から提起されている改革方向の一つが、地方交付税の廃止と市町村合併を中心とした広域行政である。これらをとおして自治体サービスの効率化と職員の専門性の向上を目指すとともに、効果重視の透明な財政運営をはかる手法としてニューパブリックマネジメント（NPM）や民間活力の全面的な活用が提起されている(7)。

これに対しては、地方交付税制度の財政再配分機能を積極的に評価した上で、中央統制の手段としてこれが活用されてきたことを問題とする議論や、市町村合併に対しても、むしろ小規模で住民の生活に密着した自治体において先駆的な試みが見られること、住民自治の制度的な基礎である市町村の合併を、行政サービスの効率化のみを根拠として主張することに対する異論が提起されている(8)。

こうした地方自治改革の方向性をめぐる議論の全体をとおして、現在のシステムが根本的な改革を必要とする状態にあることについては、一定の共通した認識が存在するように思われる。問題は、その後にどのような代案を提起するかにある。NPMや地方財政のアカウンタビリティを強調する指摘の積極面は、改革をとおして近代的な、透明で効率的な行財政運営を目指そうとする点にあるといえる。同時に、地方交付税の廃止や市町村合併を強調する論者の立場は、経営単位としての市町村行財政運営の効率性を最も重視したものといえるであろう(9)。これに対して、市民にとって生活と生産の場としての地域と自治体の重要性に注目する視点からは、異なるアプローチがあり得る。

本書の基本的な視点は、自治体を民主的な行財政システムの基礎単位と捉え、全国的な財源再配分などをつうじてこれをフォローするシステムを確立する方途を探求することにある。そのための準備作業として、個人の自由と主権に発する社会システムの確立というコールの地方自治論に示唆を得つつ、日本における地域活動の展開状況、スウェーデンにみる自治体改革の過程などを踏まえた地方自治体の改革の方向を考察すること、そこに本書の基本的な課題がある。

5　本書の基本的な視点と方法

地方自治論の再構築を念頭においたとき、本書が注目するのはアマルティア・センの理論である。センによれば、個人の自由は本質的に社会的産物であり、公共政策との相互関係のなかで捉えられるべきものである。同時に、個々人の自由を実践させるものは各々がもつ価値観であり、それは民主主義と政治的自由を背景とした討議や相互作用をとおして形成される。その意味で、地方自治システムをはじめとする基礎的な社会的・経済的諸条件は人々の自由を拡大するとともに、人々がこうした諸条件に対して能動的に立ち向かうことを可能にする。(10) このように、地方自治論から見た場合、センの理論の最大の特徴は、個々人の自由と主権を中心に据えて、公共政策とその担い手であり対象でもある個々人との関係を統一的に捉えているところにある。

本書の最も基本的な目標は、センの理論を念頭においた上で、個人の自由を支える住民共同組織としての自治体の再建に向けた理論構築をはかることにある。その際、基本的な視点となるのは次の諸点である。

第一に、住民自身の私的な生活領域から形成される公共的な領域の形成と、「生活の質」の向上を支える自治体サービスの役割とを統一的に捉えることである。

第二に、市民活動のもつ公共的な側面に注目して、住民の共同的な活動と自治体との両者による公・共の協働システムを社会的共同業務として捉えることである。

第三に、自治体の基本的な役割を、公・共協働システムを創造し維持する働きに焦点をあて、地方自治システムの構造とその制御また行財政運営の評価にあたっての基準を明らかにすることである。

第四に、以上を前提に、現代のグローバル化の展開をはじめとする経済的・社会的状況を踏まえた分権型の行財政システムを構想することである。

このような視点を実際に展開する上では、具体的な地域分析や公・共協働システムが実際に展開する過程の検討、あるいはグローバル化を背景とした福祉国家システムの改革など幅広い事例と理論の検討が不可欠なことはいうまでもない。本書の対象が、大阪府下の地域構造・行財政運営の検討から、スウェーデンの地方自治改革、さらにウェッブ夫妻やコールによる地方自治論の再検討等の多彩な領域に及ぶ所以である。

6　本書の構成

本書は、以上のような問題意識に立って、いくつかの事例を紹介しつつ現代地方自治改革への基本的な視角を提起することを試みるものである。各章の構成は次のとおりである。

第一章では、大阪府下の一自治体における「子育て支援事業」の検討を試みる。子育て支援事業とは、育児不安などの広がりのなかで保育所が母子保健事業との連携をつうじて、保育園児以外の一般の親子を対象にした育児教室などを行っているものである。この事業は、育児方法の指導や参加者同士の交流をとおして、社会的に孤立しがちな子育て世帯間のコミュニケーションを組織することを、その目的の一つとしている。この事業とこれを支えてきた保育士集団の役割についての検討は、公共サービスと住民の主体的な活動を含むシステムの形成に向けた一つのモデルを提供する。

第二章では、大阪府の千里ニュータウン開発の過程と背景の分析をとおして、第二次大戦後の大阪府下における地域構造の形成過程とその特徴を検討する。それをとおして、日本の地域開発が〝上からの開発〟としての特徴をもつと同時に、結果として大都市圏内の各地域が、大都市圏全体のなかでの部分的な機能に特化していった過程を明らかにする。このような検討は、今後の大都市圏内市町村の自立的な発展と、大都市圏レベルの政策との関連を論じる上で前提条件としての意義をもつであろう。

第三章では、大阪府下の一自治体をモデルに住民組織と自治体との協働的関係を検討し、あわせて地域の健康づくり・体育活動を担う団体へのヒアリング調査を踏まえて、住民の健康づくりを担う公・共の協働的なシステムのあり方を論じる。さらに、NPMをめぐる論点を踏まえながら、公・共の協働的なシステムの基礎的な担い手としての自治体の役割に注目した形で自治体行財政の評価の視点を論じる。

第四章では、スウェーデンにおける集権型福祉国家システムの形成過程と自治体改革の背景、およびその諸結果を跡づけるとともに、福祉国家システムが動揺するなかでの地方自治改革の現状を、実態調査の結果を踏まえて検証する。ここでの焦点は、改革の一手法として生活圏レベルの自治体が設置された背景とその過程にある。これらの改革の総括は、福祉国家によるサービス供給システムの構成単位として、合併をつうじた大規模化が進められてきたコミューンが、あらためて住民共同の組織として再生する上での展望に直接かかわるものである。同時に、スウェーデンではEU統合を背景に国境を超えた活動が活発化するなかで、広域自治体への権限委譲が進められつつある。こうした動きの全体をとおしてその底流に位置するものは、一方での経済のグローバル化の展開を背景とした国民国家の主権の相対化に向けた動きであるとともに、他方での個人の自由に焦点をあてた社会システムへの改革をめぐる、公・私のセクター間でのヘゲモニー獲得をめぐる論争である。ここには福祉国家の再編成にともなう自治体改革をめぐる諸論点を、凝縮した形で見ることができるであろう。

第五章では、福祉国家論の嚆矢とも言うべきウェッブ夫妻による政策論の理論的特徴と自治体の位置づけを振り返り、これと対比する形でコールの社会組織論を検討する。ウェッブ夫妻の民主的集権論ともいうべき構想に対比して、主権者としての個々人の能動性から出発するコールの論点を検討することは、福祉国家での自治体の位置づけを総括する意味でも、また今後の自治体論を展望する上でも、大きな示唆が得られると思われる。

最後に第六章では、個人の自由と公共政策との相互関係に焦点をあてるアマルティア・センの理論を念頭において、コミュニケーションをとおした公共圏の形成を制度としての地方自治につなぐための論理を検討する。さらに、社会的共同業務の原点を共同財として捉える理論を踏まえて、社会的共同業務を担う公・共の協働的なシステムとしてのインフラストラクチャーという把握方法を論じる。そして自治体と公務労働の役割を、インフラストラクチャーの創造と維持という観点から捉えた上で、近隣自治体の設置をはじめとした地方自治改革への基本的な視点を提起する。

（1）神野直彦「スウェーデンに両立の道」『日本経済新聞』二〇〇一年五月一六日付朝刊。
（2）Bennett, R., “Local Government in Europe: Common Directions of Change,” in R. Bennett ed., *Local Government in The New Europe*, Belhaven Press, 1993, pp. 3–21.
（3）Webb, S. and B., *A Constitution for the Socialist Commonwealth of Great Britain*, 1920.（岡本秀昭訳『大英社会主義社会の構成』木鐸社、一九七九年、一三九ページ。）
（4）Cole, G. D. H., *Social Theory*, 1920.（村上啓夫訳「社会理論」『世界大思想全集　第45巻』春秋社、一九二九年、二〇ページ、一四七ページ。）
（5）Cole, G. D. H., *Local and Regional Government*, Cassell and Company, 1947, pp. 51–60.
（6）Cole, G. D. H., *The Future of Local Government*, Cassell and Company, 1921, pp. 97–102.

（7）本間正明ほか「はしがき」（本間ほか編『地方財政改革』有斐閣、二〇〇一年）二ページ。吉田和男『地方分権のための地方財政改革』有斐閣、一九九八年、一四―二〇ページ。小西砂千夫『市町村合併の進め』ぎょうせい、二〇〇一年、七七―八二ページ、一一四―一一五ページ。森信茂樹「広域行政制度と市町村合併」（本間ほか編、前掲書）二七三―二七五ページ。

（8）重森暁「市町村合併問題の視点」（大阪自治体問題研究所編『市町村合併と行財政のゆくえ』文理閣、二〇〇一年）二一―二四ページ。加茂利男『市町村合併と地方自治の未来』自治体研究社、二〇〇一年、二七―三二ページ。

（9）小西、前掲書、一二二―一二五ページ。吉田、前掲書、一七四―一七八ページ。

（10）Sen, A., *Development as Freedom*, Alfred A. Knopof, Inc., 1999.（石塚雅彦訳『自由と経済開発』日本経済新聞社、二〇〇〇年、三一ページ。）

第一章　現代子育て問題と子育て支援システム

本章では、大阪府吹田市の子育て支援事業の総括とこれをとおして明らかになった現代子育て問題の分析から、公共サービスの役割と住民の活動との相互関係を論じる。

吹田市での育児不安をめぐる状況は、育児に主体的に取り組む能力そのものの不安定化が広範に生じていることを示唆している。こうした育児問題への対応として、吹田市の子育て支援事業では、母親同士の交流・コミュニケーションを組織することに焦点があてられていることは示唆的である。この事業は、地域での共同の子育てを下支えする公共サービスの基本的な役割が、子育て世帯間のコミュニケーションの組織化にあることを示している。それは角度を変えていえば、公共サービスに求められるものが単に一方向的なサービス提供にとどまるものでなく、住民相互の共同的な活動を下支えする、ある種のインフラストラクチャーとしての役割にあることを示すものである。同時に、公共サービスがこうした役割を発揮できるのは、住民の共同的な活動との響きあいをとおしてであり、その意味では公共サービスの機能は公と共の協働関係をとおして展開されるということができる。

こうした問題意識のもとに、以下では最初に現代子育て問題への視点を整理した上で、吹田市の子育て支援事業の総括を行い、最後に現代の子育て問題に対応するための公共政策が、地方自治をめぐる議論に提起する諸論点をまとめることとしたい。

第一節　吹田市の子育て相談と育児問題の構造

1　子育て電話相談の特徴と背景

最初に吹田市での育児問題の全体像を理解するために、吹田市が実施している子育て電話相談の内容をとおして、育児問題の具体的な様相を探ることとしたい。吹田市での育児に関する電話相談は、吹田市児童福祉部の子育て支援課（以下では「支援課」という）と、吹田市保健センター（以下「保健センター」という）との、二つの部署で実施されている。電話相談事業への相談件数は年間約二四〇〇件（一九九八年度）にのぼっており、同市の年間出生児数約三三〇〇人（一九九七年）と比較しても一定の規模に達しているということができる。

以下に各々の相談の具体的な内容を紹介する。

（1）相談件数と相談者の属性

一九九六年度から実施されている支援課の電話相談では、一九九八年度の相談件数は五〇九件で、相談対象児の内訳は表1-1のとおりである。また相談者の内訳では母親が九二％を占めている。電話相談の経路は、市内全戸に配布される市報をとおしてのものが多く、このため相談件数は、たとえば市報に掲載された翌月には急増するという変化を示しており、相談者の階層をある意味で示唆している。

保健センターでの電話相談の件数は、一九九八年度には一八七〇件（うち、妊産婦七八件、乳幼児一七九三件）にのぼっている。保健センターの相談対象者の内訳を、一九九九年四月・五月分で見ると、総件数一四九件のうち、一歳未満児が一一五件、一歳以上児が三四件

表 1-1　支援課での電話相談対象児の内訳（1998年度）

年齢別内訳	1歳未満	37%
	1歳以上2歳未満	14
	2歳以上	49
出生順位別内訳	第1子	76
	第2子以上	24

と、多くが一歳未満児の相談となっている。

支援課と保健センターの両者をとおした相談内容全般の特徴は次のとおりである。

一歳未満児では、育児方法・育児知識にかかわる相談が多く、そのほとんどがきわめて初歩的なものであって、母親の育児体験の乏しさだけでなく、身近に相談相手が不在であることを物語っている。一歳以上児では、成長・発達や対人関係にかかわる相談が多く、親の思いどおりにならない子どもとの関係や、育児知識の不足によるストレスが、育児不安に転化する状況を推察させるものとなっている。反面、育児サークルなどにかかわる相談が多くを占めていることは、対応の方向を示唆するものである。以下、対象児の年齢・月齢別に見た相談内容の特徴を概観する。

表 1-2　支援課での1歳未満児の相談内容（1998年度）

相談項目	相談内容	相談件数
栄養について	「授乳の仕方」「離乳食などの与え方」	91
生活習慣	「睡眠」「排泄」「その他の生活習慣」	51
健康について	「病気や怪我」など	35

注：総数220件のうちの主な内容。

（2）年齢・月齢別の相談内容の特徴

a　一歳未満児

支援課への相談は、育児不安が集中的に見られる生後一ヵ月・四ヵ月・一〇ヵ月前後の月齢のものが多く、その内容は基礎的な育児方法についての相談に集中している。支援課での一歳未満児にかかわる延べ二二〇件の相談のうちで、九一件が「授乳」や「離乳食など」の栄養に関するものであり、続いて「睡眠」や「その他生活習慣」「排泄」などの、広い意味での生活習慣に関する相談が計五一件にのぼる。これに「病気や怪我」などの健康に関する問題が合わせて三五件となっている。

保健センターでの電話相談の、乳幼児の月齢別に見た相談内容は表1-3のとおりである。〇―二ヵ月児では、授乳方法など基本的な育児の方法がわからないことによる悩みが多く見られる。三ヵ月以上児では、離乳食を食べようとしないことなどの、子ども

表 1-3　保健センター電話相談での月齢別の主な相談内容

（0ヵ月児）
- 母乳の授乳が30分以上かかっているがこれでよいか。
- 泣く間隔にばらつき，授乳間隔はどうしたらいいか。
- 授乳後のゲップができず苦しそうだった，こんな時どうすればいいのか。

（1ヵ月児）
- 気張ったり突っ張ったりするが，ミルクのやり方はどうすればよいか。緊急時の病院を教えてほしい。
- 視線合いにくく，合ってもそらす，自閉ではないか。
- 便に血液が混じり2日でなくなったが心配ないか。
- 風邪気味，入浴してもよいか。
- 日中寝ない，肌着の量は，抱き癖は心配ないか，母乳は欲しがるだけあげてもよいか。

（2ヵ月児）
- 服3枚は着せ過ぎか。
- 排便時に力む，粉ミルクか母乳がいいか。
- 母乳不足しがち，先のことを考えると眠れない，赤ちゃんがいるのも怖い，泣かれると一緒に泣いてしまう。夫の帰りが遅く，実家に頼ると甘えていると言われる。

（4ヵ月児）
- 昼間は子どもと2人きりでストレスがたまる，ベビーシッターのような制度はないか，父親は朝早く夜遅い。
- 1週間前からミルク飲まない，夜に果汁を飲んで朝まで寝ている，午後2時頃授乳するがそれ以降ずっと泣いている。ずっと泣いているので死んでしまうのではないかと思う。（母親泣き声）
- 健診で離乳食を勧められたが，本には5ヵ月からと書いてある。どちらが正しいか。

（6ヵ月児）
- 母体調悪く外出困難，離乳食の進め方がよくわからない。
- 離乳食を食べない。ものを舐めて汚い，ミルクの量はこれでよいか，友達なく不安大きい。

注：保健センター資料（1999年4月，5月分）。

が親の意図どおりにならないことによる悩みが多くなっている。そのほか特徴としては、生後四ヵ月頃では母親の孤立感を反映した相談が多いこと、生後一〇ヵ月前後では断乳・夜泣き・離乳食などの相談が多いことである。総じてこの一歳未満の時期には、育児の技術的な相談の多いことが特徴ということができる。

b　一歳以上三歳未満児

支援課で対応した相談対象児のうちで、この年齢層であることが確認できる一六二件の相談内容では、栄養や健康に関係する相談が減少する一方で、「社会性」や「しつけ・教育の方法」等の、精神発達などや対人関係に関するものが上位を占めている。支援課のまとめによれば、この時期は子どもの自我の成長や、子ども同士のトラブルへの対応が必要になってくる時である。これに対して母親の側では、子どもの母親に対する愛着が負担となったり、叱り方がわからないことなどによる相談が多いという。さらに「主人も私も赤ん坊の時にはこんなに我がままではなかったと、両方の実家から言われる」などの相談内容の記録から窺われるように、家族とりわけ母親が孤立している姿を見て取ることができる。

この年齢層の主な相談内容は、次のとおりである。

・友達と遊べない、言葉遅い。
・母親に対してだけ攻撃的になったり激しく泣いたりする。
・他児と遊べない、母親から離れられない、母親がイライラする。
・友達と玩具の取り合いになると顔を攻撃する。
・市による育児サークルへの支援の内容と、遊び場所を教えて欲しい。
・一歳二ヵ月だが公園で砂遊びをしても病気になることはないか。
・二歳四ヵ月だが妊娠八ヵ月で誰にも頼れない、出産直後のことで困っている。

c　三歳以上児

支援課での相談内容の延べ件数は一〇八件と減少している。内訳では「社会性」や「しつけ・教育の方法」などの、子どもの自我の成長と社会的な適応に関するもの、また「親・家族との関係」や「地域との関係」などの、子どもの生活環境に関するものが増加している。

以上のような電話相談の数の多さと内容は、吹田市での乳幼児の養育者が、育児知識の不足と相談相手の乏しさのなかで、孤立した状態にあることを物語るものといえる。これらは育児にかかわる相談相手の有無など、地域社会の生活スタイルが育児問題の背景にあることを示唆するといえよう。次にこの点を検討したい。

2 吹田市の地域構造と乳幼児世帯の生活スタイル

吹田市の地域特性と、乳幼児世帯の生活スタイルとの関連に注目した場合には、次のような特徴を指摘することができる。

第一に、乳幼児世帯の転出入の激しさである。吹田市の年齢集団の変化で見た転出入動態では、乳幼児の親に相当すると思われる三〇—三五歳の年齢層と〇—五歳児を中心とする乳幼児の年齢層にほぼ一致した動きが見られる。一九九〇年国勢調査によれば、三〇—三五歳の年齢層では過去五年間に約半数の市民が入れ替わるほど頻繁な転出入の状況が見られる。また、保健センターによる市内の出生児の追跡調査（一九八八年三月から一九八九年二月の新生児を対象）では、市内で出生した新生児のうちで、三歳になった時点でも引き続き市内に居住しているものは六割にとどまっていて、四割はすでに市外に転出しており、この年齢層の転出入の激しさを物語っている。

第二には、吹田市の人口動態の推移からも窺える、乳幼児世帯の地域的な孤立状態である。一九八〇年代後半以降は乳幼児を含む世帯層を中心として市外転出・人口減少傾向が続いていたが、一九九五年以降はこれとは逆に、人口微増の傾向が続いている。ただし、これを地域別に見た場合には、全体的な転出超過傾向は継続しながらも、大規模なマンション建設などが行われた地域に限定して人口が増加しており、点在する新築マンションに新生児を含む世帯が集中する状態となっていることを窺わせる。同時に、こうした新築マンションの入居者に対するアンケート調査の結果では、居住者の年齢層は三〇歳代の割合が高くなっている反面、永住意識はかなり低く、いわば臨時的な居住を前提としたものとなっている。こうした居住形態が地域での交流の希薄さを生んでいることは容易に予測される。(1)

第三には、育児の主体と思われる母親の社会的孤立状態である。一九九〇年国勢調査によれば、最年少児が六歳未満の世帯で夫・妻がともに就業する割合は一九%と、最年少児が六―一七歳の世帯の四七%と比較しても極端に落ち込んだ形となっている。これは転入者が多いなかで母親の就業率の低さを示すものであり、母親の社会的孤立状態を示唆している。こうした反面、吹田市における短大または大学を卒業した女性の割合が他市との比較でもきわめて高いことは、ある意味では子育てをめぐる精神的な葛藤の要因ともなりうるものと思われる。

こうした地域特性を物語る事例として、市内でもマンション建設が集中して住民の転出入が激しい地域で、育児ノイローゼなどによる相談が多発した時期があり、関係者の間では地域の名前をとって〝江坂症候群〟と命名されたほどであるが、現在ではこうした状態が全市に広がっているといわれている。

以上のような乳幼児世帯をめぐる人口動態の特徴は、育児不安や育児問題の発生が吹田市でも広範に存在していることを示唆するものである。次に電話相談の内容からも窺われるような育児知識の不足などが、育児問題に転化するメカニズムについて検討する。

3　育児問題の構造と背景

（1）「母性的養育の剥奪」をめぐる論点

服部祥子と原田正文は、育児問題の分析調査を総括して、現代の親子関係を解くキーワードの一つが「母性的養育の剥奪（maternal deprivation）」であるとする。これは大阪府下A市における一年間の総出生児（約二〇〇〇名）を対象として、六歳までの三回にわたって実施したアンケートの調査結果にもとづいたものである。

服部らによれば、「母性的養育の剥奪」とは一九五一年にイギリスのボウルヴィが提起した概念で、「人生早期に母親と別れることは乳児が最も必要としている母性的養育を奪い取られることを意味し、精神的健康を損なう恐れがある」という指摘のことである。ボウルヴィは「乳幼児の精神的健康の基本は、乳幼児と母親または養育者との関係が密接かつ持続的で、しかも両者が満足と幸福感によって満たされているような状態」であると述べ、このような安定した乳幼児＝養育者の関係が欠如した状態を、「母性的養育の剥奪」と呼んだ。その後の研究をとおして、単に養育者が子どもから離れずにいるかどうかが問題ではなく、親子関係の具体的な内容が重要であることが明らかにされた。服部らが「現代日本の母親の育児不安は、持続的で安定した母子の絆を培うことを危うくする危険性を、強く示唆する」と指摘するのは、こうした捉え方を踏まえたものである。服部らは先述の調査結果から、「現代日本の親は、育児に関する関心が高く、熱心さもあるが、心配や不安が強く、母性的接触が量的質的共に不充分、もしくは不適切な傾向が見られた。これは乳幼児が身体的・精神的健康を獲得する上で、必要と考えられる母性的養育の剥奪または、欠如してしまっている状態に繋がる」と指摘している。

服部らの主張で注目されるのは、親子関係が不充分・不適切な状態にある原因として、養育者の側での育児熱心と育児不安という二つの要因があげられていることである。育児熱心が問題とされるのは、その内容が、子どもの内的成熟を豊かに伸ばすような健康でバランスのとれた育児から離れていく危険性を内包していることによっている。熱心さのあまり、子どもの知的・能力的な成長にのみ目を奪われて情緒的社会的人格の発達を無視したり、他児との能力差に敏感で競争や焦りを強く感じる傾向が強い場合には、育児熱心は健康な母子関係を損ない、やがて育児不安への傾向を強めていき、自信欠如や不安へと母親を追いつめるという。ここで問題とされているのは育児の熱心さ一般ではなくて、いわば視野狭窄型の育児熱心ともいうべきものであることは、明らかである。他方、育児不安は、子どもの具体的な要求がわからないなどの、育児知識の乏しさにも起因するものである。育児に対する関心や熱意が高いなかでの育児知識の不足は母親の焦燥感を高めやすく、相談する相手もいない状況では育児ノイローゼにも陥りやすいとされる。ここでは、育児熱心と育児不安とが、一方は全人格的な成長・発達への視点を閉ざされた形で、他方は育児知識の乏しさと相談相手の欠如という形で、ともに適切な情報・コミュニケーションから疎外された状態を背景としていることが注目される。「育児熱心と育児不安は、車両の両輪のように、容易に連動しやすい」とされる所以である。(2)

（2）育児不安と共感能力の未発達

原田正文は、先述の調査結果を解説して、現代の子育て問題を理解するキーワードを「育児不安」と「母性性の危機」であるとする。最初の育児不安の背景には、育児知識の不足のために乳児の訴えが理解できないことがある。不安項目が多い一方でこれをサポートする相談相手やシステムもないなかで、精神的なストレスの蓄積から精神的な不安定さ、すなわち育児不安に転化するとされる。「母性性の危機」として捉えられている「母性性」とは、「成熟した人間が持つ幼いものを受容し慈しむ優しさであり、また、幼いものを受容し慈しむことに喜びを感じる人格である」と説明されている。「母性性の危機」とはこうした感受性が未成熟なままにあって、子どもとの共感能力の未発達な状態を意味する。原田によれば、最近の多くの事例のなかで、乳児を長時間にわたってイスに座わらせたままの状態にさせるなど、明らかなはずの子どもの苦痛に気がつかないケースが増えており、これは子どもと感情を通じあう力が未成熟なままにあると考えなければ、説明がつかないとする。このような指摘は、親子関係の不安定化にともなう「母性的養育の剥奪」として捉えられた状況の基底に、共感能力の未発達があることを示唆するものである。

原田はまた、育児不安と「子どもとの共感能力の未成熟」という二つの問題が発生し拡大する背景として、核家族化にともなって、養育者に子どもの頃から育児体験が不足していること、都市化にともなう地域・近隣社会による子育てへのサポートの減少、また育児方法の変化にともなう育児の伝承の途絶などを指摘している。(3) 原田が、旧来の地域では一般的だった、乳の出の悪い母親の乳児を近隣の母親が援助するいわゆる「貰い乳」の習慣が、粉ミルクの出現にともなって消滅したことを、象徴的な事例としてあげているのは興味深い。(4)

図 1-1　現代子育て問題の構造

（育児経験の乏しさ）
（育児知識の伝承の途絶）
‖
社会的・家庭的要因＝育児知識の不足＝近隣のサポートの減少
‖　‖　‖
・精神的ストレス
・人格的未成熟
・孤立感
＝
・育児書などへの過度の依存
・他児との能力差への過敏
＝
・乳児の訴えの理解不能
・子どもへの働きかけの無知識
‖　‖　‖
育児不安　＝　視野狭窄型育児熱心　＝　共感能力の未発達

（3）現代の子育て問題とコミュニケーション

服部・原田が指摘する、育児不安と視野狭窄型育児熱心、および共感能力の未発達という現代子育て問題の背景は、育児知識の不足と養育者の社会的孤立化を要とした形で図1-1のように捉え直すことができる。ここから指摘できるのは、次のような点である。

第一に、この図で中心に置かれている育児知識の不足は、親の世代における育児経験の不足と、育児方法の伝承の途絶を背景としている。その要因としては戦後の都市化にともなう核家族化、生活・育児スタイルの変化によって従来の育児技術が適応できなくなっていることがあげられる。

第二に、近隣のサポートとコミュニケーションの希薄化である。これは直接には、子育てにかかわる相談相手の少なさや養育者の孤立化を生む要因といえるであろう。地域社会の変化と、住民とりわけ若い世代における転出入の回転の速さなど、地域とのつながりの希薄化がその背景にある。

第三に、服部・原田の場合には、ある意味で前提条件的に扱われている側面であるが、子育て世帯の生活と、とりわけ養育に一方的な責任を負わざるをえない母親の社会的な立場がある。電話相談の内容にも見られたように、父親の側における勤務条件の過酷さと子育てへのかかわりの少なさの一方で、母親の側での自己実現に向けた要求の拡大と、それにともなうストレスの拡大という側面を指摘したい。

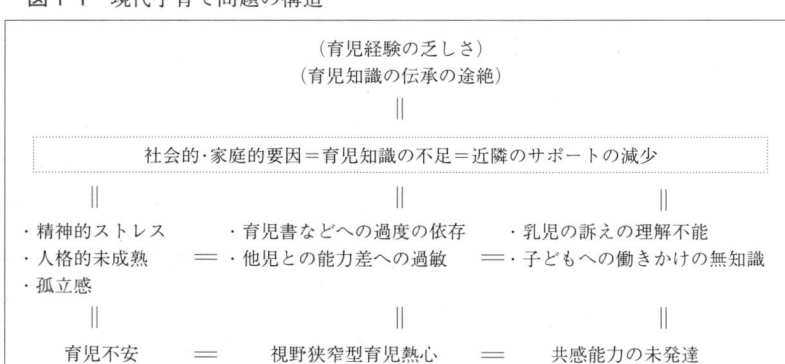

服部・原田が指摘するような、育児不安と視野狭窄型の育児熱心、および共感能力の未発達という問題群は、「育児知識の不足」が、上記のような養育者を取り巻く主体的・客観的な環境条件のなかで、次のようなメカニズムをとおして育児問題に転化したものということができる。第一に、乳児の訴えが理解できないこと、その反面、乳児に対する働きかけやあやし方などの知識がないといった「育児知識の不足」が、乳児とのコミュニケーション能力の不足として問題化することである。これは容易に、〝子どもがかわいいと思えない〟といった、子どもとの共感能力の未発達の問題にもつながることである。第二には、授乳や着せ替えなどの日常の養育・育児方法をはじめ、発熱時など緊急時の対応能力・知識の不足である。育児方法や病気への対応などの知識が乏しく相談相手もいない場合には、精神的ストレスをとおして容易に育児不安の状態に転化しやすい。第三には、育児知識の不足が乳児の成長・発達についての見通しをもつ能力の不足につながることである。成長・発達の見通しをもつための知識や経験が不足するなかで、育児書などの知識だけに頼らざるをえない場合には、他児との能力差にのみ目を奪われるような、視野狭窄型育児熱心に陥りやすい。

以上のように見るならば、育児不安と視野狭窄型育児熱心、および共感能力の未発達という現代子育て問題が、育児知識の不足を媒介とした形で、相互に関連しあい条件ともなりあっていることは明らかであろう。「育児知識の不足」がこれらの問題として顕在化する上では、相談相手がいないことに見られるような、近隣のサポートやコミュニケーション機会の不足などが、大きく与っていることは明らかである。その意味では、現代の子育て問題の背景には、養育者の社会的・精神的孤立化、より正確には子どもとの共感能力を育て全人的な成長・発達に向けた見通しをもつ上で不可欠な、コミュニケーションからの疎外という問題がある。

服部らは先述の調査の結果を踏まえて、子どもの健やかな発達のためには親自身の精神的自立が必要であることを強調している。ここで興味深いのは、親自身の自立とは他者との関係のなかでこそ形成されるものであり、これからの親子関係には近隣の複数の家族による共同の子育てのための、新たなヒューマンネットワークが必要であるとされている点である。こうした指摘は、現代子育て問題への対応に、子育て世帯の間でのコミュニケーションの確立という視角が、重要な位置を占めることを示唆するものである。ここでポイントと言えるのは、個々人が豊かな共感能力や見通しをもつ力に裏づけられた主体として自立する上でのコミュニケーションの役割である。[5]

(4) 生活様式の変化とコミュニケーション

現代子育ての問題群をコミュニケーションからの疎外という側面から捉えた場合、それが生起するメカニズムは次のように整理することができよう。

第一に、育児知識が乏しく相談相手もいないなかでの精神的な不安と育児不安とは、コミュニケーションから疎外されたなかでの精神的閉塞状態を意味するということである。ここで注目すべきは、言語的コミュニケーションが人間の認識能力の形成に果たす役割である。相互行為としてのコミュニケーションの過程における、自己の意識を対象化し客体化する働きと、両者の認識が一定範囲で共有化されるプロセスは、自己の意識を新たなレベルに引き上げる役割を果たすということができる。[6] 逆に、コミュニケーションからの疎外は、人間の意識の発達にかかわるさまざまな歪みをもたらすことは明らかである。

第二に、競争的な育児観への包摂という「視野狭窄型」の育児熱心は、一方的な情報のもとに置かれるなかで、主体的な見通しを持つ力の喪失した状態として捉え直すこともできる。ここでのポイントは、生活様式の変化に注目して現代の子育て問題を捉え直すことである。現代生活様式の特徴について成瀬龍夫は、生活手段が全面的に商品化されるなかで、子どもから大人にいたるまで、個々人の消費欲望が企業のマーケティングによる日常的な影響・操作のもとに置かれていることに注目している。[7] それは小規模化・孤立化した家族の生活能力自体の衰退をともなうものであり、現代の子育て問題はこうした構造の一環としても捉えることができよう。

第三に、以上の二つの要因は相乗して、養育者の側からの子どもに対する主体的な働きかけの衰退、換言すれば子どもと養育者とのコミュニケーションの途絶と子どもの共感能力の未発達という問題に結果し、養育者がますます主体的にかつ客観的な視点で子育てへの見通しを持つことを困難にする。

電話相談の分析などをとおして明らかとなった現代の子育て問題の特徴を、育児知識の不足のなかでのコミュニケーションからの疎外として捉えた場合には、公共政策の課題として次のような論点が提起されるであろう。

第一の論点は、現代の子育て問題の質と広がりについてである。従来の子育て問題は、主に貧困・低所得問題のレベルから、都市型生活スタイルの拡大や働く女性の増大にともなう対応として、一定の社会的な広がりをもって捉えられてきたといえる。これに対して、コミュニケーションからの疎外を軸とした現代の子育て問題は、従来型の子育て問題と絡みあいながらも、現代的な生活様式にともなう問題として、新たな広がりをもって進んでいることである。

第二の論点は、現代の子育て問題に対応した公共政策のあり方についてである。コミュニケーションからの疎外をに注目して現代の子育て問題を捉えることは、公共サービスに住民相互の共同的な関係の形成を支える役割が求められることを意味する。それは同時に、住民相互の共同性を高める主体的な活動自体が公共的な側面をもつことを示すものである。

第三の論点は、住民の共同性の高まりを支える役割をもった新たな公共政策が、現代の地方自治と分権をめぐる議論に提起する意味である。それは住民の暮らしを支える公共政策と住民自治の発展との相互関係を踏まえた、新たな地方自治論の展開を要求する。

子育て支援事業の検討は、住民相互のコミュニケーションを支えるという公共政策の新たな役割について、以上のような論点を提起していると思われる。

以下ではこうした問題視角から、吹田市の子育て支援事業の総括を行うこととしたい。

（1）吹田市職員労働組合まちづくり研究会『誰もが住み続けられるまちづくりに向けて――吹田型のまちづくりシステムを考えるために』吹田市職員労働組合、一九九八年、一〇―一二ページ、二〇―二三ページ。

（2）服部祥子・原田正文『乳幼児の心身発達と環境――大阪レポートと精神医学的視点』名古屋大学出版会、一九九九年、一二―一五ページ、二五七―二五八ページ。

（3）原田正文『育児不安を超えて』朱鷺書房、一九九四年、七九―一一六ページ。

（4）ここで指摘されている子どもとの共感能力の未発達という問題は、他の論者からも指摘されている。柏木恵子・森下久美子は、武蔵野市の子育て支援施設を紹介して、「母性」は本能ではなく育児の体験をとおして形成されることを強調する。柏木らは、育児不安や育児ノイローゼの背景には、少子化や地域と家庭との交流が減少するなかで、年下の兄弟の世話や年齢の違った子どもと遊ぶ経験がなく、親になる心と力を準備することなくいきなり親になるという状況があるとする。そこで必要性が指摘されるのは、乳幼児とその親とを同時に視野に入れての施策であり、家庭や地域ではもはやできなくなった、親性（子どもへの愛情、関心、子どもを扱う術、子育ての力）を養う環境を整備することである。柏木恵子・森下久美子『子育て広場武蔵野市立0123吉祥寺』ミネルヴァ書房、一九九七年、二六―三四ページ。

（5）服部・原田、前掲書、二六四―二六五ページ。

（6）尾関周二『言語的コミュニケーションと労働の弁証法』大月書店、一九八九年、四五―四九ページ。

（7）成瀬龍夫『生活様式の経済理論』御茶の水書房、一九八八年、六八ページ、一三八ページ。

第二節　吹田市の子育て支援事業と育児教室

1　育児教室事業をとおしてみる乳幼児世帯の特徴

（1）一歳六ヵ月児育児教室での参加者の姿

吹田市の子育て支援事業のなかで中心的な位置にあるのは、育児教室である。吹田市の全公立保育所で実施されている育児教室は、親子の参加者に一週間程度の期間にわたって、相互の交流や子どもとの遊び方などを指導する事業である。この事業は一九八七年に同市で一歳六ヵ月児健診を実施するにともない、健診後の指導が必要な親子に対する援助を主な目的として、当時数ヵ所の保育所で試行的に行われていた育児教室を全市的に実施したものである。その後に事業が定着するなかで幅広い参加者をみるにいたっており、毎年春と秋に実施されている。

一歳六ヵ月児健診は、生後一歳六ヵ月から二歳を超えない幼児を対象に、発達相談・保健相談・栄養相談などの、発育・育児の相談・指導を含む健康診査として実施されており、受診率は健診対象児の九割を超える高さとなっている。こうした母子保健部門で行われている乳幼児健診と育児教室との連携関係は、一九九八年度育児教室（春コースと秋コースの合計）の参加親子数一五七〇組のうちで、保健師の紹介による参加が五三七組と三五％にのぼっていることにも示されている。

一歳六ヵ月児育児教室は、各々の保育所ごとに企画・実施されているが、このうちの一例として、ある保育所のプログラムは次のようなものである。

①　一日のプログラム

9・30　当園　自由遊び

9・45　体操　おはようの歌　リズム　手遊びなど

10・00　設定遊び

11・00　片づけ・終了

②　設定遊びの内容

第一回　自己紹介・室内遊び・オリエンテーション

第二回　ボール遊び
第三回　保育園の一歳児クラスに入って遊ぶ
第四回　遠足（弁当持参）
第五回　一歳クラスと交流（小麦粉粘土遊び）
第六回　紙破り
第七回　終了式　他

育児教室参加者の属性とこれに関連して注目される特徴は、支援課が実施した育児教室参加者へのアンケート（一九九八年度秋コース参加者八〇二人のなかで、回収枚数は五八四人）によれば次のとおりである。

第一の特徴は、居住年数の短さである。市内での居住年数は、二年以内一六二人、五年以内二四九人、五年以上一五六人と、居住年数が五年以内の者が七割にのぼる。また、転居がよくあるとするものも一五％となっている。こうした短期居住者の比率の高さと転出入の回転の速さは、子育て世帯の地域での孤立状態を推測させるものである。

第二の特徴は、子育ての悩みの多さである。育児方法について、具体的な悩みがあるとするものが七九％にのぼっている。悩みの内容は、トイレットトレーニング二七％、食事二三％、だだをこねる一九％、などの技術的なものが多い。

第三の特徴は、こうした乳幼児世帯での、育児情報の入手方法・経路である。育児に関する教材や雑誌についての質問では、四〇％が定期購入していると答えている。定期購入している雑誌の内容を、一九九八年度育児教室の秋・春コース全参加者を対象とした調査によって見ると、大手の育児産業が出版する乳児用教材誌に集中している。内容的には歯磨きなどの生活習慣のビデオ、物の名前などの知的な訓練の教材、母親用のファッションや美容などの宣伝と育児方法などの説明をセットにしたものが多い。購入者の多くの動機は、ダイレクトメールによる宣伝効果によるとも思われる。これらは一面では、育児知識の不足などによる育児不安を抱えた世帯が、地域の共同的な育児に向かうよりも商業主義的もしくは競争的な育児文化に、個別に包摂されつつあることを物語るものである。

第四の特徴は、母親自身の側でのグループづくりに対する指向の強さと、実際の育児グループへの参加状況である。子育てのグループには二四％がすでに入っていると答えており、その約半数は有料のグループに参加している。現在入っていないと答えた七六％も、身近なグループに入りたいとしている。さらに、育児教室アンケートでの〝自ら育児グループを作る上で何が必要か〟の設問（複数回答）では、「場所の確保」三二九人が最も多く、「専門スタッフの指導」二五一人と「リーダーの存在」二三四人がこれに次いでいる。

一九九八年度の秋・春コース全参加者を対象とした育児グループへの参加状況調査によって、育児グループの内容を有料のグループと無料の自主的なグループとに分けて見ていくと、有料グループのうちで最も多いものは、スイミングスクールとベビースイミングであり、そのほかには音楽教室やリトミック教室などが並んでいる。他方これとは別に、子育て支援課が一九九八年一二月現在で、公立保育所および児童館をとおして把握した自主的な育児グループは三九にのぼる。その多くは〇―一歳児から四歳児前後を対象としており、活動内容は、育児交流や遠足・お花見・クリスマス会などで、週一回半日程度の開催のものが多いようである。支援課ではこうした育児グループの育成・支援のために地域担当保育士を派遣して、遊びの指導や育児についての学習会などを行っているが、こうした母親による任意のグループの存続期間は、児童が幼稚園に入園するまでという比較的短期間のものが多いとしている。

以上の結果から窺えるように、吹田市の子育て世帯の現状としては、相談相手の不在など孤立した状態にあって子育てへの不安が高い一方で、グループづくりなどへの意識も高いこと、その反面では商業ベースでの解決に個別に包摂される傾向も見られることなどが特徴といえるであろう。

（2）育児教室による支援と参加者の変化

育児教室参加者の感想について、アンケートに記された参加者の声は大部にのぼるが、特徴的には次のように整理することができる。

第一に、遊びの方法や内容が広がったとするものである。「いつもは母親の私と二人で遊んでいるので、遊びに対する広がりやアイデアもあまりなかったが、育児教室ではいろいろな遊びに一緒になって楽しめた」「公園の砂場は汚いので遊ばせなかったが、保育園では思いっきり遊ばせることができた」「散歩の時に地面に直接座わらせて緑に接するのがよかった」などの感想が見られる。

第二には、子育ての視野の広がりについてのものである。「ほかの子どもの生活を知ることができた」「保育園の子どもたちを見て、とてもよい刺激を受けた」などが見られる。

第三には、子どもとかかわる姿勢や、子どもとの共感関係についてのものである。「家では子どもに向きあう時間が少ないが、育児教室では思いっきり向きあえた。イライラして怒るだけでなく、少しの時間でも子どもと向きあう時間を作りたいと思った」「悩みの解消とまではいかないが、少し気持ちが楽になった」などの感想が見られる。

第四には、ほかの親子との交流の契機になったとするものである。「育児教室は慣れてくると本当に楽しみでした。おかげさまで友だちもでき、公園に行っても話せる人が増えました」など、ほかの親子との交流についての感想が出されている。

参加者の感想は全体として、子どもとかかわる楽しさを発見したこと、ほかの親子との交流ができたことなど、後述するスタッフの側からの評価を裏づけるものとなっている。こうした育児教室の総括にかかわって注目されるのは、参加者が育児教室を評価する理由についてである。アンケートでは、〝参加してよかった〟とするものは回答者全体の九五・四％に達しているが、よかった理由（複数回答）では「遊びを知った」四一七、「我が子の集団での姿を再発見した」三六四、「友達ができた」二六六、の各々に集中しており、「悩みが解消した」四二、「その他」三四、の両者を大きく引き離している。こうした評価は、育児教室をとおして参加者の意識そのものが変化したことを示すものとして興味深い。

スタッフからは、育児教室をとおした参加母子の特徴について次のような報告がなされている（一九九八年秋コースでの各保育所から支援課への報告による）。

第一には、母親の子どもに対する態度である。参加母子に見られる特徴的な姿として、「遊ぶ道具があっても、どう使って遊んでよいのか解らない様子が見られること」などの技術的なものとともに、母子の共感関係にかかわる問題点についての指摘もなされている。たとえば、「無目的に動く我が子にかかわれない、かかわらない母が二割ぐらいいる」「子どもとの一体感が弱く、子どもを見失う。子どもに積極的にかかわれないでスタッフの指示を求める」「子どもの気持ちにそえず、教えこむことに力を入れている様子がある」などが特徴として指摘されている。

第二には、育児教室をとおしての母親の変化についてである。具体的には、「散歩を通して母親が、子どもが身近なもので遊べることに気がついた」「母親が遊びを積極的に覚えようとしている。貸し出しを機に絵本への意識も変化した」などの変化が指摘されている。こうした姿は、「育児教室の回を重ねるごとに、子どもと遊ぶ楽しさを知って、子どもと積極的にかかわる母親の姿があり、肩の力が抜けていくのがわかった」などと報告されているように、育児を楽しむ姿勢への変化とも重なりあうものである。母親の子どもに対する姿勢の変化は、「我が子の弱さには、家庭では気づきにくく、また健診で指摘されても納得しにくいが、育児教室という集団の場で気づいて相談してくる母が多い」との報告にも見られる。これは育児教室でのコミュニケーションをとおして、母親が子どもを客観的に捉える力量を獲得していることを示すものである。こうした変化のなかで、「親同士の懇談会での、第二子・三子目の親の話がよいアドバイスになっている」などと、親同士のコミュニケーションが果たす役割の大きさが報告されている。

第三には、育児教室をとおした親同士の交流についてである。育児教室を地域での交流の機会にするという点では、「友だちが欲しいけれども、地域の公園などでは声をかけあえないという意見が多いが、育児教室でつながると地域での交流が安定している」などが報告されている。一方で「仲間づくりを意識している親は多い。ただし、育児教室のなかではかかわって遊んでいるが、それがそのままでは、地域でのつながりにはなりにくい」「育児教室終了後も継続して交流したいという要求があるが、以前ほどOB会の運営がスムーズでなく援助が必要である」などの報告に見られるように、地域での親同士の持続的な交流に発展させるためには、意識的な援助が必要との指摘がなされている。この点では、「秋コースの参加者が、春コースのOB会を見て、自分たちの今後の取り組みの見通しをもっていた。自分のできる範囲で世話人をしてもよいとの回答が、参加者の八〇％にのぼった」と報告されているように、先行した経験との交流が大きな役割を果たしているようである。

（3）〇歳児育児教室での成果と特徴

以上に見たような育児教室をとおした成果は、〇歳児育児教室の総括にも見ることができる。〇歳児育児教室は、一歳六ヵ月児育児教室の開催が定着したなかで、少しでも早い時期に交流の場を設けることの必要性が関係者から指摘されて、各公立保育所で順次開催されてきたものである。一九九八年度には、一〇ヵ月児から一歳程度の範囲の親子が公立保育所全体で四三二組参加している。一九九八年度の参加者のうち、一三四組は保健師の紹介による参加であり、その他の参加者の場合にも、保健センターが実施する育児相談会や妊婦教室で紹介されたケースが多いとされている。育児教室では、参加した親子が保育所の通常のクラスに一緒に入って、園児の生活ぶりを直接見たり園児と一緒に遊ぶことで、参加者自身が子育ての見通しをもつことを中心に企画されている。また、育児の経験交流をとおした親子間の友だちづくりや、手づくり玩具や離乳食の指導などが行われている。参加者からは、「悩みや心配事に

表 1-4　保健師が育児教室に紹介した理由別に見た参加者内訳等（1998年度）

紹介理由	割合	主な内容	育児教室による改善
児童本人の発達などについて問題があるもの	20%	・人見知りがない，後追いがないなどの，対人面での稀薄さ　6割 ・運動発達面，多動など　3割	対人面での稀薄さでは，約半数に改善
親の育児不安等の養育環境に問題があるもの	50%	・子育ての友人がいない　4割 ・育児不安，育児下手，子どもへの関わり不足　5割	「友人なし」で9割が改善，「育児不安など」で7割が改善
両方に問題があるもの	30%	上の各項に含む	同左

注：吹田市保健センター資料

ついて話しあえて安心できた」「子どもへの接し方について参考になった」などの感想が出されている。

保健センターでは、保健師が育児教室に紹介した親子を問題別に整理して、〇歳児育児教室の効果を次のようにまとめている。保健師による紹介内容は、児童本人の発達などについて問題がある場合と、親の育児不安など児童を取り巻く養育環境に問題がある場合とに区分することができる。両者の割合と内容は表1-4のとおりである。保健センターの指摘によれば、乳児期の母子の特徴として外に出る機会が少なく、また近くに友人も少ないなかで育児不安に陥りやすく、豊かな母子関係も生まれにくいことが児童の対人面での発達に大きく影響を及ぼしている。〇歳児育児教室の効果が大きい理由は、このような母子への援助として身近な保育所で小グループでの親子遊びや交流を行うため、母親同士の交流が深まり子育てに対する見通しがもてるようになることである。

2　現代子育て問題と子育て支援事業

現代子育て問題と子育て支援事業について、これまでの検討をとおして明らかになったことは次のような点である。

第一に、現代の育児問題がもつ特徴の一つを、コミュニケーションからの疎外に起因する〝現代子育て問題〟として捉えることの妥当性である。電話相談の検討をとおして明らかなことは、育児不安の社会的な広がりとともに、育児知識の不足がその直接的な要因の一つとして指摘し得ることである。そこにはあわせて、子育て世帯の地域社会における孤立化や、競争的な育児文化への個別的な包摂などの社会的な要因が重なりあっていることが窺える。こうした意味で子育て問題の新たな側面を、現代的な生活様式とコミュニケーションからの疎外を背景とした、〝現代子育て問題〟として特徴づけることができる。

第二に、現代子育て問題に対応する公共政策のあり方である。この点では、育児教室での指導内容の中心が、保育所の園児の姿に直接ふれることや他の親子との交流をとおして、我が子を客観的に見る力量を養うことに置かれていること、またこうした働きかけをとおして、参加者の多くが子どもとのかかわりに喜びを見出した例が報告されていることは示唆的である。これらは育児知識の広がりや、他の親子との交流とコミュニケーションをとおして、親の潜在的な共感能力が発揮されたことを示すものである。こうした経験は、子育て世帯相互の交流をとおして親の感性を磨き、子どもとの共感能力を引き出すようなコミュニケーション関係を形成することが、現代子育て問題に対応した公共政策の基本的な役割の一つであることを示している。これをやや一般化していうならば、生活の社会化とこれと並行して進む地域社会の解体と孤立化のなかで、住民の自主的で意識的な共同的関係の形成に向けて、公共サービスが重要な役割を果たすことを示すものである。

第三には、こうした公共サービスが、住民の自主的活動や住民自治の発展に寄与する役割についてである。子育て支援事業をとおして自主的な育児グループづくりへの積極的な態度が見られることは、親たち自身が、子育てをめぐる地域社会でのつながりづくりの主体的な担い手に育ちつつあることを示している。それは逆にいえば、住民の自主的で意識的な共同的関係の形成を媒介する公共サービスが、住民自治の主体形成に向けた基盤としての役割を果たすことを示すものである。

第三節　育児教室の総括
——子育て文化の形成とサポートシステムの構造——

親自身が子育てに喜びを見出すことができる能力の未発達という、育児問題の大きな要因として指摘される現象は、乳幼児との共感関係の形成という家族に固有の役割とされてきた領域そのものを、社会的な視点から捉え直すことが必要なことを示している。「生活の社会化」を、家族を単位とした生命と生活の再生産活動そのものが、外部への依存を高める状態と捉えるならば、現代子育て問題が示すものは、家族内での乳幼児との共感能力の形成そのものが社会的な課題になるという意味で、「生活の社会化」の新たな段階といえる。それは子育て世帯自身が、意識的なコミュニケーションをとおして地域社会関係の形成に向かうことが、それ自体として社会的な働きかけを必要とする課題であることを示している。これを公共政策の役割として捉え直すならば、住民相互のコミュニケーションを背景とした、新たな子育て文化の形成をサポートする基盤的なシステムを整備することが、従来の諸施策に加えて公共政策の新たな課題となったことを意味する。

こうしたなかでは、新たな生活文化の形成にあたって、求められる舞台装置とサポートシステムの役割や担い手を、どのようにイメージしていくのかが当面する理論的課題といえる。以下、この節では子育て文化を形成する公共政策の整備という視点から、吹田市の子育て支援システムを総括してみたい。

１　子育て文化の形成とサポートシステム

子育て支援システムは、育児教室をはじめとする子育て支援事業や乳幼児健診を中心とした母子保健事業、また育児グループなどを重要な構成要素として形成されているということができる。その全体像と構造は、次のような各レベルから捉えられる。

第一のレベルは、フォローの必要な母子の発見・把握と、支援事業への紹介と導びき入れである。一歳六ヵ月児健診を中心とした健診事業や育児相談などをとおして、育児不安世帯などを把握することが中心となっている。要援助者の発見と把握に重点がおかれていることは、現代子育て問題の最も基礎的な要因が子育て世帯の孤立化にあることを念頭におくならば、これは重要な導入部である。

第二のレベルは、母親同士の交流と子どもとの接し方などの、子育ての技術的な側面の援助と指導である。ここでの保育者の役割は、専門的な指導者であるとともに、母親相互をつなぐコーディネーターともいいうるものである。注目されるのは、育児方法や遊び方の具体的な指導をとおして、子育ての楽しさや子どもとの共感関係を引き出すことが重視されていることであり、そのためには保育所で園児の姿に直接ふれることや、ほかの母親との交流が大きな役割を果たしていることである。

第三のレベルは、育児教室実施後の地域活動への援助である。育児教室をとおして生まれた子育てグループなどに、各保育所に籍をおく地域担当保育士を派遣して遊び方を指導したり、保育所施設をグループの活動に開放することなどをとおして、地域での子育てグループづくりの支援が行われている。

第四のレベルは、保育所の施設や行事の地域への開放と情報の発信である。このうちで施設の開放は、伝承行事や〝どろんこ遊び〟等の保育所で行う行事に地域の親子の参加を呼びかけたり、施設の一部を地域の親子に開放して園児との交流や自主的な活動の支援を行う事業である。また、「育児だより」や「子育てパンフレット」の発行と配布をとおして、手遊びの紹介や地域の公園や遊び場などを記した〝お散歩マップ〟や保育所の行事を紹介するなど、育児にかかわる地域情報の発信が各保育所で行われている。

第五のレベルは地域システムの運営である。注目されるのは、保育所もしくは地域担当保育士が呼びかける形で、育児教室ＯＢグループや幼児教室などの、子育てにかかわる団体の定例的な懇談の場が、いくつかの保育所で行われていることである。こうした懇談の場で、保育所施設の各グループへの貸し出しや行事への参加などが共同の取り組みとして議論されていることは、視点を変えれば、子育てを支える社会的システムの運営自体への、住民による参加ともいえるものである。

こうした過程をとおして、育児教室や育児相談会が自治会その他の地域組織との連携で開催されるなど、地域的な活動の広がりが展開していること、地域担当保育士が私立保育園や公立幼稚園の施設を活用して育児教室を開催するなどの形で、実施場所との協力関係の広がりが進みつつあることが注目される。(1) こうしたシステムを全体として見るならば、母子保健事業をとおした全乳幼児の把握と、育児問題への援助や相互の交流とその組織化のためのコーディネート、さらに子育てにかかわる情報の地域発信などの事業が、相互に補いあった形で進められており、子育て文化の形成に向けたトータルな基盤システムとしての役割を果たしていることが、類似の事業と比較した場合の特徴でもある。(2)

次の文章は、このような子育てを支えるシステムの形成と担い手の成長を考える上で興味深い。長文であるが引用しておく。

「……転勤族が多く、近所づきあいが少ない、遊び場が少ない、等の問題はこの地域でも例外ではありません。独りぼっちの子育てを無くし、子どもにとって何が必要かを考え合う場を創るために、昭和六二年〔一九八七年〕から育児教室をスタートしました。この地域を担当する保健婦さんが、訪問や健診の中で気になった親子を育児教室に紹介してくれます。府や市の所属の違う保健婦さんと保育園とが、協力し合って育児教室を実施している中で、私たちは保健婦さんから地域の実態を知らされることも多々あります。……では、育児教室を終えた親子はどうしているでしょうか。まず、フォローの必要な子の家庭には保健婦さんが足を運んでくれます。また、お母さん達が力を合わせて自主的に運営している週一回の幼児教室に、多くの母親が参加しているようです。保育園での育児教室の終了式の日には、必ず幼児教室の紹介をしているからです。この地域には数年前から幼児教室が一つありましたが、育児教室の参加者が次々と新しい幼児教室を誕生させていく中で今では四つもできて、いずれもマンションや団地の集会所などを借りて、苦労しながら手作りの活動を続けています。保育園でも出来るだけ応援していて、保育園の地域行事には各グループ共にこぞって参加してくるなど巧く活用しておられます。保育園の施設利用については、各幼児教室の代表者と保育園の地域担当職員との話し合いを定期的に行って調整しており、保育園を使って一泊保育する幼児教室もあります。……」(3)

ここで引用した文章には、さらに育児教室の実施と並行して保育所に地域開放行事の企画チームを設けていることや、こうした行事の開催を地域に知らせるために保育所が作成した地域新聞を園児の父母の協力で配布していること、また園児の父母と保育士との間で日常的に行っている懇談などをとおして確認しあってきた〝子育て像〟が、育児教室での指導にあたっての基礎となっていることが報告されている。

一方で全体的に、母親たちの任意のグループは子どもが幼稚園に入るまでの比較的短期のものが多く、グループ数自体は子育て支援事業をとおして年々増加しているものの、毎年新たな働きかけが必要であることが指摘されている。その点では、公と共の協働のシステムを創造すること自体にも、子育て支援システムをとおした系統的なサポートが大きな役割を果たしていることは明らかである。

以上のようなシステムを、子育て文化が形成される際の、基本的な舞台装置として捉えた場合、注目されるのはこうしたシステムを動かす中心的なスタッフとしての保育士の役割である。この点について、項をあらためて検討したい。

2　子育て支援事業の形成過程

（1）コミュニケーション労働としての保育労働

これまでの検討をとおして明らかなことは、現代子育て問題がコミュニケーションからの疎外に起因した現象としての側面をもつこと、育児知識の伝達とコミュニケーションの組織化をとおしたサポートシステムが、こうした問題の克服に大きな役割を果たすことである。子育て支援事業では、保育所が母子保健部門との連携のなかでサポートシステムの要としての役割を果たしているということができる。ここで注目されるのは、育児教室についての報告にも見られるような、保育士が父母の悩みや力量を捉える観察力の鋭さであり、園児との交流や親同士の交流を媒介として親の意識や関心の変化と発展を促すという、働きかけのスタイルである。これらは子育て支援システム全体のポイントともいえるであろう。

こうした保育士の役割は、保育労働がもつコミュニケーション労働としての特徴が発揮されたものと捉えることができる。コミュニケーション労働の性格づけに関連して、二宮厚美は対人社会サービス労働が基本的にコミュニケーション労働としての性格をもつとする[4]。さらに保育労働は、子どもたちの潜在的な能力に非言語的および言語的コミュニケーションを媒介として働きかけ、その能力を顕在化する労働という意味で、子どもの人権・発達保障をテーマにした精神代謝労働の一つであり、コミュニケーション労働の一種である[5]。

コミュニケーション労働として保育労働を把握することを前提としたとき、子育て支援事業の過程が新たに示しているものは、親同士または親と子の間のコミュニケーションを組織する役割を担う保育労働への質的発展であるといえる。それは保育士集団による、父母や地域とのかかわりをとおして展開されている。

（2）子育てセンター事業の過程と保育士集団の役割

吹田市の子育て支援事業は、公立保育所の施設を地域に開放する「子育てセンター事業」の、各園での実施とその積み重ねを背景としている。それをつくり上げてきたのは各園の保育士の集団的な力量であるが、そのこと自体はまた、同市の公立保育所が保育施策の拡充に反対する勢力との対抗関係のなかで発展してきた過程をも反映している。吹田市で公立保育所が積極的に設置されていくのは、一九七一年に住民運動団体や市役所の職員労働組合に支持された、いわゆる革新市長が当選して以来である。これ以降、若年世帯の市外からの転入が多いことを背景に保育所設置の要求が強いことを反映して、順次公立保育所が開設されていき、現在一八園が開設されるにいたっている。一方これに対して、公立保育所無用論が財政負担の大きさや「無責任な親を増やす」などを主な理由として激しく主張された。そうした状況下で、各保育所の保育士で構成する吹田市職員労働組合保育所支部（以下「保育所支部」という）が、「保育所を地域の子育てセンターに」というスローガンを掲げて公立保育所の役割を模索していった。こうした過程からは次のような特徴をあげることができる。

第一には、公立保育所の施設と機能を地域に開放する試みが、主として現場の保育士によるイニシアティブのもとに進められていることである。公立保育所のプールや園庭を市民に開放したり、地域の育児相談に応じたり、〝どろんこ遊び〟などの保育所行事に地域の子どもを招待するなどの事業が、各保育所の正規の事業として進められた。こうした経験にもとづいて、地域に遊び場が不足している現状や園児以外の子育て世帯が抱えている育児の悩みなどが、保育士の集団によって具体的に把握された。

第二には、これと並行して、保育士による自主的な研修組織がつくられ、吹田市が主催する研修も、保育所支部からの要求をとおして保育士の意見を尊重した内容で進められたこと、さらに保育所支部による独自の学習や研究会が頻繁に開催されるなかで、保育所を地域に開放する事業を含めた経験が、保育士集団のなかで共有されたことである。

第三には、保育所支部により、吹田市の〇歳児全児童約五〇〇〇人を対象とした実態調査アンケート（一九八四年）や、三〇〇〇人を対象とした就学前の子ども実態調査（一九九〇年）などの活動が実施され、これらをとおして、保育所入所児童にとどまらず、市内すべての乳幼児の生活実態を把握するなどの経験が、保育士の間に蓄積されたことである。

第四には、各園の父母組織（父母会）と職員組織（保育所支部）を中心とした吹田保育運動連絡会が結成されて、双方の立場から子育てのあり方を討論する「吹田の保育を考える集会」が一九七〇年代から毎年開催され、各保育所単位でも、地域子育て集会などが毎年開催されてきたことである。こうした学習と交流の場が、保育・子育てのあるべきイメージを共通のものとすることを目標に、父母と保育者との共同の事業として展開されてきた。

第五には、こうした経験をとおして保育士の側には、子育て世帯の生活全体のなかで子育てを捉えるという視点と力量の蓄積がもたらされるとともに、それが保育所の運営に生かされたことである。この点では各保育所で、保育士という専門職集団がリードする民主的な運営が確立されたことが大きな役割を果たしたといえる。地域の幼児に参加を呼びかけた〝どろんこ遊び〟の開催などの、保育士による任意の取り組みを、地域事業が制度的に確立していない段階であるにもかかわらず、保育所の管理者が積極的に応援する立場に立っていたという関係者の回想は興味深い。専門職集団の力量は、自治体の施設にともないがちな硬直性を圧倒していった。各公立保育所が日常の運営のなかで「地域全体の育児力の回復」に目を向けるなど、地域のなかでの保育所の役割を考える視点が、保育所のフォーマルな運営スタイルに継承されていった。

第六には、以上のような背景のなかで、地域の子ども全体を視野に入れた活動が、市の施策として「子育てセンター事業」として認知され、吹田市の母子保健と保育部門との連携をとおした一連の子育て支援事業として制度化されて、一層組織的に展開されていったことである。具体的には、一歳六ヵ月児健診の制度化にともなうフォロー事業としての「育児教室」が、各公立保育所の事業として実施されるにしたがい、保育部門と保健センター・保健所との日常的な連携体制が整備された。

表 1-5　国および吹田市の保育所職員配置基準

		0歳児	1歳児	2歳児	3歳児	4歳児	5歳児	フリー保育士
国基準	1997年度以前	6：1	6：1	6：1	20：1	30：1	30：1	保育所の児童定数が90人以上の場合に主任1名
	1998年度以降	3：1	6：1	6：1	20：1	30：1	30：1	
吹田市基準	1999年度以前	3：1	4：1	6：1	23：2	29：1	29：1	大規模保育所4名，通常3名。うち，1名は園長代理
	2000年度以降	3：1	4：1	6：1	26：2	30：1	30：1	

注：1）国基準による看護師の配置は，1997年度以前には，0歳児保育を実施する場合には必置であったが，保育士の配置数に含めることも可とされていた。1998年度以降には必置義務はない。
2）吹田市の基準では，看護師は2000年度以降を含めて必置とされている。

第七には、こうした子育て支援事業の展開にともない、行政組織のレベルでも体制の整備が進められたことである。一九九一年には全保育所に保育士職の園長が配置され、一九九七年には公立保育所で地域の育児を援助する役割をもつ「地域担当保育士」が各一名専任化され、各保育所での地域子育て支援の体制が整備されていった。一方、管理部門を含む本庁では、一九九八年に専任部署として子育て支援課が設置されて、子育て支援事業が組織的に展開された。あわせて注目されるのは、表1-5に見るように保育所での職員数が、保育所支部の要求が反映される形で、国基準を上回る形で配置されていたことである。加えて、全保育所に専任の看護師が配置されているため、乳児を毎日診ている看護師が育児教室をはじめとした子育て支援事業の担い手になっていることは、事業を運営する上で意味が大きいとされている(6)。

総じていえば、保育所という子育ての専門施設で、保育士という専門職が集団的に力量を高めうる条件があったこと、またその自主性と創意を発揮できる体制と条件があったことが、このような地域事業が展開された背景にあるといえる。これらは今後、公共サービスを充実するにあたって、専門職集団の役割に注目する必要性を示すものである。

同時に見逃してならないことは、現代子育て問題が広がりを見せるなかで、今後の体制の整備にあたっては、多くの限界も抱えていることである。第一の問題は、こうした子育て支援事業をめぐる行財政制度の絶対的な貧困にあるといえる。人口三四万人の吹田市で拠点となる公立保育所は一八ヵ所にとどまっており、これは同市の中学校数に相当する。このような施設数のなかでは子育てをめぐる文化と情報の拠点としての役割にも、またその影響範囲にも、限界があることは明らかである。第二の問題は、子育て支援事業を担う人的な体制の乏しさと不安定さである。子育て支援事業で中心的な役割を果たしている地域担当保育士の配置は、従来の保育所の職員体制のうちから園児のクラス担当者一名を減らして専任化したというのが実態である。最近では保育士数の一層の削減が計画されており、地域事業の継続が困難に追い込まれることも予想されているのである。

（1）永治次代「吹田市の公立保育園における子育て支援活動」（月刊『保育情報』一九九九年八月号）二一―六ページ、（同、九月号）三五―四〇ページ。

（2）子育て支援を直接の目的とした事業としては、武蔵野市の「武蔵野市立0123吉祥寺」が著名である。この施設は、子どもの自由な遊び、親の交流、子育ての相談、情報提供という四つの機能をもつとされており、一般的な児童館とは異なって親の相談や交流の場としての役割を重視したものとなっている。一歳児と二歳児を中心に一日平均七五組の親子が利用している。ただし、市内に一ヵ所の施設という意味では実験的な役割にとどまるといえる。また、母子保健との連携による対象者の把握などシステム的な運営形態がとられているわけではない。現代の子育て問題に迫ろうとする問題意識はもつものであるが、地域の子育て文化を育てるサポートシステムの形成が展望されているとまで評価することはできない。柏木・森下、前掲書、資料編二〇―二三ページ。

（3）内藤弘子「地域の子育て力を高める橋渡し（千里山保育園）」（『福祉のひろば』臨時増刊号、一九九〇年三月）一九―二九ページ。

（4）二宮厚美『生きがいの構造と人間発達』旬報社、一九九四年、二七六―二七九ページ。

（5）対人社会サービス労働が基本的にコミュニケーション労働としての性格をもつという論点は、高齢者介護の分野での多くの指摘からも確かめられる。村田隆一は、介護が必要な状態とは、それまで他者の干渉を受けずに自由にできていた食事や排泄、外出や移動などの「生活行為」が自らできなくなったことを意味するとし、〃その人らしさ〃が表現されるのはこうした日常の生活行為のなかにおいてであることに注目する。これらの生活行為はその一つ一つが個人の人格と結びつき、個人の生活史のなかで形成された個性的な「当事者の世界」を形づくっており、介護は、こうしたトータルな生活世界の一部を当事者に替わって行うことを意味する。それは当事者の生活世界を援助者が「共有」すると言い換えることができ、こうした相互行為としての共有は、むしろ交流ないしコミュニケーションとしたほうが適切であるとする。村田隆一『地域福祉の構想』筒井書房、一九九五年、一三一—一三五ページ。

小川英二は、ホームヘルパー派遣世帯の生活実態に少なからず見られる、「そうめん」と「アンパン」が常食といった食生活や、着替えを一ヵ月以上していない等々のさまざまな問題を、「生活後退」と定義し、実質的にはコミュニケーション的な援助の重要性を指摘している。生活後退の具体的な背景としては、生活手段の状態、医療・保健・福祉サービスの問題、孤立や生活圏の縮小などの地域社会関係の問題をあげることができる。こうしたなかでのヘルパーの役割は、直接サービスをとおして本人自身が生活後退からの回復と生活の発達を目指すことを促すための働きかけを行うことにあるとする。ヘルパーがこのような役割を果たすことができるのは、具体的な援助をとおして本人の生活の営みに直接働きかけてこそである。本人自身が生活変化のイメージを獲得し、これを目標化することへの援助が容易になるからである。小川英二「ホームヘルプ労働のあるべき姿と改善課題」（河合克義編『ホームヘルプの公的責任を考える』あけび書房、一九九八年）九六—一〇七ページ。

（6）以上をまとめるにあたっては、次の文献を参考にした。吹田の保育運動の歩み編集委員会『吹田の保育運動の歩み』一九八二年、四五—五四ページ。吹田市職員労働組合保育所支部第二四回定期大会議案書、一九九九年、四—一三ページ。

第四節　子育て支援事業の総括と地方自治・分権をめぐる論点

吹田市での子育て支援事業についての総括は、次の点で地方分権に関する議論に新たな視点を提供するものである。

第一に、公共サービスの新たな役割についてである。子育て支援事業の過程をとおして明らかになったことは、「生活の社会化」と「家族の孤立化」を背景として、新たな生活問題としての〝現代子育て問題〟が発生していることである。子育て支援事業の重要なポイントの一つは、子育て世帯間のコミュニケーションを架橋し組織する役割にある。それは、子育て世帯のなかに埋もれていた〝孤立化した子育て〟という私的な領域での営みを、親同士の交流をとおした子育てという、公共的な領域に引き揚げたといえるものである。こうした意味で子育て支援事業の過程は、コミュニケーションの組織化が公共サービスの今日的な役割として重要であることを示している。

第二は、「生活の社会化」と「家族の孤立化」のなかで求められるサポートシステムの構造である。全体としての子育て支援システムは、子育ての専門施設としての保育所と全乳幼児を視野におく母子保健施策とが共同で実施する子育て支援事業をとおして、子育て世帯間のコミュニケーションが組織され、それを契機とした子育てグループが誕生するなかで形成されたということができる。それは保育所を拠点とするとともに、子育て支援事業や子育てグループなどが全体として構成する、いわば混合財としての性格をもつものである。こうした特徴は、「生活の社会化」のなかでサポートシステムの構造が、各レベルにわたる総合的な内容を必要とするだけでなく、それが基本的には、公と共の協働システムとしての性格をもつことを示唆している。

第三は、新たな公共サービスシステムの創造と管理についてである。子育て支援システムが形成されてきた過程を一般化するならば、出発点は都市化にともなう「生活の社会化」のなかで、生活を支える公共サービスへの要求の高まりを背景として、保育所が公的な事業として自治体によって市民的権利として制度化されたことである。さらに保育士という専門職員が配置され、専門職としての保育士の集団的な力量が形成されるなかで、その活動で培われた〝共同の子育て〟という子育てのあり方が、地域での子育て全体を視野においたものとして継承され、展開していった。こうした過程は、生活の変化に即した新たな公共サービスのシステムが形成されるメカニズムを捉えるための、基礎的な視点を提供している。それは、住民の運動をとおした市民的な権利の制度化と、専門職員によるその質的発展、およびこれらをとおした住民の要求水準の高まり、というプロセス全体をとおして捉えることを必要とする。

以上のような子育て支援事業の総括が現代地方自治改革に提起するものは、「住民共同組織としての自治体の再生」に向けた課題として要約することができよう。これらは、歴史的にも進められてきた上から、すなわち国家レベルでの自治体再編成に対して、いわば下からの地方自治システムの形成に向けた重要な視点を提供するものである。

第二章　大阪大都市圏域の形成とニュータウン開発

――郊外型住宅地開発と階層的地域形成――

はじめに

本章は、大都市圏域でのニュータウン開発の先駆をなす大阪府千里ニュータウン（以下「千里ＮＴ」という）と、それを含む吹田市域の分析をとおして、大都市圏域開発のなかで地域構造が形成されるメカニズムを探ることとを課題としている。

大都市圏域における地域形成のメカニズムを捉えることが重要な意味をもつのは、それが市町村レベルを超えた範囲で機能し、その結果として階層的な格差構造をともなった地域の特性が形成される傾向をもつからである。注目すべきは、大都市圏域の市町村が、居住や特定産業の立地などの部分的な機能に特化して、経済的・社会的な基礎単位としてのまとまりを失いがちなことである。それは市町村が地方自治の基礎単位として自律的な政策展開を進める上での基盤を欠いた状態、ともいうことができる。同時に、本章での検討をとおして、大阪府下の市町村レベルの自治体内部においてすら、各地域が相互に機能的な連携を必ずしももっておらず、各地域が各々で中心都市である大阪市との関係を中心とした機能を担っていることが明らかになる。こうした大都市圏域における地域構造の特徴と、それをもたらした背景を分析することは、今後、分権社会の地方自治システムを構想する上で重要な前提条件であるとともに、広域自治体の設置や自治体の財政的自立をめぐる議論の前提を提起することにもつながると思われる。

　本章の分析にあたって、念頭においたことは次の二点である。一つは、日本の大都市圏域の形成が中央集権的な財政構造のもとで進められ、しかも、産業の復興を中心に先進国へのキャッチアップのための国家的支援をともなって進められたという点である。この点を明らかにすることは、分権的財政制度のもとでの大都市圏問題解決の方向を考えることでもある。二番目の点としては、将来の姿として、生活圏レベルの自治の単位と基礎自治体、そして広域的な自治体という、三つのレベルでの地方自治システムを展望するという視点で分析に臨んだことである。

　以下では、こうした視点からの検討に、従来の経済学研究ではほとんど行われてこなかった地域別階層構成の視点を持ち込むことによって進めることとしたい。

第一節　大都市圏域の地域構造

1　大都市圏域と地域形成をめぐる諸論点

　都市計画研究者のT・アンゴッティは、近隣住区への授権（empowerment）と大都市圏レベルの統合がアメリカでの今後の大都市圏政策の基本であるとする。今日の大都市圏の最大の特徴は、エリア内の各地域間での機能の分化にある。大都市圏内部の機能の多様性は、その市民に職業・住居・交通の移動可能性（mobility）の拡大をもたらした。反面、スラム地域の存在に見られるような現代アメリカの劇的なまでの経済的不平等は、大都市圏内の各地域間に深刻な不平等を生んでいる。今後の大都市圏計画の基本的な視点は、近隣住区レベルへの権限の付与にある。その際に中心となるべきは、消費生活の単位としての近隣住区の改善と大都市圏レベルの計画の統合である(1)。大都市圏域の地域構造を捉えるにあたってここで前提されているのは、大都市圏規模のメカニズムをとおして形成されたさまざまな機能や所得格差が、近隣地域での事業所などの立地や居住者の構成に反映されるという、大都市圏域全体と近隣地域という枠組みを念頭においた方法論的な視点であろう。

このように、大都市圏域の各地域間で機能分化と経済的格差構造が形成されることに注目した場合、焦点とするべきは、地域的な差異が生まれるメカニズムを、大都市圏域の生成の過程をとおして捉えることであろう。こうした点での研究は従来、アメリカの地理学や社会学の領域で主に進められてきたといえる。そこでは次のような論点を見ることができる。

第一の論点は、大都市圏域の形成とその内部編成にかかわるものである。

Ｊ・ゴッドマンは、一九五〇年代前後からアメリカ北東部において、住宅・工場・商店などが郊外へ分散することをとおして形成された大都市圏域の拡大を、「メトロポリスの爆発」による都市的地域の星雲状構造と特徴づけた。そのメカニズムは、一方で、大都市での立地の重要性を減少させた製造業の工場が郊外地域に押し出されたこと、他方で、中心都市の業務地区で金融や管理的業務の拡大などの新しい経済活動が発展した結果として遠距離の通勤を受け入れるホワイトカラー職業の集中を促していること、これらがハイウェイの発達をとおして郊外の農村的地域への都市的機能の拡散を促している、とする。(2)

こうした大都市圏域の拡大という現象は大都市中心部の空洞化をともなう形で進行しており、一九九〇年前後のアメリカ各地を調査したＪ・ガリュウは、大都市圏域の郊外化が単に住宅立地の問題にとどまらず、あわせて郊外地域での先端的な産業の立地が進むなかで、郊外都市「エッジシティー」間のネットワークが、大都市圏域における都市間関係の主流になりつつあると指摘している。(3)

第二の論点は、都市において階層構造が形成されるメカニズムに関するものである。

D・ネッツァーは一九六〇年代に大都市地域が郊外に拡大するなかで、黒人や少数民族グループの貧困階層が大都市中心部に集中することなどの現象によって都市問題が発生することを指摘した。その背景にある経済活動の郊外への分散を促したものは、第一に、輸送サービス・高速道路網の発展にともなう郊外への移動の容易さであり、第二に、生産方法の変化にともなう工場・事務所の分散的な立地の拡大であり、第三に、都市地域の成長にともなって生じる旧来の中心業務地区の機能変化と、郊外の流通拠点などの新たな中心地の形成である。こうした経済活動の郊外化の進展は、高所得階層の郊外居住を促進する一方で、都心部の貧困層の職場を減らすこととなる。その結果、大都市地域は、都心部の貧困階層の居住地域と、郊外化の流れのなかでとり残された高齢者が集中する灰色の地域、そして郊外の高所得階層の地域という分布を形づくるにいたったとする。(4)(5)

またA・ドウンズは、大都市圏域が自治的な権限をもつ小自治体に分かれ、その各々が行政地域内への上級所得層の集中と低所得層の排除を求めて、宅地区画の最小限単位を大きくするなどの規制を強化していること、それをとおして中・低所得層の締め出しが全体として拡大していることを指摘し、都市圏規模での政策が必要であると指摘している。(6)

以上のようなアメリカ大都市圏域分析は、基本的には、一方に産業の構造変化と大都市圏域全体としての求心力、そしてそのなかで生じる勤労者と住民階層の二極分化という社会的要因をおき、他方にハイウェイの敷設などの社会資本整備による郊外地域の利用価値の拡大と、生産方法の変化にともなう経済活動の分散立地という地理的な視点をおいて、地価負担能力の違いなどに応じて都心部と郊外の居住者間の棲み分けが発生するプロセスを描いたものといえるであろう。

他方で、日本の大都市圏域の地域構造についての分析作業は、従来は主に社会学や地理学の分野で進められてきた。それらのうち地域社会学の議論の特徴は、大都市圏域への人口集中を所与とした上で、圏域内の住民と産業分布についての説明を中心としていることである。方法論としては、地価の上昇にともない、経済力に応じた土地の取得と居住行動をとおして形成される地域変化の把握を、詳細な地域研究の蓄積にもとづいて進めるというものである。論者による違いはあるが、都市の構造形成の内的なメカニズムを捉えるというよりも、結果としてもたらされた地域構造の特徴を捉えることに、やや重点がおかれているといえるであろう。

地域社会学と並んで大都市圏域の詳細な分析を進めているのは、地理学の分野での諸業績である。成田孝三は最近の東京・大阪の大都市圏域の構造的特徴を、中心都市の衰退と郊外の自立化が進む「反都市化」と、世界都市化に向けて中心都市への集中が進む「再都市化」とが併存する状況として捉えた上で、主要な都市問題（課題）を「中心都市のインナーシティー問題と二極分化、郊外の自立化すなわち多極的都市圏の形成である」として、詳細な地域分析を進めている。しかし、そこでの地域分析は、大都市圏域内での建築活動や住宅状況などの諸指標の分布状況を検討するにとどまっている。また、大都市圏域内の各地域の相互関係についての分析では、中心市と近隣市との通勤圏の範囲の抽出に終始する一方で、郊外の「自立化」についても通勤流動の極としての捉え方にとどまるなど、産業・経済活動を背景とした大都市圏域内の各地域の有機的な機能分化を捉える上では、大きな限界をもつといわざるをえない。(7)

これらの諸業績に対して、財政学の立場からの大都市研究では、国家主導型の開発が中心であった日本の特徴を反映して、権力的な地域開発政策の分析が中心となっている。島恭彦は、「横軸には地域経済の不均等発展（地域格差）を、縦軸には国の財政と地方財政とをつなぐ財政的中央集権という、二つの軸で」戦後の地域経済構造を捉えた。(8)大都市・産業集中地域への公共投資の集中をとおして大都市の拡大が加速されるとする島の論理は、戦後の高度成長期における大都市の急膨張を説明する論理として説得的である。

宮本憲一は、島の論理をさらに発展させて、産業集積の容器としての大都市が、公共投資をとおした社会資本形成によって形成された背景を一層掘り下げるとともに、産業の利益にそった集積の利益と不利益との外部化と内部化、ならびに共同生産手段の先行的な整備と共同消費手段整備の立ち遅れという、二つの側面からのアプローチを軸とした都市問題分析の方法を確立した(9)。

以上の諸研究のなかでは財政学によるアプローチが、大都市への産業と人口の集中を全国的な経済過程との関係で分析するとともに、大都市圏域の形成と拡大に不可欠な道路・交通網をはじめとした産業集中の基盤整備の過程を、国家の役割を含めて分析している点で、きわめて説得的である。ただし、その枠組みは、大都市への集中を支える公共投資の性格と都市問題の構造的解明に絞られており、圏域内部の階層的地域形成の分析に直接の道具を与えるものではないといわざるをえない。

以下では従来の諸論点を踏まえた上で、本章での分析方法を具体化することとしたい。

2 大阪府下の地域構造

最初に課題を明確にするために、大阪府下の人口構成と、そのなかでの北大阪地域の特徴を見ていくことにしたい。図2-1から図2-5と表2-1は、大阪府下の人口分布について、地域的な構成と動態を示したものである。これらの図表からは、次のような特徴を指摘することができる。

第一に注目されるのは、図2-1と図2-2に見られる、住民の所得階層と学歴の地域的な偏りである。表2-1の高槻市と吹田市は、ともに北大阪地域に含まれるが、中心市である大阪市と比較して高学歴者の比率が高いことが注目される。このうち学歴の地域差が決して年齢層の偏りによるものではないことは、表2-1に示した女性の年齢階級別の高学歴者比率からも明らかである。こうした地域差は、北大阪地域が相対的に高い所得階層の住宅地域を中心として開発されたことを示すものである。

図2-1　高等教育卒業者（短期大学・高等専門学校以上の卒業者）が市町村の15歳以上の人口に占める割合

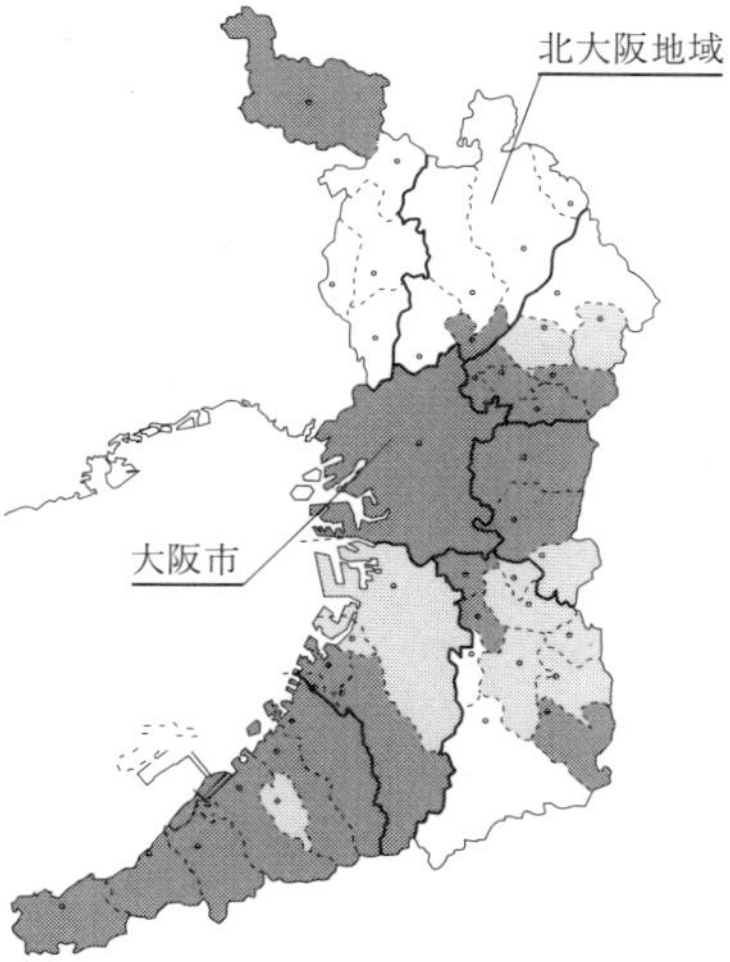

25％以上　25％未満20％以上　19％以下

出所：1990年国勢調査資料より作成。

図2-2　1991年度の個人分住民税の水準

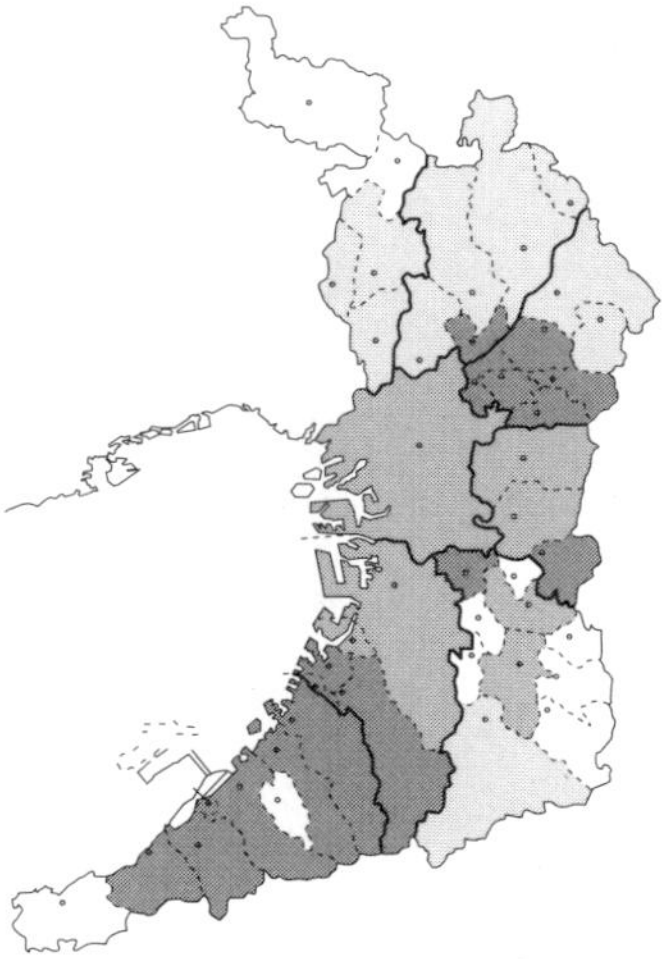

各市の平均額66,976円＝100とした各市の数値

100以上　100未満　90以下　町村（除外）

出所：『自治大阪』および各地住民基本台帳人口より作成。

表2-1　大学・大学院卒業者が15歳以上の人口に占める比率　（単位：％）

	大阪市	高槻市	吹田市
男女計	10.0	15.3	18.5
女　性	4.3	6.5	8.5
女性25～29歳	11.2	17.0	18.5
女性44～44歳	5.3	7.2	10.5

出所：1990年国勢調査より作成。

第二は、府下の人口移動、とりわけ人口増加地域の外延的な拡大である。一九九五年国勢調査速報によって大阪府下の人口増減を市町村別に見た図2-3からは、大阪市を中心とした人口減少地域が周辺市の範囲に広がっており、これに対して人口増加地域が外延部に向かっていることが見られる。このような人口動態を年齢別に検討し

図 2-3　大阪府下の人口増加率（1995年人口の1990年人口に対する増減）

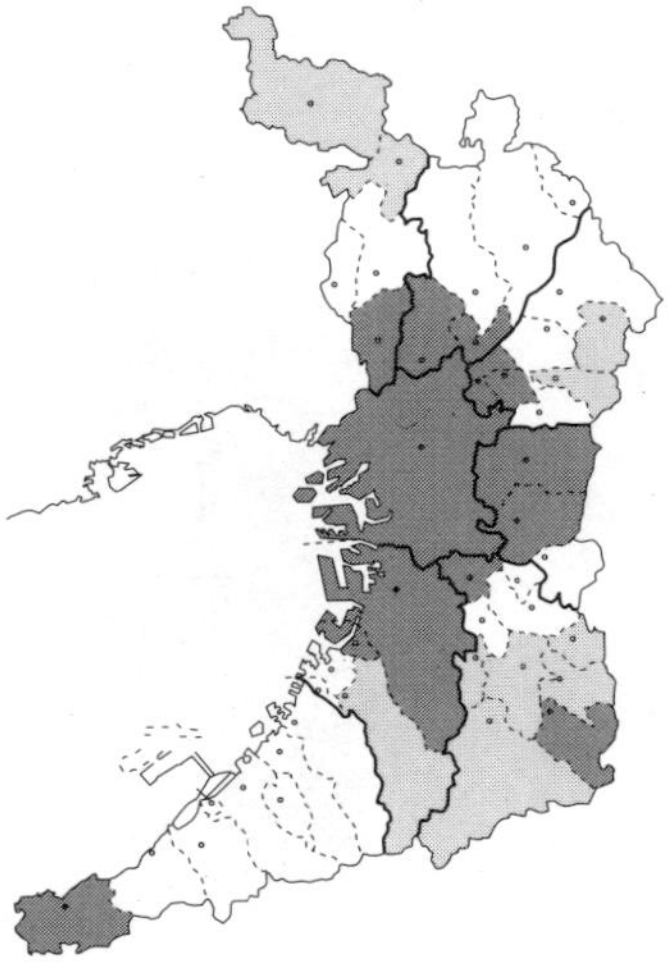

5%以上の人口増加地域　人口減少地域

出所：各年の国勢調査資料より作成。

図 2-4　1985～1990年の30～34歳人口の転出超過率が5％以上の地域

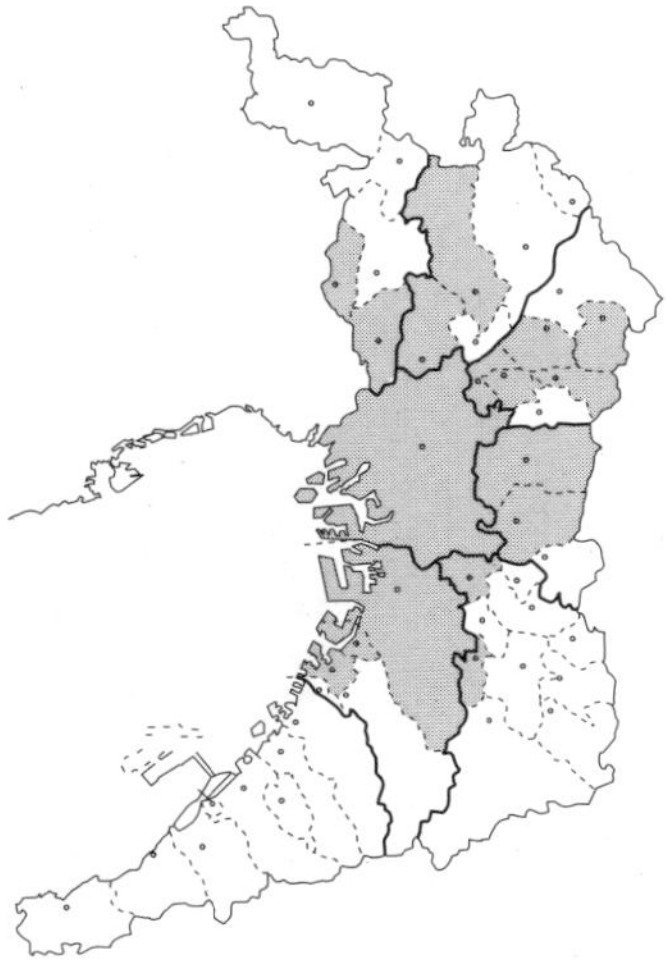

5％以上の地域

出所：各年の国勢調査資料より作成。

図 2-5　単身者世帯が全世帯の20％以上を占める市町村

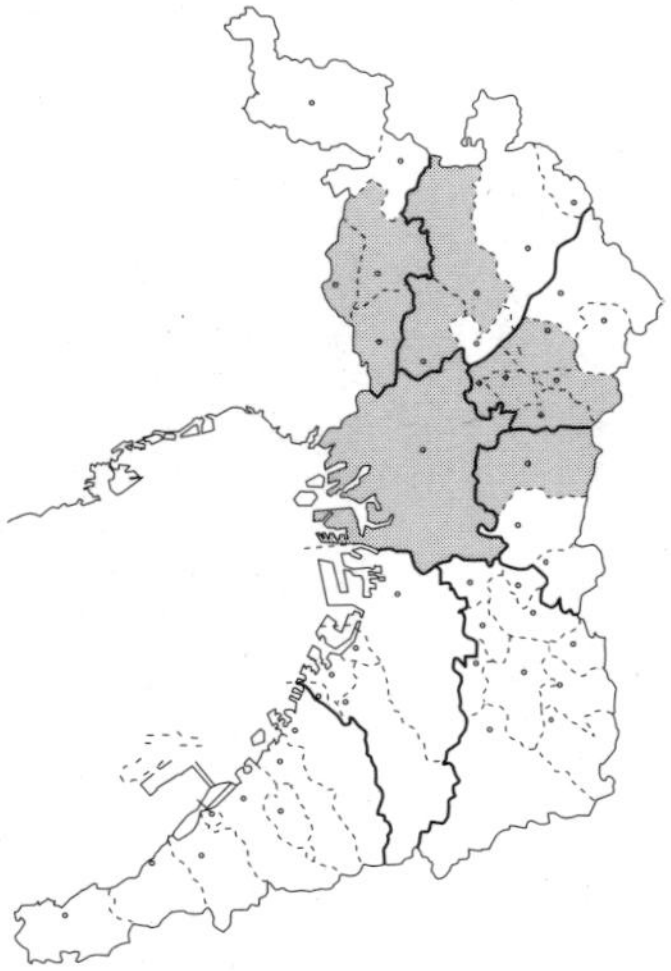

20％以上の市町村

出所：1990年の国勢調査資料より作成。

てみたい。国勢調査の結果によれば、大阪府下における一九八五―一九九〇年の、転出超過率は一・六%と人口の社会減を示している。年齢階級別では五―九歳層およびその親にあたる年代の二五―三四歳層の転出超過率がいずれも五%を上回っている。

図2-4は、府下での人口移動の動態を見るために、三〇―三四歳の年齢層の転出超過率が高い地域を示したものである。調査期間のずれはあるものの図2-3の人口減少地域とほぼ一致していることが見てとれる。これらから、府下の人口のドーナツ型分布は、三〇歳前後の年齢階層が府下の外周地域へ転出する形で進行していることが予測される。さらに図2-5に見るように、単身者世帯が全世帯の二〇%以上を占める市町村は、大阪市周辺から北部に広がっており、これらの地域は図2-3と図2-4による人口減少地域および三〇―三四歳層の転出率の大きな地域とほぼ一致している。単身者世帯の増加は、二〇―二四歳層の人口増加や狭小な住宅が増加している地域とも一致する傾向を見ることができ、いわゆるワンルームマンションでの若年世帯の増加を中心としたものであることをうかがわせる。

以上に示される特徴を一言にいえば、府下における人口のドーナツ型分布が拡大するのと並行して、短期的な居住に限定された地域が都心部から周辺部に広がりつつあるといえるであろう。

3　本章の視点と方法

大阪府下の人口動態は、大阪府下各地域の特徴を捉える上で、トータルな分析の視点が必要なことを示している。本章の基本的な視点は、大都市圏域内の各地域が、郊外住宅地域や業務地域などの機能的な分担関係にあることに注目し、同時に、地域ごとの住民の階層的特徴をも指標として、こうした内部的な地域編成の進むメカニズムを検証することにある。具体的には、大阪府下における住宅立地の過程に注目して検討を進めることとする。

日本の大都市圏域の形成過程における住宅立地の役割を考える場合に、政府機関の役割は無視しえない。戦後、政府は大都市における人口急増にともなう住宅不足のなかで、産業拡大を担う中堅就業者の住宅地を確保するために、団地開発による住宅供給に向けた用地確保などの政策を進めた。それが大都市郊外での住宅地開発を進める公共事業として実施されたことは、大都市中心部の成長産業を担う就業者の居住地としての郊外市域が、大都市圏域の外延部に形成される結果をもたらしたといえる。

こうした視点から本章では、大阪千里NTの開発過程の検討を中心に、住宅や工場などを郊外に押し出す形の地域開発計画のなかで進められた郊外型住宅地開発が、大都市圏構造の形成に及ぼした役割を検証し、それをとおして機能的・階層的な地域構造が形成されるメカニズムを探ることとする。千里NTの開発が、大阪市の都心部を中心とした同心円型の地域開発計画の一環として進められたことは、その後の大都市圏域の拡大と地域形成の特徴を総括する材料として最適であると考えられるからである。

検討の主な視点は次のとおりである。

第一に、大戦後の復興期に、大阪大都市圏の住民の階層構造が形成されたプロセスを、重化学工業化の展開にともなう大都市圏域への産業と人口の集中という、全国規模の動態をとおして検討する。第二に、高度成長開始期における政府の住宅政策が、大都市周辺の土地を近郊住宅地に大規模に転換するという特徴をもったことを踏まえて、大都市圏整備計画の一環としての千里NT開発の性格を検討する。第三に、府下への人口の流入を背景として、低質で狭隘な民間借家の建設が急増するなかで、北大阪地域で千里NTの建設に前後して住宅地開発が進み、大阪大都市圏全体として見た場合に比較的所得の高い階層の多い地域が形成された過程を検証する。

（1）　Angotti, T., *Metropolis 2000*, Routledge, 1993, pp.19–22, 143–145.

（2）Gottmann, J., *Megalopolis*, The Twentieth Century Inc., 1961.（木内信蔵ほか訳『メガロポリス』鹿島出版会、一九八三年、六〇ページ。）

（3）Garreau, J., *Edge City*, Doubleday, 1991, pp. 3–15.

（4）Netzer, D., *Economics and Urban Problems*, Basic Books Inc., 1970.（山田浩之訳『都市問題の経済学』ミネルヴァ書房、一九七五年、一一一—四五ページ。）

（5）S・サッセンはニューヨークをはじめ世界都市内部での新たな階層構造の形成を、世界経済の中心地に移民の流入をとおして「周辺地域」が形成される過程として捉えている。その背景として、生産技術の発展にともなって労働内容が質的に二極分化し、生産技術の高度化と並行して単純労働への需要が増加するもとで、世界都市における低賃金労働者に対する需要が拡大したこと。その一方で、先進国の多国籍企業を主体とした海外直接投資が飛躍的に拡大するとともに、多国籍企業の投資先である途上国では、先端産業での労働力の使い捨てによって、移民予備軍のプールが形成された。これらの結果、先進国へ移民が急激に増大することによって、世界都市での低賃金労働者層の拡大が進行したことをあげている。Sassen, S., *The Mobility of Labour and Capital*, Cambridge University Press, 1988.（森田桐郎訳『労働と資本の国際移動』岩波書店、一九九二年、二三九—二四三ページ。）

（6）Downs, A., *New Visions*, Brookings Institution, 1994, pp. 3–31.

（7）成田孝三『転換期の都市と都市圏』地人書房、一九九五年、二〇ページ、二七〇—二七一ページ、三〇一—三一五ページ。

（8）島恭彦『地域の政治と経済』自治体研究社、一九七六年、三五四ページ。

（9）宮本憲一『都市経済論』筑摩書房、一九八二年、ほか。

第二節　戦後大阪の住宅建設と地域形成

この節では、戦後復興期の大阪都市圏開発計画と住宅政策の内容と特徴を次の点から検討する。第一に、戦後日本の大都市地域で産業拡大と人口の集中が進んだ過程と、これを背景として展開された政府の住宅政策の特徴を明らかにする。第二に、大阪府によって産業拡大の受け皿として策定された大阪都市圏整備計画が、圏域内の地域を機能的に特化させる内容をもったことを検証する。第三に、大阪府による大都市圏計画の一環として具体化された住宅政策の内容と、そのなかでの千里NTの位置づけを明らかにする。

1　戦後の経済復興と政府の住宅政策

戦後日本の経済復興は、生産力がほぼ戦前の水準に回復した一九五五年前後の時期を一つの転機としている。戦後それまでの経済復興は、電力・鉄鋼・石油産業などの拡大に重点がおかれ、主としてアメリカからの設備と技術の導入を中心とした生産拡大が進んでおり、産業の拡大がそのまま国際収支の悪化に直結する状態にあった。これに対して、一九五五年前後からの産業拡大は、全体としては政府の財政金融上の優遇措置を受けた鉄鋼や機械産業などでの設備投資を主体とし、四大工業地帯での生産の拡大によって主導され、電気機械や機械工業などの産業分野における若年労働力の需要を引き起こした(1)。

一九五五年以降の設備投資主導型の生産拡大をとおして、全国的にも労働力に対する需要が高まり、失業率の緩和が見られた。しかし、これは一九五七年版『労働白書』が述べているように、「労働力過剰の中の不足」という性格を強くもつものであった(2)。労働力に対する需要の高まりは、地域的には四大工業地帯に集中するとともに、階層別には事務職種と熟練工に、年齢的には学卒者の階層に集中したものであった。他方で、中高年齢層の労働力需要には大きな改善は見られず、企業の規模別賃金格差と、常用雇用者と臨時工との格差の拡大あるいは固定化が進んだ。こうしたなかで、疎開地からの引き揚げなどをはじめとする大都市への人口の移動は、大都市人口が戦前の水準を上回った一九五五年以降も急激に進み、四大工業地帯とその周辺の府県での人口急増と、これらの地域を除く全国ほとんどの県での転出超過をもたらした。

戦後の住宅政策は、以上のような人口動態を背景にして展開されたことが特徴であり、その確立過程は次のような特徴をもっている。第一に、一九五〇年に住宅金融公庫が、「資産や収入に多少のゆとりのある」持家の建設が可能な中・高所得層を対象に、住宅建設資金の低利融資のために設置されたことである。(3) 第二に、一九五一年に公営住宅法が、民間住宅建設の活発化までのつなぎ的な意味を含めて制定されたことである。これは低所得世帯への住宅提供とあわせて、企業の社宅建設を代替する意味をももつものであった。(4) 第三に、一九五五年の日本住宅公団（以下「住宅公団」という）の設立である。住宅公団は、大都市圏域での人口集中にともなう受け皿の整備を主要な目的として設けられ、大都市周辺部での大規模な宅地開発に主導的な役割を果たした。第四に、大都市周辺での住宅開発に向けた法律の整備である。一九六三年に制定された新住宅市街地開発法は、(5) 大都市周辺での広大な住宅地域の開発事業を、土地収用権を背景として実施することを根拠づけた。

以上のような戦後の住宅政策の確立期における特徴は、次のようにまとめることができる。第一に、階層別の住宅政策としての性格をもつと同時に、労働力政策的な側面を有することである。第二に、持家建設を促進するために、土地収用権の行使を含めた土地開発を都市周辺部で進めるという、土地の利用形態を都市的な用途に権力的に転換した側面である。第三に、住宅政策の実施をとおして、住宅の一括・大量建設に向けての工業化と規格化が進むと同時に、住宅産業の確立が準備された側面である。

大本圭野は、戦前・戦後の住宅政策の立案過程に携わった関係者からの詳細なヒアリングをまとめて、統制経済のもとにあった戦時期と戦後期における住宅政策の特徴が連続性をもつことを指摘している。これによれば、「戦時期の住宅政策の特徴は、日本的住宅政策の原型が形成されたことであって、ここにおいて、全国的な規模での全国民を対象とした住宅の計画化行政が、統制経済の一環としてわが国において歴史上初めて展開され」た。戦時期の住宅政策の特徴は、第一に、官僚主導による上からの政策形成として進められたこと、第二に、戦時生産力政策に従属した労働力政策としての性格をもったこと、第三に、住宅計画・資金・資材の中央集権的で計画的な統制を前提としたこと、第四に、持家や社宅などを中心とした自助努力指向を基本としたことである。大本は、このような特徴は、階層別の住宅政策および労働力確保政策の一環としての住宅政策という、二つの側面を補強する形で戦後復興期に引き継がれたという(6)。

こうした戦後の住宅政策のなかでも住宅公団の設立は、大都市周辺の住宅開発において大きな役割を果したといえる。住宅公団は、急速な都市化の進行によって大都市地域の住宅不足がいよいよ深刻化する一方、府県を主体とする公営住宅建設が大都市圏規模の住宅立地を進める上では限界があったなかで、「住居費負担能力が比較的高い中堅所得層に対する、住宅供給と居住環境の改善」を、民間資金の活用を含めて実施する事業体として発足した。そして住宅公団を主体として実施された大量の住宅建設を契機に、大工や地方の工務店が主流であった住宅建設に、「団地サイズ」いう言葉に代表されるような規格化をPC工法の開発などをとおして進め、住宅の量産体制と住宅産業の確立を準備した。さらに住宅公団による団地の建設が、当時の公営住宅一種の基準よりも一坪広い一三坪とされて、ステンレス製の流し台が置かれるダイニングキッチンを備えた住居基準を実現したことは、この当時、大都市圏に集中した若年就業者層の、「核家族の団地生活者」という生活スタイルの基礎となった(7)。

住宅公団は、発足した一九五五年度には早くも五〇ヵ所の住宅団地を建設するなど、当時民間ディベロッパーや住宅産業が未成熟ななかで、公的ディベロッパーとして東京・名古屋・大阪の大都市中心部から一五キロ前後の周辺部を中心に、宅地開発と大量の住宅建設を進めた。大阪府下では大阪市を取り巻く外周部分で、堺金岡・東豊中・総持寺・旭ヶ丘・五月山・千里山などの団地を建設した。そして日本で最初のマンモス団地である香里団地（一五五ヘクタール）の計画に着手し、続いて千里NTの計画に乗り出した。以下では、こうした政策の展開を戦後の復興過程のなかで捉え直すこととする。

2　戦後復興期の大阪財界による開発戦略と大都市圏計画

戦後、大阪における工業は、朝鮮戦争による特需ブームを前後する時期から、鉄鋼・機械をはじめとした重化学工業部門を中心として復興が進み、一九五三年ごろまでには、ほぼ戦前の水準に近い工場数と従業員数に回復した。同時に、産業別には繊維工業の復興が戦前の最高水準には届かない一方で、機械工業の拡大が進むという、産業構造の転換を進めながらの拡大であった。大阪府の報告書は、産業の拡大にともない人口が急激に増加する一方で就業者の三分の一が半失業状態にあったとしている。その背景には大阪の経済が近代的な雇用層を多数吸収している反面で、その基底には中小企業が圧倒的に多く、潜在的な失業状態にある家族従事者などの比率が高いことなどがあった[8]。

大阪府下の戦後復興は、経済構造の重化学工業化と、これに向けた都市基盤の整備を重点に進められたといえる。大阪では、すでに第一次大戦後に、重化学工業の港湾周辺地域への立地にともない、地下水の大量の汲み上げによる内陸部を含めた地盤沈下が大きな問題となるなど、立地上の制約によって産業の拡大が行き詰まりを見せつつある状態にあった。このため大阪商工会議所は戦後ただちに大阪府と大阪市への産業立地についての建議書を提出して、重化学工業は主に臨海地帯と淀川沿岸に、軽工業は主に大阪市東部地帯に配置すること、大阪港と後背地とをつなぐ交通機関を整備拡充することなどを提起していた。さらに一九五三年には、大阪府と大阪市および大阪商工会議所が一体となった審議会が設けられて、大阪経済の停滞要因が繊維に関連した輸出依存型の産業構造にあるとして、重化学工業化に向けた基礎産業の強化と、産業構造の高度化を進める報告書を提出した。そして一九六一年には、全国総合開発計画（以下「全総」という）草案に対して、大阪を中心とする近畿圏の有機的な総合開発となるよう修正を求める意見を提出し、琵琶湖の総合開発を含めた域内資源の総合的活用を中心に、全総草案を上回る産業成長予測を掲げた(9)。

以上のような動きは、府下の市町村を巻き込む形で進められた。一九五三年には大阪府町村合併促進協議会が設置されて、一九五〇年前後からの町村合併に一層の拍車がかけられ、これ以降、府下での地域開発の受け皿が整備されるとともに、各市は優遇措置などをとおして工場誘致を競いあった。こうして大阪復興への動きは、大阪商工会議所と大阪府・大阪市の三位一体による産業拡大への基盤整備計画として進められた。

一九五五年以降の高度成長が続くなかで、府下の幹線道路整備やコンビナート建設などの大規模事業が相次いで計画・着手されたが、これらの調整の意味を含めて一九六一年に、大阪府の事実上の総合計画である大阪地方計画の作成作業が、大阪府と大阪市を中心として進められた。一九六二年に発表された第一次報告は、大阪を西日本の経済循環の中心とし、大阪が頂点産業の集中地域として、また西日本の流通センターとしての役割を強めるという認識に立った開発計画を展開している。具体的には、全総草案による成長率予測を上回る経済成長を前提として、大阪湾岸地帯での重化学工業部門の育成と、内陸部への関連工業の配置が想定されている。そして大阪の都市機能を経済中心地として純化させるために、大阪市内に立地していた工場や住宅・物流などの業務中枢以外の機能を、周辺市町村に分散立地させるという、大阪市を中心として府下の市町村全域にわたる同心円的な地域計画が構想された(10)。

さらに大阪地方計画（第一次報告）では、第二次産業を中心とした就業者数が飛躍的に増加するとともに、一九六〇年に五五〇〇万人だった府下の人口が、一九七五年には七六三万人に増加すると見込んでいた。このためこの期間に一一八万戸の住宅建設が必要であるとして、これにともなう必要宅地面積として想定された一万二五〇〇ヘクタールのうち、六三〇〇ヘクタールは周辺市町村の丘陵地帯に公的機関などによる大規模な団地開発を行って造成することを予定していた(11)。次に、こうした人口動態と住宅政策の展開を検討したい。

3　府下への人口流入と住宅政策の展開

大阪府下の人口は、戦前一九四〇年の四八〇万人に対して一九四五年には二八〇万人にまで落ち込んだが、これ以降急速な増加を続け、ほぼ戦前一九四〇年の水準を回復した一九五五年以降も毎年二〇万人の規模で増え続けた。

こうした大阪府下への転入者の出身県は西日本一帯にわたり、農村県と一九六〇年前後からは合理化が進んだ産炭地からの転入者の増加が大きな割合を占めた。こうした人口の社会増による年齢別構成は、その六割前後が一五—二四歳層で占められていた。

大阪府下への転入者の増加と並行して、府下各市の間での人口移動が活発化した。なかでも大阪市は一九六〇年以降、都心部の区を中心に人口の減少が進み、府下の市町村への転出が増大した。大阪市の人口は戦前一九四〇年の三二五万人に対して、一九六五年には三一五万人にまで回復したが、これ以降は減少に転じており、一九六〇年から一九六五年の間には人口減少区が、東区（マイナス一五％）、北区（マイナス一五％）など、都心部を中心として一三区（二二区のうち）を数えた。このような人口減少のなかで、大阪市から府下の他市町村への転出超過は、一九五九年に一万一〇〇〇人、一九六九年には八万八〇〇〇人に達した。同時に、府下の市町村間の転出入者総数は、一九五九年の二七万六〇〇〇人から一九六九年には四七万七〇〇〇人へと増加しており、府下のドーナツ型人口分布とともに、階層別の棲み分けが進んだことを窺わせる。大阪市では、全国平均を一〇〇とした勤労者世帯の月平均総収入が、一九六四年の一〇三から一九六九年には九三となるなど、住民の低所得階層化が急速に進んだ(12)。

世帯数の増加率は一九六〇年以降、人口の伸び率を大きく上回って増加した。これは大阪府への転入者に占める若

図 2-6　大阪府における年間住宅建設戸数の推移

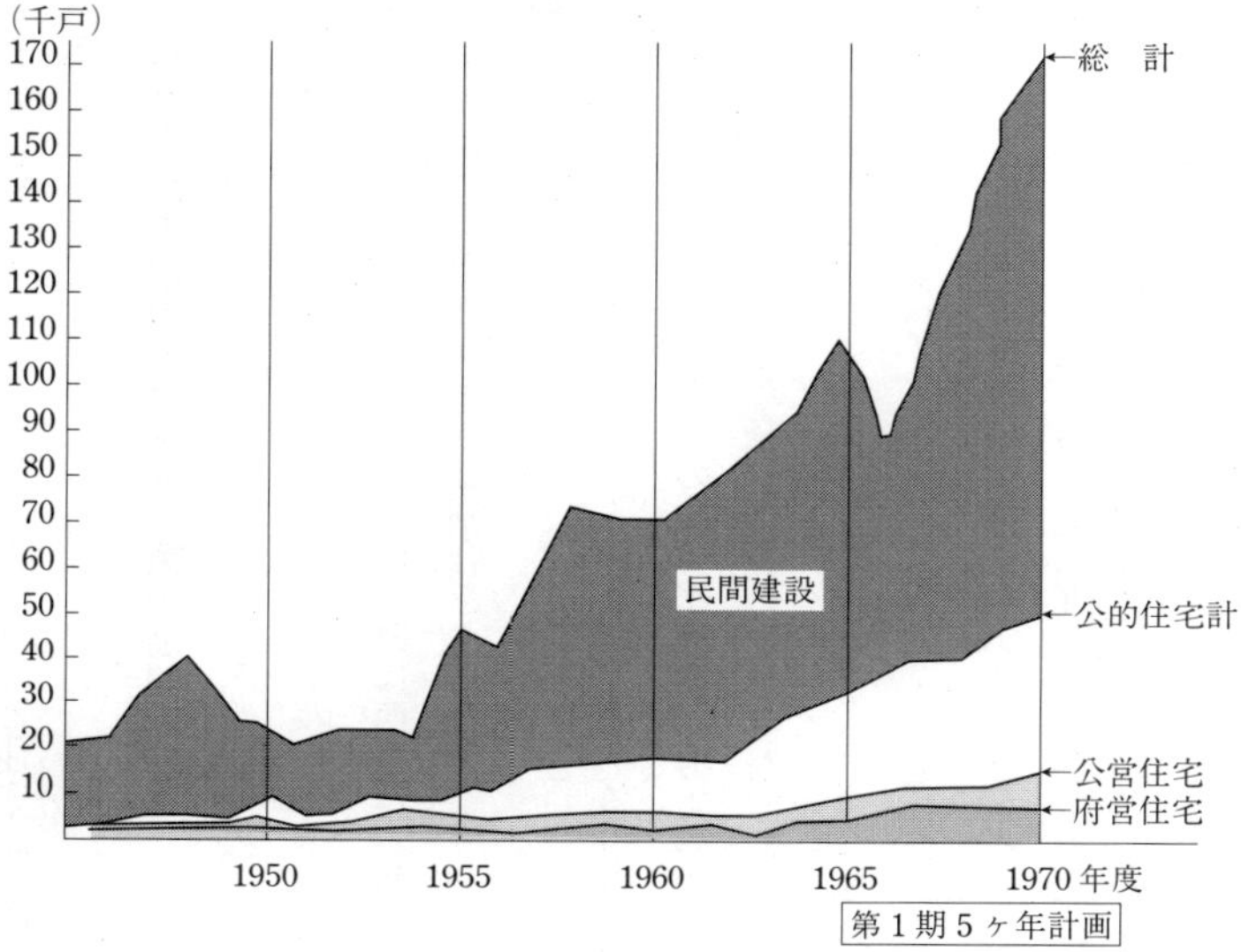

出所：大阪府建築部住宅開発課『大阪府の住宅事情』1972年，148ページ。

年層の比重の大きさを反映したものであり、同時に、一九六〇年代の住宅需要の性格を特徴づけるもので、著しい住宅難の背景をなしていた。

戦後の住宅建設は、府下の住宅総数の約四割（三七万戸）が戦火で失われたなかで出発したが、戦後一〇年間の住宅建設戸数は毎年二―三万戸の水準にすぎなかった。住宅難にもかかわらず停滞的だった住宅建設は、図2-6に見られるように一九五五年以降の人口膨張を境に急増することとなった。一九五六年頃からは人口が増加するなかで借家建設が急増している。一九五六―六五年の間に建設された借家建設数は六〇万戸にのぼっており、これは一九六八年の住宅統計調査による大阪府下の全借家ストックの過半数を占めている。また一九六五年に府下で新たに建設された住宅のうちで、借家の占める割合は七九・五%と戦後のピークに達している。さらに、一九六一―六五年の間に建設された住宅のうちでは、二九平方メートル以下の狭隘な住宅が四二・四%に達しており、これは終戦直後と比較しても極端に多く、この時期における住宅事情の悪化を象徴している。[13]こうした狭隘な住宅の建設は、大阪市に近接する周辺地域に集中していた。

府下の住宅整備は、政府の住宅政策にしたがって段階的に進められた。最初の段階は、終戦直後から一九五五年頃までの応急対策的な住宅建設を除けば、一九五〇年前後の住宅金融公庫の融資と公営住宅法による低所得世帯への住宅の提供を中心としたものであった。

一九五五年の住宅公団の設立とこれによる住宅団地の開発は、住宅政策の流れの転機をなした。一九六〇年前後から、府下では千里NTをはじめ堺金岡東NT（一三八ヘクタール）、金剛団地（二一六ヘクタール）の計画と開発が府企業局や住宅公団によって相次いで着手され、泉北NT（一五〇〇ヘクタール）がこれに続いた。『大阪府の住宅事情』（大阪府建築部）は、一九六六—六七年度間の府下の宅地供給実績を合計七一五五ヘクタール、このうち、新住宅市街地開発事業をはじめ公的機関によるものが二〇八四ヘクタール（二九％）としている。しかし府の住宅政策は、その当時の都市計画関係者の理想とされたイギリス型のニュータウンのような総合的な都市政策としての性格をもつものではなく、大阪市を中心とした産業政策主導型の求心的な大都市圏計画のなかで、宅地開発が可能な一定範囲の用地を後背地域に求めるという、労働力確保のための対策という側面を強くもつものであった。こうした住宅立地をとおして府下の住宅分布は、大阪市内の戦前長屋、隣接市の工場集中地域周辺部での民間共同住宅、郊外部の一戸建や公団・府営住宅、などの地域的な特徴をもつようになった。そして住宅の種別とその地域分布、および職業上の職住一致を要する度合いなどを中心に、府下においてある種の住民階層別の棲み分け傾向が形成された。こうした傾向は、千里NTの後に府下での郊外型大規模住宅地開発が進むことで加速された。

以上のような経過を要約すると、千里NTをはじめとする郊外型住宅地開発の特徴として、概ね次の諸点をあげることができる。第一に、大都市部における戦後の高度経済成長期の急激な人口増加を背景として低質な民間借家が急増するなかで、新たな産業を担う中・上級の勤労者層の住宅を確保することが、国家レベルで大都市圏政策の一環として進められたことである。第二に、こうした大都市人口の受け皿としての住宅・宅地の供給が、公的機関による大都市の郊外地域での権力的な土地買い上げをとおして進められたことである[14]。第三に、住宅地開発が新市街地開発として広域的に行われた場合にも、それは大都市中心部での就業者の住宅地確保政策としての範囲にとどまり、求心的な構造をもつ大都市圏政策の一環としてのいわゆる郊外ベッドタウン型の住宅地域が形成されるにとどまったことである。

以下では、千里NTを含む北大阪地域の開発過程を概観する。

(1) 経済企画庁『経済白書』昭和三五年度版、二七—三八ページ、四〇一—四〇五ページ。
(2) 労働省『労働白書』一九五七年版、四四ページ。
(3) 一九五〇年衆議院建設委員会での建設省住宅局長答弁、住宅金融公庫『日本の住宅問題』一九八〇年、二二一ページ。
(4) 大本圭野『日本の住宅政策』日本評論社、一九九一年、八五二—八五八ページ。
(5) この法律は、千里NT開発の用地買収の過程のなかで立案・制定された。千里ニュータウンの総合評価に関する調査研究委員会『千里ニュータウンの総合評価』一九八四年、一五ページほか。
(6) 大本、前掲書、二七五—二七九ページ。
(7) 日本住宅公団『日本住宅公団20年史』一九七五年、三—一八ページ。
(8) 大阪府立商工経済研究所『大阪の経済と産業構造』一九五九年、一三一ページ、一〇五ページ。
(9) 大阪商工会議所『大阪商工会議所百年史』一九七九年、六六六—七三四ページ。
(10) 大阪地方計画専門調査委員会『大阪地方計画62』一九六二年、四—二三ページ。
(11) 同上書、一〇四—一〇六ページ。

(12) 大阪府建築部住宅開発課『大阪府の住宅事情』一九七二年、一—一一ページ（なお、月平均実収入の原資料は『家計調査年報』）。
(13) 同上書、四六ページ。
(14) 千里NT開発をめぐっても、対象地域の農民による激しい反対運動が起こされている。吹田市史編纂委員会編『吹田市史 第三巻』吹田市、一九八九年、五六〇—五六五ページ。

第三節　千里ニュータウン計画の背景と開発過程

面積一一六〇ヘクタール・計画人口一五万人、日本で初めての本格的な住宅都市開発となった千里NTは、大阪市の北側に隣接する豊中市と吹田市とにまたがる標高七〇メートル前後の丘陵地帯に、大阪府の事業として一九六一年から一九七〇年にかけて開発された。

当初は日本住宅公団（当時）によって計画された千里NTは、大阪府の企業局による独立採算事業として、大阪府に出向していた建設省住宅局の官僚テクノクラートの立案によって開発・造成され、当時、用地の確保難のために住宅建設が立ち遅れていた公団・公社や個人に売却された。この計画の具体化にいたる背景については多くの報告があるが、主には次の諸点を指摘することができる。

第一には、大都市周辺での一括大規模な用地買収による宅地開発を指向していた政府の住宅政策である。当時の大阪府建築部には建設省からの出向者が多く、大阪府がいわばニュータウンの実験場に適していたという関係者の指摘は、こうした政府の政策との緊密性を示している(1)。

第二には、当時の府下の人口急増にともなう住宅問題の激化である。千里NT計画の具体化は、府下の人口が毎年二〇万人を超える増加を示し、府営住宅への応募倍率が四〇倍近くにものぼるなかで進められた。当時の住宅供給の多くは狭小低質な民間借家に依存しており、府下における産業の拡大と人口の増加のなかで、住宅対策が政治的にも焦点となりつつあった。

第三には、大阪市近郊の開発適地の存在である。大阪市の都心部から一五キロ程度の範囲の丘陵地帯が、ほぼ手つかずの状態で残っていたことは、大規模な郊外型住宅地開発には絶好の条件であった。

千里NT計画の具体化にあたり多くの研究報告がまとめられたが、結果的に母都市である大阪市と衛星都市との間に位置する、大規模ベッドタウンを建設するという開発計画が府の採用するところとなった(2)。千里NT計画が住宅地開発に限定されたことの制度的な背景としては、事業の中心を担う府建築部がもっぱら宅地開発事業の主体にしかなりえなかったこと、当時の法的仕組みが住宅地開発を超えた事業手法については整備されておらず、ニュータウン開発とあわせて産業の誘致などを計画するための制度的な条件を欠いていたことなどが指摘できる。

当時の提案のなかで最初に日本住宅公団からの委託研究として提出された京都大学西山研究室の計画案が、千里NTの基本的な性格を、大阪市で就業する上層のホワイトカラー層のベッドタウンとしていたことは、当時の議論の性格を象徴する(3)。総じていえば、当時の社会的・経済的な背景に加えて、新都市建設をめぐる大阪府の力量的な限界もあるなかで、仮に独自の産業基盤をもつ新都市づくりが理想だったとしても、住宅地開発を大きく超えた議論が入り込む余地はなかったといえる。

住田昌二は、こうした背景のもとで着手され、短期間に大量の住宅を供給することに成功した千里NT開発事業の開発論理を、次の二点から特徴づけている。第一には、開発区域内で充足が困難な施設を区域外に依存する「外部依存の論理」である。具体的には、高齢者の施設や保育所などの公的施設は計画の対象とならず、周辺自治体に委ねられた結果、保育所や幼稚園をはじめ必要な公的施設の深刻な不足を生じたことがあげられる。第二には、独立採算事業として、事業資金の大部分を入居者と民間企業から回収する一方、新しい良好な住宅地のモデルづくりを目指す「ペイとモデルの論理」である(4)。この結果、千里NT自体では周辺を緑地で囲まれ環境のよい街づくりが進み、住民の環境への関心もきわめて高い。

こうした千里NT開発の特徴は、実際の建設をとおして次のような性格をもつ住宅地域を生んだ。第一に、造成された宅地が建設主体の異なる公・私の住宅建設用地として売却された結果、各々の住宅種別ごとで居住者の所得・年齢など階層に偏りのある居住地域が生じたことである。第二に、千里NTに入居した住民の階層は、全体として大阪市に通勤するホワイトカラー層が主体をなしており、当初の居住者が若年世帯に集中するなかで、今日時点でのテンポの早い高齢化の淵源となったことである。

こうして、大阪市への就業者のための郊外型ベッドタウンとして着手された千里NT開発はその後、事業着手以降に、大阪市中心部の過密状態を緩和するために都心的業務地区を郊外の交通拠点に立地するという構想にもとづいて、千里NTの中心部に副都心的な機能を設置する方向への修正が加えられるという、大きな変更をみることとなった。こうして結果的には、ベッドタウンと業務拠点づくりという異質なものがセットになった開発事業が進められたのである。

千里NTと関連する道路の開発などの総合的な評価にかかわって、典型的には次のような論点を見ることができる。大阪府をはじめとする五つの機関による千里NTの総合評価では、千里NT建設にともなって北大阪地域の幹線道路網が開通したこと、道路網の交点となった千里中央に副都心的な位置づけが与えられたことによって、千里NTの周辺にさまざまな開発が誘発され、「グレーター千里」ともいうべき地域形成が見られたと評価する。ベッドタウンでありながら、周辺に新しい都市産業や商業施設を吸引することによって、都市複合体としての整備が進んだとするものである(5)。

片寄俊秀は大阪地方計画による千里NTを含めた地域開発が、産業基盤に偏重した公共投資を北大阪一体に集中することによって、新たな資本活動の舞台をつくり出したとして、「結果として北大阪一帯に起こった巨大な規模での地域変容の状況は、まさに小部分の計画的開発による全体的な無計画状態の惹起」と特徴づけている。(6)

本章の基本的な立場は、片寄の特徴づけに示唆を受けつつ、千里NT開発はそれがあくまでベッドタウンとして大都市圏での《居住》に限定された、部分的な機能の受け皿として開発されたものであって、自己完結的な新都市ではないこと、したがってその総括には大阪大都市圏の開発政策全体のなかでの役割と位置づけを踏まえた視点が必要であるとするものである。こうした視点から、以下では戦後の都市圏形成の過程と結果的に生み出された地域構造の特徴を概観することとしたい。

(1) 当時の関係者からのヒアリングによる。また大阪府企業局『新都市の創造』一九八二年も参考にした。
(2) 片寄俊秀『千里ニュータウンの研究』産報出版、一九七九年、五〇ページ。
(3) 西山卯三『北大阪丘陵地帯開発計画説明書』日本住宅公団、一九五七年度委託研究、一—七ページ。
(4) 住田昌二「ニュータウン開発事業の特質と論理」(住田編『日本のニュータウン開発』都市文化社、一九八四年)八ページ。
(5) 千里ニュータウンの総合評価に関する調査研究委員会、前掲書、四七—四八ページ。
(6) 片寄、前掲書、一三一—一三二ページ。

第四節　北大阪地域の地域構造の形成

1　北大阪地域の開発と地域形成

吹田市、豊中市をはじめ大阪府北部の淀川以西の地域（北大阪地域）は、大阪市に隣接し、京都と大阪という大都市の間に位置している。その開発の歴史は、淀川をはじめとする交通幹線とその後背地という位置にあると同時に、丘陵地の多い地形的な特徴によって制約されてきた。そして全体としては、大阪市に隣接する一部地域に工場・住宅などの拡大が見られるにとどまり、大阪府下南部地域のように、地域的な影響力をもつ中心都市が独自の地場産業などの発達と並行して形成されるという形はとらなかった。その一方で、明治以来、私鉄による丘陵地ぞいの郊外型高級住宅地の開発が部分的に進められていた[1]。

大阪市を母都市とする戦前の郊外住宅地開発を推進した背景として注目されるのは、大阪市の助役・市長を歴任した関一による田園郊外論である。E・ハワードの田園都市論を「大都市撲滅論」であるとして退けた関は、「大都市に中央部の商業地域たる中心点があり、其の周囲の或る距離に高層住宅の住居地域が存在すると共に、数多の小中心点を囲む小住宅を建設する」ことを都市建設の理想とした。そして高速鉄道によって都心部と結ばれ、学校や市場などが置かれた中心地をもつ一団地の住宅地域を、自立型の田園都市とは区別する意味で田園郊外と呼んだ[2]。関の市長在任中に大阪市の中心部を縦断して建設された地下鉄一号線が、さらに淀川を横切って当時いまだ田園地帯だった北大阪地域まで延長することが予定されていたことは、こうしたいわばベッドタウン型郊外開発という、関の考えに裏づけられたものといえるであろう。

郊外型宅地開発を主導したものとして注目されるもう一つの要素は、私鉄資本による沿線型住宅地開発である。箕面有馬電気鉄道（現阪急電鉄）による大阪―宝塚・石橋―箕面間の開通（一九一〇年）などをとおして、大阪市郊外の沿線での住宅地経営が明治期から進められた。大阪を拠点とした私鉄資本のなかでも、京都・大阪間を直接結んだ京阪電鉄などの先行私鉄が、既存の都市間の交通需要に依拠した経営を続けることができたのに対して、後発の阪急資本は、温泉保養地として知られていた宝塚での観光開発を自ら推し進めるとともに、沿線の高級住宅地開発に乗り出すなど、都市的な地域を郊外に拡張する形の宅地開発とも一体となった斬新な経営手法を展開した(3)。大阪市の都心部に直結する高級住宅地として、現在の吹田市域を南北に貫く郊外路線（阪急電鉄千里山線）の敷設とあわせて千里丘陵の末端部分に開発された千里山住宅地は、その後の千里NT開発の原型になったということができる。千里NTの開発に際して、前述した地下鉄一号線と阪急千里山線が、ともに千里NTと大阪の都心部とを直結する幹線として延伸されたことは、この時期の開発との連続性を示している。

こうしていわば大阪市を母都市とした形で住宅地開発が進んだ北大阪では、戦後に大都市圏域が膨張するなかで工場移転などによる立地が進められた。一九五五年以降の景気拡大を契機として、東海道線の沿線などに、当時の先端産業である化学・電気・機械などの工業が立地した。これらは比較的大規模で従業者数も多い工場が単独で立地する形であったために、裾野の関連産業を広く形成することなく、従業者の多くは大阪市からの通勤者であった(4)。その後、名神高速道路が開通すると、大阪市内の小規模ターミナルの淘汰が進み、並行してトラックターミナルなどの郊外型の物流拠点が北大阪に立地した(5)。

大阪地方計画の一環としての北大阪開発は、一九七〇年の万国博覧会の開催を完成目標とした基幹道路網の開通によって大きく進められた。なかでも旧地下鉄一号線に沿って建設された新御堂筋線は、当初の計画段階ではベッドタウンとしての千里NTと大阪都心部とを直結する役割を中心としたが、千里NTの中心部とされた千里中央地域に都心的業務中心地を設ける計画が進むなかで、北大阪開発の背骨としての位置づけをもつ幹線道路として建設された。

その沿線、とりわけ大阪市の外側をめぐる環状道路（内環状線）との交点に位置する吹田市の江坂地域では大規模な区画整理事業が進められて、大阪市に隣接する利点を生かした産業が立地した。

こうして戦前以来、大阪市内からの移転型の住宅地開発と工場立地が進んでいた北大阪は、戦後は、先端的な産業の立地や新たな労働者が居住する住宅地域が大阪市内から郊外地域に押し出されるなかで、ベッドタウンと先端産業

表 2-2　住宅の所有形態・建て方別割合（1985年）（単位：%）

	A 山田	B 江坂	C 旧吹田	D 千里
持　家	76	37	44	21
公営借家	11	0	0	69
民営借家	7	51	53	0
給与住宅	6	6	3	10
計	100	100	100	100
一戸建て	13	20	17	18
長屋建て	0	6	48	0
共同住宅	87	75	35	82
計	100	100	100	100

A 山田：西山田地域，B 江坂：豊津一小学校区，C 旧吹田：吹田町一小学校　区，D 千里：佐竹台小学校区

出所：国勢調査資料より作成。

表 2-3　職業分類別に見た就業者比率（居住地ベースで見た就業者の職業分類の構成，1985年）（単位：%）

	A 山田	B 江坂	C 旧吹田	D 千里
生産工程 1)	13	19	31	23
事務関係 2)	57	42	37	47
管理専門 3)	32	19	17	21
サービス 4)	26	34	28	24
他	4	5	4	6
計	100	100	100	100

1）　技術工・生産工程作業者および労務作業者
2）　事務従事者
3）　管理的職業従事者および専門的・技術的職業従事者
4）　販売職業およびサービス職業従事者

出所：1985年国勢調査より作成。

表 2-4　従業地別に見た就業者比率（各地域に居住する就業者の従業地の比率，1985年）（単位：%）

	A 山田	B 江坂	C 旧吹田	D 千里
市内就業	26	40	48	26
市外就業	74	59	52	74
計	100	100	100	100

出所：国勢調査資料により作成。

が同居するという、いわばすれ違い型の地域が形成されたということができる。

図2–7　吹田市の通勤人口の割合

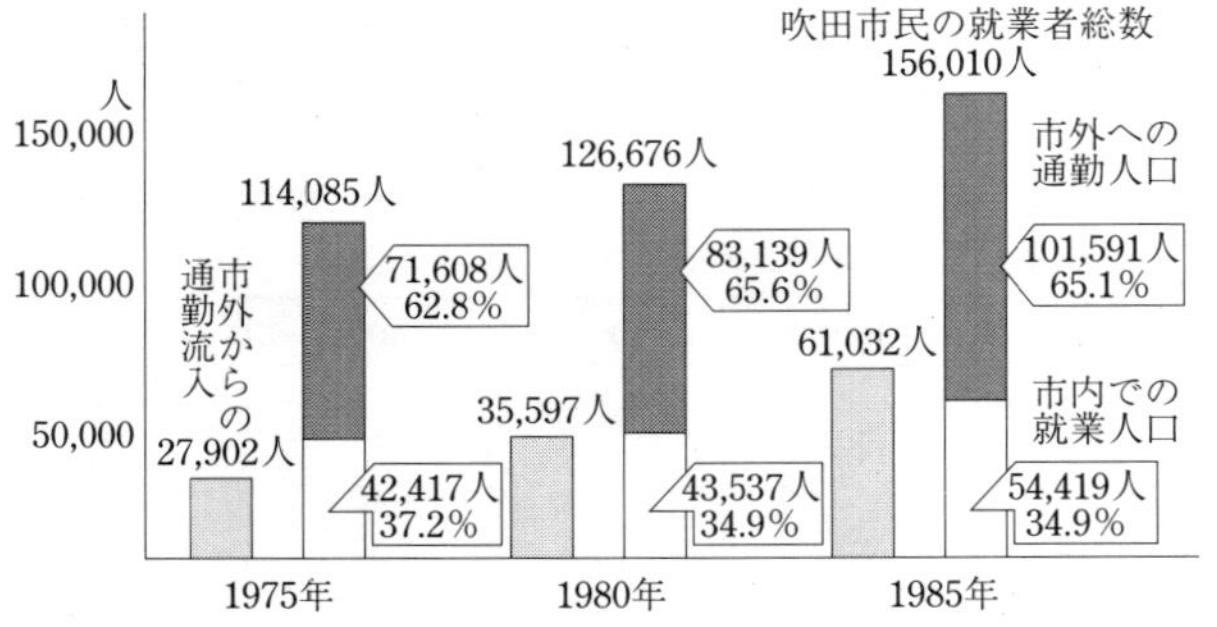

出所：各年国税調査資料，大阪自治体問題研究所編『住みたいまち・住める町』1991年，の拙稿より引用。

2　千里NTと周辺地域の変容

ここでは、北大阪地域での変化の特徴を千里NT周辺の吹田市域に絞って見ていくことにしたい。

戦後の吹田市周辺で、大阪市に隣接する淀川沿岸の旧吹田町地域は工場の進出と並行して木造共同住宅の建設とその密集が進んだ。他方、丘陵地とその周辺では千里NT開発に前後して、比較的大規模な住宅地開発が箕面、豊中、吹田の各市にまたがって進められた。一例として、吹田市内の千里NTに隣接する山田地域で見ると一九七〇年の二万一〇〇〇人の人口が一九八五年には六万七〇〇〇人に急増しており、この人口はニュータウンの吹田市側人口をやや下回る程度である。こうした変化を千里NTと吹田市内の各地域との比較によって検討することとしたい。

表2–2と表2–3、表2–4は、千里NTに隣接する山田地域（A）、新御堂筋線が通って事業所の集中の著しい江坂地域（B）、および旧吹田町に属する地域（C）、千里NTの吹田市域（D）、の各々の地域の住宅の種別と就業者の構成などを見たものである。

まず表2–2から各地域の住宅所有を比較すると、山田地域での持家率の著しい高さと、江坂地域での持家比率の低さが特徴的といえる。これに対して旧吹田町地域では、民営借家の比率が高いこと、建て方別で見た場合の長屋建

表 2-5　大阪府下の就業者の職業別構成比　（単位：％）

	大阪市		大阪市除く府下		吹田市	
	従業者	常住者	従業者	常住者	従業者	常住者
専門的・技術的職業従事者	10.5	9.0	11.9	11.6	16.0	14.7
管理的職業従事者	5.8	4.3	3.9	4.5	4.1	5.9
事務従事者	24.7	18.8	16.8	20.2	22.2	23.7
販売従事者	21.6	19.2	15.1	17.5	18.5	20.4
運輸・通信従事者	3.6	4.1	4.0	3.8	3.7	3.3
技能工・生産工程作業者および労務作業者	24.7	32.9	37.6	32.6	25.0	22.6
サービス職業従事者	7.5	10.2	7.2	6.8	8.0	7.4

従事者：市外からの通勤者を含めて，市内で働いている就業者
常住者：市外への通勤者を含めて，市内に居住している就業者

出所：1985年国勢調査，大阪自治体問題研究所編『住みたいまち・住める町』1991年，の拙稿より引用。

て住宅の比率が高いことが著しい特徴となっている。

次に、表2-3と表2-4から就業状況を比較すると、千里NTおよび山田地域での、ホワイトカラー比率（表2-3の「事務関係」「管理専門」就業者）の高さと、市外で就業する割合の高いことが著しい特徴といえる。これに対して、旧吹田町地域ではブルーカラー比率（表2-3の「生産工程」就業者）が相対的に高い一方で、市内で就業する割合の高いことが特徴となっている。さらに、事業所の増加と人口の増加が並行して進んでいる江坂地域では、販売・サービス職業従事者の割合が高い一方で、市内で就業する割合が旧吹田町地域と比較して低いことが注目される。

吹田市の地域構造の第一の特徴は、以上のデータに見られるように、千里NTの開発とこれに続く周辺部の住宅地開発が、この地域に大阪市内に通勤する中堅以上のホワイトカラー層が住む郊外型住宅地域という特徴をもたらしたことである。同時に、千里NTとあわせて副都心的な業務地域の開発が行われたことは、新御堂筋線沿線への事業所の集中を招くこととなった。しかしこれは、それまでの北大阪地域での大規模工場などの立地と同じように、周辺の吹田市とはつながりをもたない、いわば移転型の事業所立地ともいえるようである。その結果、図2-7に見られるように、吹田市は市内の従業者数が増大するなかで、市外への通勤人口と市外からの通勤流入人口が並行して増大する、すれ違い型

図 2-8　旧吹田町地域および江坂地域の小学校区での年齢階層別人口の増減率

（単位：%）

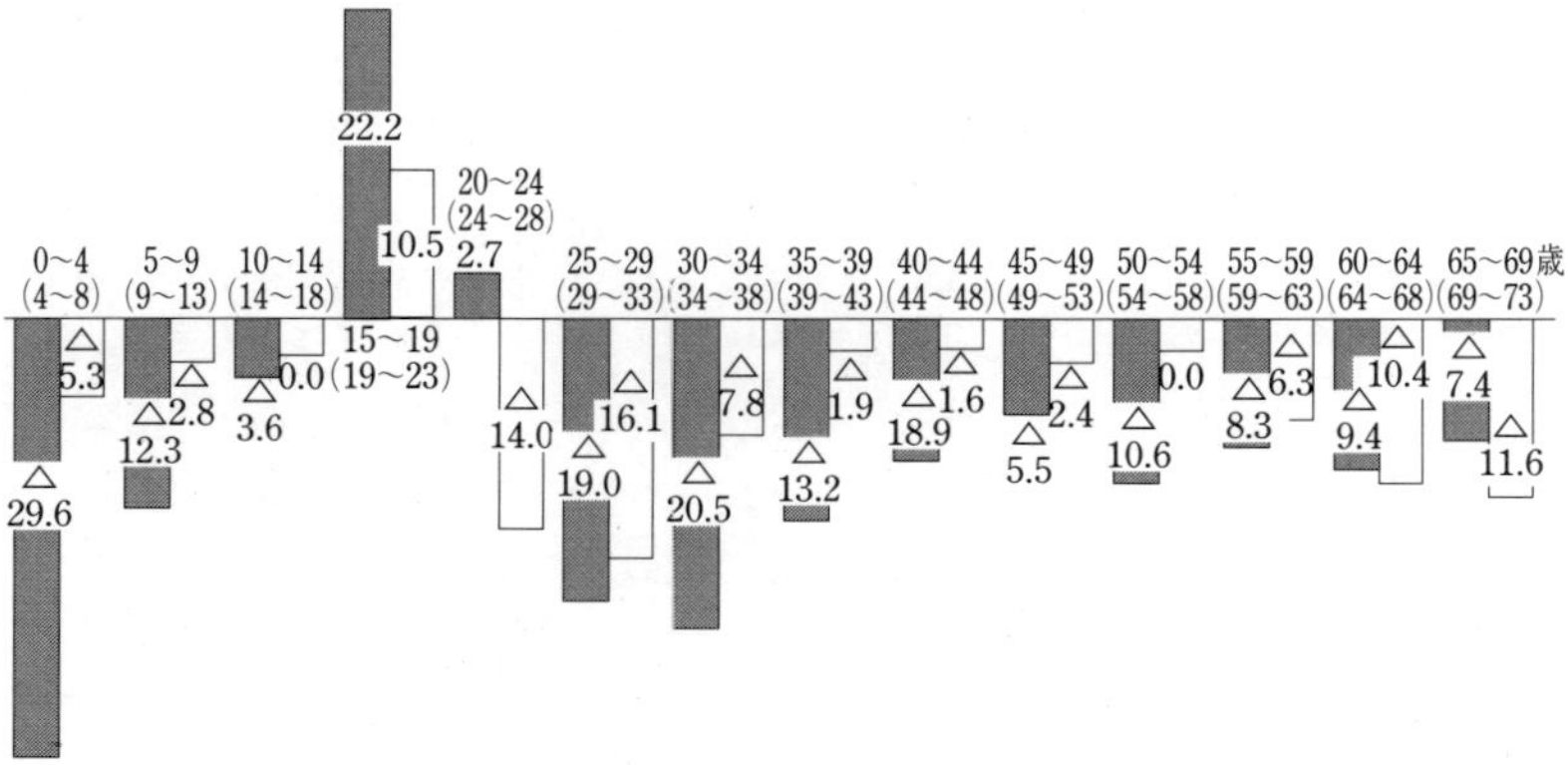

1985年に各々の年齢層だった人口を，4年後の1989年における（　）内の年齢階級人口と比べた増減率。

旧吹田：吹田町一小学校区□　　江坂：豊津一小学校区■

出所：各年10月1日住民基本台帳人口，大阪自治体問題研究所編『住みたいまち·住める町』1991年の拙稿より引用。

表 2-6　25～29歳女性の出生率（1991年）

大阪府下*	135	吹田市	126	寝屋川市	132	河内長野市	138
大阪市	110	池田市	124	富田林市	132	岸和田市	145

出生率＝（ある年齢層の母親が産んだ子の数／その年齢の女子の人口）×1000

＊ 大阪市を除く。

出所：女子人口は住民基本台帳人口，出生数は大阪府衛生年報から作成。

の特徴を示すようになった。

同時に、表2-5に見られるように、就業者の職業別の内訳では、専門職・技術者などの割合が吹田市の常住者と従業者で、ともに高いという特徴を示していることは、大阪市や府下と比べても一つの特徴ということができる。言い換えれば、産業のソフト化を担う事業所と就業者とが、同じ自治体のなかで無関係に共存している状態ともいえよう。

吹田市の地域構造の第二の特徴は、以下に見られるように、大都市圏域規模で進む人口移動のもとで、住民、とりわけ若年世帯層の転出が顕著なことである。図2-8は、旧吹田町地域と江坂地域の一小学校区での年齢集団別人口の増減を見たものである。この図からは、江坂地域では二五―三四歳層の著しい減少に加えて、とくに〇―四歳の年齢層の減少が、五年間でほぼ三〇%にものぼっていることが認められる。反面、二〇歳前後の年齢層の増加が顕著である。これとあわせて注目されるのは、転出入をとおした移動が激しいことであり、一九九〇年の国勢調査によれば、三〇歳前後の年齢層のうち、その約半数は一九八五年からの五年間に吹田市内に転入したものである。さらに吹田市の調査によれば、一九八八年三月から一年間に市内で出生した三九七九人の子どものうち、三歳六ヵ月に達した時点で市内に居住するものは六四%にとどまっている。これらに関連して、母親の年齢階級別の出生率を見たものが表2-6である。吹田市および池田市における出生率の低さは府下の平均指数との比較でも顕著である。これらは総じて、吹田市を中心とする地域が働き盛りの子育て世帯が転出する一方で、短期的な居住を前提とした単身世帯が転入するという傾向を示すものであろう。

吹田市をはじめとする地域の特徴を機能的な面から見るならば、一方では、大都市圏全体のレベルで必要とされる産業の立地という機能と、他方では、同様に必要とされる居住地としての機能が、相互に無関係に近接して立地していると捉えることができる。前述した大阪府などによる千里NTと周辺開発についての総合評価が指摘しているような、「様々な都市機能が相乗的に作用する都市複合体」という特徴づけは、[6] こうした状態をきわめて皮相に捉えたものということができるであろう。基礎自治体のレベルから見るならば、市域内の各地域の特徴が都市圏規模の広域的なメカニズムをとおして形成されたということは、自立した形の都市政策の遂行を二重の意味で困難にする。一方で、居住地としての機能と産業の機能とが相互に無関係に立地していることは、自治体による相互の調整を困難にするとともに、市民の就業の場を確保することを目的とした産業政策の実施を意味のないものにしかねない。他方で、階層的な格差をともなった居住分布は、自治体の財政的な基盤を著しく困難なものに追い込みかねない。これらは、今後の自治体政策と地方分権の論議の枠組みにも関連する問題を提起しているといえるであろう。

(1) 大阪府立商工経済研究所『北大阪地区の産業・経済の実態』一九六七年、三―一四ページ。
(2) 関一『住宅問題と都市計画』学陽書房、一九九二年(一九二三年発行の再版)一〇六―一一〇ページ。
(3) 宇田正「総説」(宇田ほか編『民鉄経営の歴史と文化』古今書院、一九九五年)一二―一四ページ。
(4) 大阪府の人口増加と並行して、一九六〇年前後に進んだ工業の外延的拡大に関して、田口芳明は、大阪府下での工場立地について二つのパターンを指摘する。第一に、全国的な交通動脈に沿った地域での、比較的大規模な工場のいわば戦略的な新増設であり、名神高速道路に沿った淀川右岸(北大阪地域)での立地の割合が最も大きかった。第二に、中河内(東大阪)と淀川左岸地域を中心とした、小規模工場の大阪市内からの全面移転を中心とした立地であり、既存の工業地域の外延的拡大という形をとって近接地域に移転したものが多いという。田口芳明「都市化機能高度化過程における適応と不適応」(大阪市立大学経済研究所編『大都市圏の経済構造』日本評論社、一九七一年)一〇八―一〇九ページ。
(5) 大阪府立商工経済研究所、前掲書、一九―二八ページ。
(6) 千里ニュータウンの総合評価に関する調査研究委員会、前掲書、六五ページ。

第五節　階層的大都市圏域構造の形成過程

1　階層的地域形成のプロセス

大都市圏域が拡大するなかで、階層的な居住地域が形成された要因とプロセスについての、本書の仮説的な視点は、以下のとおりである。

第一に、戦後復興期の産業拡大のなかで、就業者の階層構造が形成あるいは再編成されてきた側面である。機械・電気産業などが主導した戦後大阪の産業拡大は、大阪市内の零細自営業者や家族従業者の多い在来産業の一部を陳腐化させた一方で、企業間・就業者間の階層的な二重構造を再生産した。

第二に、地域別の住宅・居住水準が形成されるプロセスである。歴史的に大阪の住宅地形成は、大阪市の都心部周辺での零細な借家経営に依存する住宅群と、大阪市周辺部での工場などの立地に誘発された自然発生的で低質なスプロール型住宅地域、そして私鉄の延長にともなって開発された郊外住宅地域という、概ね三つのタイプのもとで形成されてきたといえる。このような地域ごとの住宅地域形成の特徴は、戦後の高度経済成長開始期の人口急増にともなう大阪市周辺での低質な民間借家建設の急増、そして郊外での団地型住宅開発などをとおして、地域別の住宅・居住水準の格差を固定化した形で拡大した。

第三に、就業者の階層構造が、大都市圏域内での移動や住宅取得をとおして地域的な階層構成として、いわば空間的に実現されるプロセスである。

これらのなかで最後にあげた要因について、さらに詳しく見ていきたい。

戦後の大阪府下の人口急増は、府下市町村間での転出入の増加と、大阪市内人口の停滞・減少を引き起こした。これをとおして各地域での住民のいわば篩分けが進む上では、次の点が重要と思われる。第一には住宅費の負担能力であるとともに住宅改善に向けた意志である。第二には職業・就業形態などにともなう勤務地の束縛の程度である。第三には建築時期などにも影響された住宅費の水準や、取得可能な住宅の存在の有無である。

これらのうち、戦後に新たに建設された借家の家賃水準が、建築費用の高騰などの影響によって急上昇したことは、他面で大阪市内の老朽貸家において低所得層の滞留を促したといえる(1)。さらに、自営業主や一般に零細な製造業の直接作業者の場合などは、住宅取得にあたって勤務地周辺への束縛が強いことが指摘されており、この点は大阪市東部での低質な民間共同住宅の集中を説明するものといえる(2)。また、年齢別に見た住宅改善の意志が三〇歳前後の階層に強く、またこの年齢層では新規の住宅取得への意欲が高いことも各種の調査から明らかである(3)。元来この年齢層は、新たな成長産業の担い手でもあったことから、産業構造の変動に連動した形で、若年の中・上級所得層が郊外住宅地域に転出していく背景になったといえるであろう。

2　大阪大都市圏域の発展段階と階層的地域形成

ここでは、以上に見てきた地域形成のプロセスを、大阪大都市圏域の発展段階のなかに位置づけてみることにしたい。戦後の大阪大都市圏域の発展段階は、都市圏開発の過程と人口移動などから見て、概ね三つの時期に分けて捉えることができる。その特徴とあわせてまとめておきたい。

第一は、高度成長開始時の大都市圏域の拡大過程である（一九五五年ごろから一九七〇年ごろ）。大阪市への急激な人口流入と周辺地域を含む工場・事業所の立地が進むなかで、大阪府と大阪市の政策は、西日本の経済センターに向けた大阪の改造を焦点としたものであった。具体的には、大都市圏域の同心円的拡大に向けた道路網をはじめとした基盤整備と、新規に流入した労働力に対応する住宅宅地の整備が、大規模郊外型宅地開発をとおして進められ、ベッドタウン型の郊外住宅地域の形成が進んだ。他方で、大阪市に隣接した地域での低質な民間住宅地の拡大が進むなかで、階層的な居住地域形成も進んだ(4)。これらは、大阪府下への転入人口の増加に続く府下の各地域間での転出入の増加と、大阪市から周辺市への転出者の増加をとおして、さきに大阪大都市圏域の住民所得階層の分布において見たドーナツ化現象を発生させた。

第二は、郊外での事業所立地である（一九七〇年ごろから一九八〇年代）。一九七〇年の大阪万国博覧会の開催を節目として、中央環状道路をはじめ大阪大都市圏域の外延的拡大に向けた基盤整備が進んだ。他方では、郊外住宅地域から大阪市の都心部への通勤者が増加し、また、前掲表2-5にも見られたように、相対的にブルーカラー的な職種の比率が大きな大阪市の就業者の、郊外への通勤人口が増加するなど、府下全体に通勤流出・流入がともに大きない、すれ違い型の地域が拡大した(5)。北大阪地域には、名神高速道路をはじめ、国土を貫く交通幹線が集中するとともに、比較的開発余地が大きかったことを背景に情報・先端産業の立地が見られる一方で、千里NT周辺をはじめとした地域での宅地開発と人口増加が生じた。

第三は、中心・周辺地域の人口減少と大都市圏域の外延化である（一九八〇年代末から一九九〇年代初め）。産業構造の高度化とソフト化のなかで、就業者の職業別の内訳では専門職・技術者層が増加する一方で、販売・サービス職種の増加などの新たな階層分化が進み、これらのサービス職種が大阪市内や従来の民間共同住宅密集地域に集中する傾向が見られる。その一方、大阪市と千里NTの立地する吹田・豊中両市などの大都市圏域の中心・周辺部では、若年世帯層の転出による人口減少やこれと並行して出生率の落ち込みなどが生じ、単身世帯の増加と二五—三〇歳層の住民の転出と転入の回転の加速化が見られた。いわば大都市の中心部のような居住スタイルが、周辺部に拡大する状態ともいえるであろう。他方、従来では人口の流出現象すら見られた府下の外延部の町村では、一九八〇年代末の地価の爆発的な高騰を契機として、三〇歳代前半の世帯を中心とする人口の転入による増加が見られた。そのなかでも専門的・技術的職業や管理的職業などの、職種や所得階層の点からも中・上級に属する階層の比率が高まっていることが特徴となっている。

以上の過程からは、産業構造の変化を担う新たな事業所と就業者の宅地が、既存の都市地域のさらに外延部に立地する形で、地域的な特徴をともないながら大都市圏域全体の拡大が進んできたといえる。こうした過程は、戦前からの私鉄資本による郊外での高級住宅地の形成を一定の背景しながらも、戦後の高度成長の開始前後の時期を一つの契機としたものであるということができる。

3　大都市圏域形成のプロセスと郊外型地域開発

大都市圏域の拡大は、産業構造の戦略的な転換のなかで、重要拠点としての大都市地域が社会資本の整備をとおしてその地理的な影響範囲を広げていく過程として、また、現実に流入する産業や人口が、圏域内の各地域に一定の条件で配置されていく過程として捉える必要がある。

これまで検討してきた内容をある程度一般化することが許されるならば、戦後の大阪府下における大都市圏域形成の基本的なメカニズムは次のようにまとめることができよう。第一に、大都市への産業の集中は、政府による社会資本整備などをとおしてその条件が整えられた。大都市での集積の利益を享受し続けるためには、道路その他の外部的環境や生産工程を直接担う労働力の確保が必要である。地理的制約を乗り超えてこうした環境の整備を進めるために、道路交通網の拡大などをとおした大都市の経済的影響圏域の拡大が進められ、こうした拡大のなかで大都市圏域が形成された。第二に、大都市圏域に新たに立地した産業は、その生産にともなう土地利用形態や産業基盤の整備状況などの条件に応じて、大都市内部または道路交通条件の良好な周辺部に立地した。第三に、新たに流入した人口は、既存の住宅・宅地のストックに加えて新規の宅地開発・住宅建設が進行するなかで、主としてその所得階層にともなう条件に応じて居住の場を求める結果、地域別に階層別の棲み分け状態を形成した。これらは、その後に建設される住宅の質的な内容に影響するとともに、自治体などによる共同的消費手段の整備とも相まってそれぞれに一定の地域環境を形成したということができる。

図2-9は、一九五五年以降の高度成長期における政府の政策が大阪府の公共事業とも結びつくなかで、結果として階層的・機能的な特徴をもった地域が形成された過程を図示したものである。西日本の中心都市としての大阪の基盤整備を中心とした求心的な都市圏域の形成過程のなかで、千里NTを含む北大阪地域は、郊外型の住宅地開発と、副都心的な機能を郊外に立地させる開発事業とが、背中合わせの形で進むという経過をたどることとなった。吹田市

図2-9　大阪大都市圏域の階層的拡大フロー図

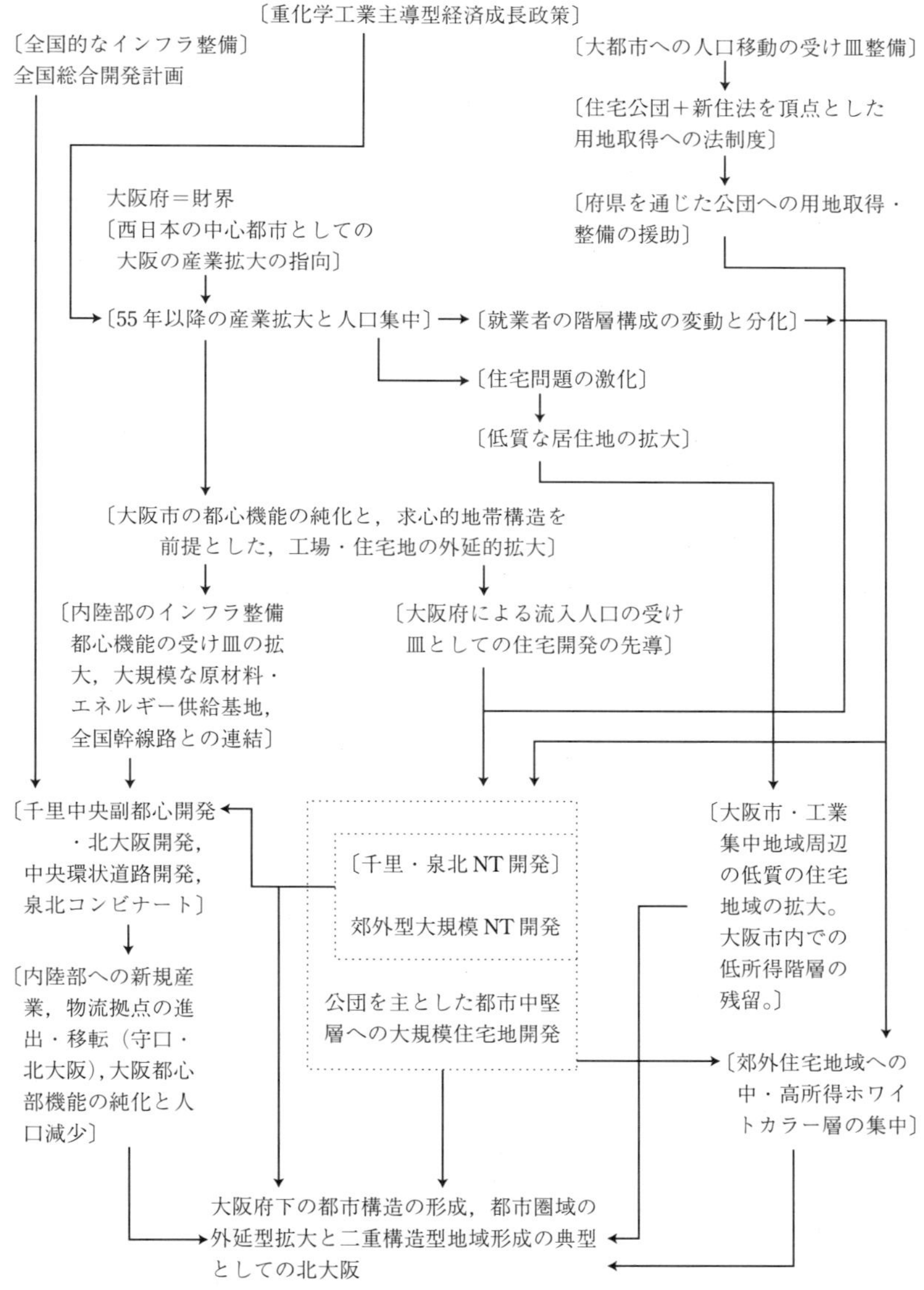
〔重化学工業主導型経済成長政策〕
〔全国的なインフラ整備〕
全国総合開発計画
〔大都市への人口移動の受け皿整備〕
〔住宅公団＋新住法を頂点とした
用地取得への法制度〕
〔府県を通じた公団への用地取得・
整備の援助〕
大阪府＝財界
〔西日本の中心都市としての
大阪の産業拡大の指向〕
〔55年以降の産業拡大と人口集中〕
〔就業者の階層構成の変動と分化〕
〔住宅問題の激化〕
〔低質な居住地の拡大〕
〔大阪市の都心機能の純化と，求心的地帯構造を
前提とした，工場・住宅地の外延的拡大〕
〔内陸部のインフラ整備
都心機能の受け皿の拡
大，大規模な原材料・
エネルギー供給基地，
全国幹線路との連結〕
〔大阪府による流入人口の受け
皿としての住宅開発の先導〕
〔千里中央副都心開発
・北大阪開発，
中央環状道路開発，
泉北コンビナート〕
〔千里・泉北NT開発〕
郊外型大規模NT開発
公団を主とした都市中堅
層への大規模住宅地開発
〔大阪市・工業
集中地域周辺
の低質の住宅
地域の拡大。
大阪市内での
低所得階層の
残留。〕
〔内陸部への新規産
業，物流拠点の進
出・移転（守口・
北大阪），大阪都心
部機能の純化と人
口減少〕
〔郊外住宅地域への
中・高所得ホワイ
トカラー層の集中〕
大阪府下の都市構造の形成，都市圏域の
外延型拡大と二重構造型地域形成の典型
としての北大阪

を中心とした地域が、大阪市に通勤する就業者のベッドタウンとしての特徴と、府下からの通勤流入者を吸収する業務中心的な特徴をあわせもっているのは、このような都市形成の過程に起因するものである。こうしたすれ違い型の地域は、事業所の新規立地や撤退と通勤者型住宅地の立地などが進むなかで、なお拡大し続けている。こうした状況は、府下各市町村による今後の自立的な都市政策——独自の産業・財政基盤をベースとした政策展開——に大きく影響せざるをえない。

以上のような大都市圏域における地域構造の特徴とその形成のメカニズムは、今後の地方行財政改革に対して重要な視点を提供するものである。第一には、同一の市町村内であっても地域的な特徴や住民の生活スタイルを踏まえて自治の単位を設定する必要性である。第二には、基礎自治体としての市町村が、バランスのとれた地域政策を展開する計画主体としての役割を果たすことができるように、その権限と責任を強化する必要である。第三には、経済・社会活動の広域化を踏まえて、大都市圏レベルの計画の調整と財政的な再配分を含めたシステムを、具体的に検討することである。

（1）大阪地方計画専門調査委員会、前掲書、五〇—五一ページ。
（2）巽信晴は、淀川左岸地域などの大阪市隣接部への工場の移転が、大阪市内に形成された下請け・再々下請けの零細企業と、パートタイムの主婦層を裾野にもつ生産機構を温存した形で進められていると指摘している。巽信晴「大阪工業の構造的特徴と都市再開発」（大阪市立大学経済研究所編『都市圏多核化の展開』東京大学出版会、一九八六年）九四—九五ページ。
（3）大阪府建築部『住宅需要実態調査結果——大阪府集計結果の概要』一九八九年、二四ページ。
（4）こうした地域形成の過程は次の文献による。住田昌二『住宅供給計画論』勁草書房、一九八二年、二〇—六〇ページ。
（5）大阪府下の通勤流動実態については次の文献が詳しい。松澤俊雄「交通流動から見た郊外の自立化傾向」（大阪市立大学経済研究所編、前掲書）一三九—一六〇ページ。

第三章　自治体行財政運営と協働型システム

本章では自治体行財政改革の主要課題を、社会的共同業務の遂行に果たす自治体の役割という側面から検討する。こうした捉え方は、自治体の役割を地域と生活をめぐる環境や住民の主体的な活動との相互関係のなかで動的に捉えることを可能にする。現在、多くの自治体は、人口増加の停滞から減少傾向への推移とともに、高齢化が急速に進行する時期を迎えている。このなかで、高齢化社会への対応や、地域環境の維持に向けたまちづくりルールなど社会的な規範の必要性、あるいはゴミ処理・リサイクル問題、消費スタイルの変化への対応といった、自治体行政に求められる領域が市民や地域の生活領域にまで拡大するにいたっている。さらに、市民相互のコミュニケーションや地域社会の再構築を目指す目的意識的な活動など住民自身の主体的な活動が発展するもとで、これらをとおして自治体行政と市民との相互関係も、後述するように、協働型への変化が求められている。

本章では以上の問題意識に立って、自治体行財政の改革課題を検討する。

第一節では、大阪府吹田市の地域体育システムの事例を中心に、社会的共同業務を担うシステムと、これをめぐる自治体・住民・公務労働の各々の役割を検討する。第二節では、行財政改革の課題を、公共行政改革をめぐる論点とのかかわりで整理する。これらを踏まえて第三節で、基礎自治体の行財政改革の課題を分権・参加を焦点に論じる。

第一節　協働型システムの形成と構造
——吹田市の事例をとおして——

1　公務労働の質的発展と公・共の協働

最初に、自治体と市民との協働関係の展開とその条件を考えるために、地域の体育・健康づくりを担うシステムづくりの過程と課題を検討する。

吹田市では、体育・健康づくりに関連する社会体育施策が、体育施設の建設と運営、各地域の体育振興会の組織化と指導者の養成、さらに各種スポーツ団体との協力事業という三つの分野で進められている。これらの施策の整備が進み、市民の間にも定着する一方で、体育施策に対する要望の重点が、スポーツ・競技としてのそれから健康づくりとしてのものに変化しつつある。それは高齢化の進行とともに、体育活動に対する市民的な関心の広がりを背景としている。こうしたなかで求められているのは、地域レベルの活動を活性化するための援助や、幅広い市民のための健康づくりの条件整備を進めることなどの、システムの整備を進めることである。以下では、吹田市の社会体育施策の歩みと現状を踏まえて、市民の健康・体育活動を担うシステムの構造と役割を検討する。

（1）吹田市の社会体育施策——その歩みと地域体育活動

吹田市の社会体育施策では、体育館などの施設づくりと並行して、地域組織づくりが進められてきたことが一つの特徴となっている。その柱になったのは、小中学校施設の地域への開放と、各学校区を基本とした地域ごとの体育振興会の組織化、および社会体育リーダー（略称ＳＳＬ）の養成である。このうち学校施設の休日・夜間開放では、一九七八年までには全小中学校での開放が始まっている。これと並行して小学校区ごとの地域体育振興会が自治会を母体に、学校施設利用の受け皿的な役割を担って徐々に設立された。また、地域体育振興会の立ち上げが軌道に乗った一九七四年からは、体育館によるSSLの養成講座が開催されて、自治会や体育振興会からの推薦による受講者を対象に、市民二〇〇人当たり一名のSSLの養成を目標に進められており、約一五〇〇人がすでに講座を終えて登録している。

こうした過程のなかで、地域体育活動の要になるのは体育振興会であり、自治会やPTAの役員等で構成されていて、学校開放事業をはじめ市民体育祭やハイキング、ソフトボール大会、グランドゴルフ大会などの活動を行っている。その事実上の担い手はSSLで、すでに母体となった自治会からは一定の独自性をもって活動しているようである。以下に、筆者も加わった研究会によるヒアリングの内容から体育振興会の現状を紹介しておく[1]。

吹三地区体育振興協議会――活発な活動を展開しているこの体育振興会は、夏から秋にかけての毎日曜・祝日に行われる「走ろう会・歩こう会」や夏期のラジオ体操のほか、年間で二〇回を超える行事を行っている。行事内容では、グランドゴルフ大会や「ソフトバレーボールの集い」など高齢者にも比較的参加しやすいものや、ペタンク大会や女子キックベースボール大会など子どもを対象としたもの、さらにソフトボール大会やハイキング等と多彩である。活動の担い手は主に養成講座を受けたSSLである。ヒアリングによる活動の現状は次のとおりであった。「住民の要望は、個々人が健康づくりのために気軽にできる運動にあり、〝ストレッチとバレーボール〟の企画をするとストレッチを目的に大勢が参加して〝スキッとした〟というが、バレーボールになると帰ってしまう。健康への意識を運動につなぐ工夫が必要であり、体育館が主催したウォーミングアップとクールダウンの講習の評判がよかったので、地区でもやりたい。」「指導者の不足もあって、行事内容が毎年同じようになっている。現在ではたとえば指導者養成の実技研修（トレーニング方法など）も年二回しかできていないが、予算がもっとあれば内容の改善も可能と思われる。」「体育振興会は現在では自治会とも直接的な関係はない。ただ、ソフトボールやグランドゴルフ以外は参加者が多いとはいえず、活動の宣伝も自治会の回覧板に頼っている状態で、宣伝のために〝体振だより〟を発行しているが、アンケート調査をしてみると知らない人が多くて問題を感じている。」

五月が丘地域体育振興会――「毎日の学校施設開放をはじめ、いろいろな活動をしている。参加者には勝負にこだわらずに楽しく運動したいという傾向が強くて、個人で行う種目には人気が高いが、団体種目への参加が少ない。地域のリーダー養成のために各種行事の参加者にもSSLの講座への参加を呼びかけているがよい返事が来ない。新しい人の参加が少ないことが悩みになっているが、一般参加者からは、体育館の指導員に準備・整理体操やバドミントン・インディアカなどの技術面の指導をしてほしいとの声がある。」

東地区体育振興会――「参加者の年齢層は四〇―六〇歳台で、参加者の高齢化と人数の伸び悩みが問題になっている。初心者や高齢者も無理なく楽しめるソフトバレーボールやレクリエーションスポーツなどの種目には関心が高いが、技術・強度の高いものは敬遠されがちである。体育館でニュースポーツの研修を受けて来たためこの地区でも企画したいのだが、道具が高いので購入できない。子どもの層が集まりにくく、サッカーなど人気のある種目を企画したいが、地域指導者も高齢化していて指導できる者がいない。」

以上のようなヒアリング結果から窺えるのは、市の働きかけで立ち上げられた各地域の体育振興会が、地域体育の振興を進める基礎単位として一定の自律性をもって活動している姿であり、技術指導などの面で制約をもちながらも、住民の高齢化や健康志向などの変化への対応を模索していることである。反面、住民とのかかわりを客観的に評価した場合には、体育振興会が実質的に運営している学校施設の休日・夜間開放では利用者数が伸び悩みの状態にあり、市民アンケートの回答でも、少なくない市民が「参加しにくい」「申し込み先が分からない」などの感想を抱いていることは、多様な住民に体育活動の機会を保障する上での限界を示している。

ここで興味深いのは、高齢者自身の体育活動に対する要望や体育振興会の活動に対する評価である。以下に、吹田

市内の一住区（千里ニュータウン内）の高齢クラブ連合会とのヒアリングで出された意見を紹介する。(2)

「体育振興会と老人クラブとが話し合う機会は無い。地域の体育祭には出場してくれと言われるが、出るゲームが無い。大玉運びなどのゲームも老人には危ないが、逆に、老人向きのものを作っても〝出る人がいない〟といわれた。体育館でしていたようなゲームを体育振興会に指導してほしい。」「老人クラブでは、健康づくりのためにウォーキングやリズム体操などを方針にしている。公民館で〝四つ竹踊り〟をしており、三〇人参加しても実際に出来るのは一〇人程度だが、参加してリズムをとるだけでも身体に良いからと言って来ている。老夫婦で何か楽しいことをしたいという希望は強い。老人クラブでも歌体操を奨励しているが、リーダーを養成していないので限界がある。体育館の高齢者スポーツ大会に出て、こんなに高齢者にも参加しやすいゲームがあるのかと驚いた。」「老人が参加しやすいように工夫したニュースポーツの講習会をして欲しい。高齢者が楽しく気安く出来るものとしてリズム体操の評判が非常に良い。教われば、帰ってリーダーになれる。立ってやる歌体操と座ったまま出来るもののリーダー養成を。」

ここで示されているのは、健康と体育活動への関心が広がるなかで、その担い手が老人クラブ自体をも含めた形で広がっていることである。ここでは体育振興会の活動は必ずしも積極的に評価されていないが、そのことは、今後の健康・体育活動の推進にあたって、担い手が多元化することを前提として、その各々に対する援助や連携をシステム化することの必要性を示すものであろう。こうした視点から、次に体育館の役割と現状を検討したい。

（2）体育館の役割と現状

吹田市の体育館は、一九七〇年代から五館が順次設置され、各館に専任の体育館指導員が五名ずつ配置されている。事業内容は、体育館の主催事業として指導員が実施する各種の教室と、市体育協会に加盟するスポーツ団体によるスポーツ教室、および施設の個人貸出の三つになっている。

体育館利用者アンケートによれば、体育館利用者の最近の傾向は、スポーツの必要性を感じている理由として（複数回答）「健康の維持増進のため」七六%、「楽しみやリフレッシュのため」七六%、の二つが最も多くなっていることに示されている。(3) 全般的な特徴として、利用する階層が高齢者や子育て中の主婦などを含めて広がっていること、一人でもできるスポーツへの人気が高いことがあげられる。勤め帰りのサラリーマンなども含めて、自分の都合のよい形で参加する形態が増加しており、このため整美体操やトレーニングなどの教室も、いつでも参加しやすい一日教室が主体となっている。また、来館者から体育館指導員に「私に適したスポーツにはどんなものがあるか」との相談があることからも窺われるように、自分に適したペースを大事にするスタイルが定着しつつあるといえる。さらに、最近人気のあるプログラムとして、三歳程度の幼児と親を対象とした親子体操があり、体育館が実施した参加者アンケートによる「主な参加理由」は、「親子で楽しめる」二七%、「子どもを集団行動に慣れさせる」一九%、「幼稚園にはいるため」一六%、「親の運動不足の解消」一四%、となっており、また参加経路は「市報で見て」が六二%と高くなっている。これらは、従来は体育活動と結びつきにくく、また近隣地域とのつながりもあまりもたない階層が、自分なりの利用方法を積極的に求めて参加していることを示している。

こうした変化のなかで、関係者から現在の特徴と改善方策として指摘されているのは次の点である。(4)

第一に、体育館を利用者の変化に対応して充実させることである。この点では、育児中の女性のスポーツ要求に対応するために託児スペースの設置と保育体制を設けることや、親子で気軽に遊べるスペースを設けること、さらに、市民一人一人の要求に応えるために、スポーツの個人メニューが相談できる体制をつくることなどである。一例として、日頃の成果を出しあう体力測定の企画を実施したところきわめて人気が高く、酸素摂取量を踏まえたトレーニング方法などの指導が求められているという。さらにこうした柔軟な対応に向けて、体育館の運営や教室の企画などに利用者・市民の声が直接反映できるシステムづくりが必要であり、具体的には「体育館運営協議会」などの形で市民・利用者参加の運営体制を設けることである。

第二に、体育館の機能と指導員の専門性を生かした地域体育への援助を強めることである。体育館ではＳＳＬの養成講座を行っているが、その後のフォロー・援助にはかかわっておらず、反面、地域では指導方法の充実・援助についての要求が強いことはすでに見たとおりである。また、ある体育館で、地域からの要請に応じて体育館指導員を派遣する一日講座を実施したところ、多くの地域からウォーミングアップ方法の指導などをはじめとする講座への要望が多かったことは、身近なスポーツの指導を望む声が多いことを反映している。さらに、老人クラブからは、手軽にできる運動方法の指導を期待する声があることはヒアリングでも明らかである。このほかにも障害者の授産施設から身体をほぐして緊張を和らげる体操の指導のために、体育館指導員の派遣が要請されるケースもあるという。

第三に、上記の点ともかかわって、健康づくりなどに関連した他機関との連携体制などについてである。現状での問題は、幅広い市民の健康への関心に対応する条件が、システムとしてもまた体育館指導員の研修面での条件整備についても不充分なことにある。たとえば体育館で開催されている肥満児教室などでも、科学的なトレーニング方法の指導という点では個々の指導員任せになっていることや、慢性症患の患者が医師の勧めで来館したけれども、身体の動かし方の指示がないため指導員には援助できないといった事例も見られる。こうしたなかで、医療面からの対応を充実させることが求められており、利用者の健康相談や健康チェックが気軽に行えるように、看護師などの医療職の配置やスポーツ医学に詳しい医師などとの連携システムをつくる必要性が指摘されている。さらに、健康・保健事業全般とのかかわりでは、保健センターが主催する糖尿病・高血圧教室での体操の指導が部分的に依頼されているが、ウォーキングとストレッチ程度の指導しかできていないという問題があげられている。これらは、体育活動を保健・健康づくりのシステム全体のなかで位置づけ直すことの必要性を示すものであろう。

以上のような指摘を踏まえるならば、方向性として求められるのは、健康づくりと運動にかかわる各団体が各々の個性を活かして活動を展開できるよう支援するために、互いの情報交換や連携を進める地域レベルでのシステム化である。具体的に検討が進められているのは、市内五つの体育館を拠点としたエリアごとに〝健康・スポーツエリア〟を設定して各団体の情報交換や相互の支援をシステム化することである。

こうした点からは、次のようなポイントを導き出すことができる。第一に、健康・体育活動への市民的な関心の広がりを背景としてその担い手も一様でなく、個人や、あるいは新たな団体を含めて多元化していることである。第二に、各団体の役割を個々の市民の健康・体育活動を担うインフラストラクチャーの一部として積極的に位置づけることの必要性である。第三に、こうした意味での基盤整備を進める上ではシステムづくりが重要なポイントであり、その意味で今後の健康・体育行政の焦点は、協働的なシステムづくりにあることである。

こうした運営スタイルの充実に重点を置く捉え方は、自治体行財政運営のあり方に見直しを求めるものといえる。吹田市では、市内各地域の体育館建設がほぼ終了した段階で、さらに観覧席付の運動場（総工費一三四億円）と武道館（総工費五〇億円）という大規模な体育施設を建設しており、これにともなう財政負担はその後の吹田市財政にとって大きな圧迫要因となっている。象徴的なことに、市政に対して直接影響力をもつ体育団体の要望をもとに建設されたこれらの施設が、市民的には大きな評価を受けておらず、むしろ利用者の少ないことが問題視されている。こうしたことは、投資的経費の財源確保を第一義とする従来の財政運営スタイルに、根本的な見直しを迫ることは明らかである。この点を次項で、吹田市の行財政全般にわたる課題を踏まえて検討したい。

2　吹田市＝郊外型衛星都市の形成と成熟化

第二章において概観したように、大阪市の北部に隣接する吹田市は、第二次大戦に前後して周辺町村の合併をとおして形成された。同市の戦後の開発は、大阪市内に通勤する就業者の居住地の確保を主眼とする官民の事業をとおして進められ、人口が激増するなかである意味で典型的な大都市圏域の衛星都市としての構造をもつにいたった。

一九九〇年代以降、吹田市では急速な高齢化の時期を迎えている。市財政には、都市基盤の整備が急がれた時期を経て、高齢化などにともなう新たな行政需要への対応とサービスの質的充実をより重視した姿勢が求められている。以下では、こうした都市形成の歩みを振り返るなかで協働型システムの条件と可能性を探ることとしたい。

吹田市の最近にいたる都市形成の歩みのなかで、行財政運営の推移に注目した場合には、次のような時期と特徴を指摘することができる。

第一は、一九七一年に市役所職員労働組合や保育・公害問題などに取り組む運動団体によって支援された革新首長の出現と、これに続く市政の転換である。これを前後する時期の吹田市は、人口の急増にともなって緊急に対策が求められるゴミ焼却場や下水道整備などをはじめとする都市型の公共事業が立ち遅れており、市政全般にかかわる転換期に直面していた。財政支出から見た場合に、この時期の市政の転換は、従来は費目別支出割合の一位を占めていた土木費の比重が低下して、一、二位を教育費と民生費が占めるようになったことに端的に表れている。それは大阪府下で進められていた開発事業への追随型の市政運営から脱却して、自立型の行財政運営への最初の一歩ということができる。

第二は、一九八〇年代初めから九〇年代初めのバブル経済の崩壊にいたる時期である。吹田市の財政は、一九七〇年代初めの石油ショックによる税収の低下と人口急増にともなう歳出の増大という財政ストレスの時期を乗り超えて以降、一九八〇年代には小学校建設に象徴される義務的な事業への支出が収束する一方で、市民の所得階層の高さを反映して税収が大きく伸び、その結果、八〇年代以降には財政的なゆとりが拡大した。この時期の特徴は大型の施設建設が相次いだことで、バブル崩壊前後の一九九一年度から一九九三年度の建設事業費の総額は、吹田市の一般会計の規模に匹敵する一〇〇〇億円を超える額にのぼった。

第三は、一九九〇年代半ば以降、現在にいたる時期である。経済の停滞や住民税減税などにも影響されて市税収入が停滞する一方、施設建設にかかわる巨額の地方債が償還期を迎えたこととあわせて、一九七〇年前後に大量採用した職員の定年退職にともなう退職金支出が今後の財政運営にとって大きな負担となることが予想される。財政支出の特徴は、道路や学校施設などを中心とした維持補修費や、老人福祉費を中心とした民生費が比重を高めていることであり、総じて建設事業費が圧縮されるなかで経常的な支出が相対的な比重を高めている。(5)

吹田市における戦後から現在にいたる推移は、成長期の都市から成熟期の都市への変化を示すものである。一九七〇年代の市政の転換は、全国的な経済動向や大阪府レベルの開発計画によって惹き起こされた人口の急膨張という状況に直面して一気に都市型社会に移行するなかで、住民の生活面に重点を置いた基盤整備への転換であった。これに対して、バブル崩壊以降の吹田市が直面しているのは、基盤的施設の維持・更新と、人口の定常化にともなう高齢化のなかで行財政運営を進めていくことである。そのポイントは、行政需要の中心が都市型社会への基盤整備を主とした人口急増期の都市とは異なり、むしろその維持管理を主としたものへと移行したことである。こうした変化は財政運営の上では、経常的な支出の削減をとおして投資的経費を捻出することを柱とした歳出管理から、維持管理費や人件費などの経常的な支出にかかわるサービスの内容そのものの改善を中心としたものへと、重点を移すことを求めるものである。

3　市民参加・協働の展開と発展

吹田市と住民との相互関係は、人口の急増と地域環境の激変を背景として行政需要が拡大するなかで、市行政と各レベルの住民団体との間に一定の緊張関係をともなう形で具体的な展開を見たといえる。人口急増期の都市から成熟期の都市への移行は、吹田市の行政需要に変化を及ぼすとともに、吹田市と住民との相互関係にも大きな変化をもたらした。その主要な特徴は、一方で自治体が公的な事業として取り組むべき範囲が拡大していること、他方では行政と市民との直接的な関係が、地縁団体をとおした合意調達と協力要請といった静的もしくは一方向的なものから、市民間での共同的な関係の形成を前提とした行政との協働という、動的で双方向的なものに移行しつつあることである。その内容は、次のように整理することができる(6)。

第一に、主に自治会などの地縁的団体との協働関係の展開である。吹田市による「老人憩いの間」など地域施設の設置とその地元組織による運営という形態の拡大にとどまらずに、行政が幅広い市民を視野においた形で新たな分野の事業を実施する上での協働関係の展開が見られる。具体的には、ゴミ処理・リサイクル事業が自治体行政の主要課題の一つになるなかで、市の依頼により各自治会から選ばれた「廃棄物減量推進委員」が、ゴミの分別収集の推進役になっていることや、自治会を母体とした地域体育振興会が、独自の活動を展開するにいたっていることなどを指摘することができる。

第二に、保育所や障害者施設などの個別的な要求の実現を目指す運動や団体との協働関係の展開である。こうした活動の特徴は、市に対する要求をともないながらも、住民相互の共同性やコミュニケーションの輪を広げる形で展開していることである。ここでは、吹田市の事業として実施された市立保育所や学童保育事業において、当事者組織としての父母会が、さまざまな行事などを市との事実上の協働関係をとおして開催していること。また、共同保育所や、障害者の授産施設（作業所）が、親を中心とした団体によって市の直接・間接の援助を受けるなかで設立・運営されており、福祉分野での重要な役割を担っていることなどをあげることができる。また、第一章でも検討したように、母親自身によってつくられた幼児教室のグループが保育所の施設を活用して活動を展開するなど、協働的な関係の広がりが見られる。

第三に、市による政策形成の段階での参加形態の新たな発展が見られることである。具体的には、吹田市による都市計画マスタープランの素案作成が公募にもとづいて参加した市民を中心に進められたこと、市の環境計画の作成に環境団体が構想をもって参加した事例の広がりなどに見られる。また、「まちづくり協議会」の設置を含む「まちづくり条例」が地域整備の柱とされていることは、今後の規制や環境維持に地元からの計画づくりが重要な位置を占めることを示すものである。

総じていえば、地域の要望を市に伝達するなど、主に地域管理と合意形成にかかわる役割を果たしてきた地縁的団体や、個別の政策にかかわる要求型の団体が自治体との協働的な関係をより強めつつある一方で、自治体の側においても参加型の手法を取り入れつつあるということができる。これを自治体の側から見た場合、こうした変化の背景には次のようなものがあろう。

第一に、従来は私生活領域とされてきた子育てや高齢者介護などの分野での、公共的な対応の必要性が顕在化しつつあることである。具体的には、保育や介護に対する需要の拡大とともに、子育て世帯間の交流や独居高齢者の社会参加などの、住民相互間の交流を深めること自体を目的とした事業を支援することの必要性が社会的にも認められていることに示される。第二に、ゴミ処理・リサイクル事業での分別収集などのように、住民団体もしくは個々人の生活領域からの参加・協力が客観的にも不可欠な行政課題が増加しつつあることである。第三には、新規開発の段階を終えて、むしろ既存の住環境の維持が主要な行政課題となったなかで、まちづくり協議会に見られるように、地域でのルールの形成それ自体が社会的必要性を増していることである。

こうした点は、吹田市が人口急増期の都市基盤整備を主要な課題とした時期から、むしろその維持・管理が中心となる成熟期の都市へと変化しつつあることを反映したものということができる。こうした、市と住民の間での協働関係の展開は、地域社会の変化にともなって、一方では自治体が担うべき公共性の領域が市民や地域の生活領域にまで拡大するなかで、他方では市民の活動が相互の共同性の形成や地域社会の再構築を目指す活動へと質的な発展を遂げるなかで、新たな協働関係そのものが不可欠になったことを反映するものでもある。

（1）以下のヒアリングは、筆者が吹田市の体育館関係者らによって構成される吹田市職員労働組合生涯学習研究会での調査活動の一環として、一九九八年一〇月に実施したものである。
（2）同上の研究会による、吹田市古江台高齢クラブ連合会へのヒアリング（二〇〇〇年二月）による。
（3）吹田市教育委員会体育振興部『吹田市民スポーツ意識調査』二〇〇〇年による。
（4）以下は、上記の研究会での検討内容を筆者の責任でまとめたものである。
（5）吹田市の財政指標を含む詳しい分析は、以下を参照されたい。吹田市職員労働組合市政構想研究会・財政分析研究会『吹田市の財政――バブル崩壊と歳入歳出の諸特徴』一九九六年、吹田市職員労働組合財政研究会『市民本位の財政運営の確立に向けて』一九九九年、発行はともに吹田市職員労働組合。
（6）以下の叙述は、筆者が一九七五年以来二十数年にわたって吹田市の職員として勤務したなかで知り得た知見によっている。

第二節　公共行政改革をめぐる論点とその背景

1　NPMをめぐる諸論点

本節では、公共行政改革をめぐる議論の検討をとおして前節での論点を整理することとしたい。公共行政改革をめぐる議論はその底流において、行財政運営の正統性を制度・手続きに求める方向から、その質的内容を重視する方向への転換とそのあり方をめぐって展開しつつあり、政府部門の市民によるコントロールや行政サービスの担い手の多元化など、本章の論点とも重なりあうものを含んでいる。以下では、公共行政改革の類型化をめぐるF・ナショルトの先駆的な業績と、市場型改革についての批判的な総括、およびイギリスにおけるNPMの現段階に関する論点を概観した上で、自治体行財政改革の焦点を整理する。

（1）公共行政改革の特徴と類型

OECD加盟の一一ヵ国における行政改革の質的特徴を比較分析したF・ナショルトは、これら諸国では、共通して政府の戦略的な役割がサービスの生産者から授権者（enabler）へと機能変化を遂げ、公共部門の役割と組織構造に変化が見られたとする(1)。

ナショルトは、このような公共セクター近代化の過程をトータルに捉えるための分析視角として、各国の改革プロセスに見られる三つの手法に注目している。第一は、行政の内部的な近代化である。伝統的な規則・制度にもとづく官僚統治から、業績主義にもとづく経営にまでいたる範囲での改革が進められている。第二は、市場活用型改革である。その範囲は民間企業との競争や、公共的企業間の「計画された競争」、さらに業績を競いあう手法の活用にまでわたる。第三には、政府権限の委譲と分権化である。市民参加や職員の参加などの多様な形の民主主義を進める改革が見られる。

こうした調整メカニズムの組み合わせと強弱のつけ方をとおして、各国の改革が以下の四つのタイプに区分される。第一のタイプは、市場指向の私的セクターの論理にしたがっているイギリスとニュージーランドである。第二は、政府責任を市民のコントロールに委譲していくことを目指しているデンマークとオランダである。第三は、業績主義の活用を選択的な分権化と結びつけたスウェーデンとフィンランドそしてノルウェーである。第四は、公共セクターの活動領域の縮小などを共通して含む日本、ドイツ、アメリカ、オーストリアの各国である(2)。

ナショルトはこうした分析を踏まえた上で、一九九三年のOECDの報告書は、伝統的なヨーロッパ福祉国家から、競争市場をとおして公共サービスを提供する〝小さな国家〟への前進という「一つの（最善の）発展方向」が前提されているとして批判している。ナショルトの調査結果では、小さな国家というモデルの効果にはむしろ重大な疑義がある。OECDの報告書では各々の改革にともなう効果は、市場手法を最上位として、競争手法と業績主義がこれに続き、古典的な規則・制度による官僚統治にいたる形で、各タイプの間に効果と効率にかかわる明白な優劣があることが前提されている。重要なことは、こうした捉え方によっては〝委譲・分権〟が分析範囲から抜け落ちてしまうことである。(3)

ナショルトは、以上の分析を踏まえて各国の公共行政改革の主要な論点をあげている。そのなかで本章の論点から興味深いのは次の諸点である。

第一に注目されるのは、各国の改革に、市民・消費者の参加をとおして公共サービスの質をコントロールする方向が見られることとである。それは近代国家における民主的な分権化の一過程としての側面をもつ。市民の系統的な参加にもとづいて行政の質を向上しようとする改革が、競争・市場型の改革と並行して進んでいることは、OECD諸国の公共部門で現在取り組まれている近代化構想の本質的な側面である。

第二に、業績・効果を重視する公共行政への改革は、単なる経営改革ではなく、すぐれて政治的な試みであることである。公共行政の近代化に向けた主要な課題の一つは、幅広い市民を巻き込んだ議論と改革プロセスを評価するためのシステムを発展させることにある。改革のプロセスを評価する仕事は、社会の各層によって分担されなければならず、そのための分権化や市民の参加を含むシステムの構築は集団的な評価を進める上での出発点をなす。

第三に、公共セクターの近代化にとって最も重要な課題の一つは、トップマネジメントのシステムとサービスの提供を直接担う労働過程とを一体的に発展させることである。この点に関して、OECD各国の経営改革の問題点として、職員の役割を含む組織的な改革とは切り離して考えられていることが指摘できる。こうした分離が機能障害を起こすことは民間セクターではよく知られている。それは伝統的な官僚的分業形態を永続させるか、あるいは大量生産型のネオテイラー主義的経営手法に行き着くことは明らかである[4]。

以上のようなナショルトの議論で注目すべきは、市場手法を活用した改革が公共行政改革の一つの側面として相対化された形で捉えられていることであり、さらに行政の質を重視する改革への模索においては、行政機構の内部的な改革の範囲を超えて、市民の参加や分権化を含む政治的側面が重要な焦点となるという指摘である。

（2）民主主義の代案——市場メカニズムをとおしたコントロールとその限界

近年のNPM（ニューパブリックマネジメント）と総称される市場手法を活用した改革の評価をめぐっては、T・クリステンセンによる「スーパーマーケット型国家モデル」にもとづく特徴づけが興味深い[5]。各国のNPM改革（スウェーデン、ノルウェー、オーストラリア、ニュージーランド）を総括した論文でクリステンセンは、「主権・合理性指向型国家」と「スーパーマーケット型国家」との二つのモデルを用いてNPMの特徴づけを行っている。このうち前者は、集権的で大きな公共部門をもつ代表制民主主義制度にもとづいた国家を意味しており、そこでは行政運営の原則として標準化と平等が強調される。しかし「市民の委任による政治」というこのモデルは、政策が複雑化するなかで大きな困難に直面している。これに対して後者のスーパーマーケット型国家モデルは、政府と国家の役割の中心に「サービスの提供」が置かれており、効率と質の高さを追求することが強調される。以上のような対比を踏まえて、スーパーマーケット型国家モデルの特徴が次のように整理される。

第一に、このモデルでは国家が国民の委任にもとづいて社会をコントロールする代わりに、社会が市場メカニズムをとおして一層直接的に国家をコントロールするという意味で、ヒエラルキーはある意味で逆転しており、公衆は主権をもった消費者または顧客として捉えられていることである。第二に、反面、このモデルの特徴は、政治の責任を曖昧にすることにある。「消費者によるコントロール」という指摘にもかかわらず、人々が現実に公共サービスの提供に影響を与える道筋は明確ではない。むしろ、市場メカニズムにおけるサービス提供者が、消費者よりも利潤を優先しがちなことはしばしば指摘されている。問題なのはNPMのもとでは、公共サービスの運営が独立した経営単位に委ねられ、政治によるコントロールは実施段階から遠ざけられることである。それは公共行政の活動に対する責任の所在をますます曖昧なものにする(6)。

スーパーマーケット型国家モデルはNPMの中心的な特徴であり、それがもついくつかの要素は、個人を直接指向する民主主義であるという意味で、民主主義の一つの代案を提起しうる。その最も重要な部分は、効率と質の高さ、そして公共サービスに対する消費者の直接的な影響力を増大させることにかかわっている。問題は、市場で選択する孤立した市民が、安定的で責任ある民主主義システムの創造に如何にして貢献し得るのかという課題に応えていないことである。大衆の関心と注目が、市民としての役割から消費者としてのそれに移行したのは確かである。その意味でNPMは、〝公共の利益〟に対する個々人の責任が、狭く捉えられた個々人の利益に変わりつつあることを表している。それが公共行政を公衆にオープンにする一方で、究極的には公共行政に対する個々人の民主的な責任のレベルを逆に引き下げてしまうことは、一つの逆説である。

クリステンセンは以上のようなNPMについての特徴づけを踏まえて、それが公共行政改革に与える影響を整理している。クリステンセンによれば、ヨーロッパ民主主義の政治・経済システムは重要な転換期を迎えており、そこでは旧来の公共行政と新たな公共経営との総合化が一種の〝弁証法的〟相互作用をとおして起こりつつある。そのなかでNPMは、公共行政の多元化とともに、問題解決のための混成的な組織構造を生み出しつつある(7)。

（3）行政需要の多様化と担い手の多元化――「多元的国家」のガバナンス

S・P・オスボーンとK・マクローリンはイギリスにおけるNPM改革の過程と現状を踏まえて、「イギリスにおける今日の公共行政改革の段階は『多元的国家』である」とする。オスボーンらによれば改革の出発点となったのは、一九七〇年代末からの保守党による福祉国家に対する批判が、国民の多くの不満を集めることに成功したことである。福祉国家は、第二次大戦直後の配給・割当的な考え方を踏襲して、すべての国民に基礎的なサービスを提供することに終始した。しかし、二〇世紀の末までには市民の関心は、個々人の要求に対応したサービスへと変化しており、サービス利用者たちの影響力と選択の幅を広げることへの要求がますます拡大した。最終的にサッチャーリズムが、公共サービスの供給を担ってきた「専門職幹部」への批判を開始し、市場化がすべてに優先された。

これ以降の主要な特徴は、公共行政改革の焦点がサービス内容の多様化から、担い手の多元化を中心とするものへと変化したことである。労働党が政権を獲得した一九九七年以降、ニューレーバー政府の強調点は、公共サービスの市場化という狭い目標への集中から、コミュニティガバナンスに移行した。もはや公共行政のあり方は、サービス供給者としての政府の役割を問う形では議論されてはいない。むしろ、公共サービスを計画したり経営したり提供することは、政府やボランティアグループやコミュニティセクターや民間セクターを含む多くのアクターの間で協議されるべきものとして捉えられている。このモデルにおいては、政府の中心的な役割は公共サービス提供の複合的なネットワークをマネジメントすることである。こうしてNPMに関する議論は、結果的に当初の市場化に限定してそこに焦点をあてることから、パブリックマネジメントの洗練された仕事としてのガバナンスに注目することへと、拡大されてきた(8)。

こうしたオズボーンらの指摘は、公共行政改革の焦点が公共的な性格をもった活動の再編成に移行しつつあることを示すものである。

2　自治体行財政改革の論点

興味深いことは、三人の論者の主要な論点が公共行政の単純な効率化の域を超えて、民主主義制度と公共行政のあり方そのものにかかわっていることである。それは、民主主義や分権に重点を置いて「政治課題としての公共行政改革」の特徴を捉えようとするナショルトの見解や、クリステンセンの「スーパーマーケット型国家モデル」という把握が政府と市民との関係性の問い直しという視点を含んでいること、また、公共的なサービスの供給主体の多元化に注目するオスボーンの視点を見れば明らかである。これらは行財政改革の課題を、市民と政府部門との相互関係を含む、民主主義的な政治システムの全般的なあり方の問題として検討することの必要性を示唆するものである。

NPMをはじめとする公共行政改革の議論が一定の説得力をもつ理由は、それが公共部門が直面している改革課題に対してそれなりの対案を示そうとしていることによるものである。各国の公共行政改革では、行財政運営の各局面に関係市民の参加をとおして改革する方向と、行政サービスの受け手もしくは「消費者としての市民」に注目して市場メカニズムの活用を中心とした改革を進める方向とを、両極として進められているといえる。こうした改革のなかで「主権・合理性指向型国家」の限界として指摘されているものは、公共行政が、求められる領域の拡大にも担い手の多元化にも十分な対応ができていない状態を表すものであろう。

本書の基本的な視点は、公共サービスの多様化に向けた要請を社会的共同業務の範囲の拡大として捉え、その担い手についても公共セクターとともに市民の共同的な活動も含めて捉えることにある。自治体行財政改革の基本的な課題は、こうした意味での社会的共同業務を担うインフラストラクチャーの創造と維持・管理のために自治体行財政が果たすべき役割を問うことにある。同時に、現実の自治体行財政運営を評価する基準やシステムを定める上では、評価主体としての市民の位置と役割の見直しが必要なことも明らかである。そのためには分権や参加をはじめとした制度的な改革が、あわせて求められるであろう。

（1）　Naschold, F., *New Frontiers in Public Sector Management*, Walter de Gruyter, 1996, p. 2.

（2）Ibid., p. 44.
（3）Ibid., p. 43.
（4）Ibid., pp. 8, 46, 63.
（5）Christensen, T. and P. Lagreid, "Transforming Governance," in T. Christensen and P. Lagreid eds., *New Millenium in New Public Management*, Ashgate, 2002, p. 305.
（6）Ibid., pp. 305–306.
（7）Ibid., pp. 306–312.
（8）Osborne, S. P. and K. Mclaughlin, "The New Public Management in Context," in S. P. Osborne, *et al.* eds., *New Public Management*, Routledge, 2002, pp. 8–10.

第三節　分権型行財政運営とインフラストラクチャーの制御

ここでは本章のまとめとして、社会的共同業務とインフラストラクチャーそして自治体行財政の、各々の位置と相互関係とを確認しておくこととしたい。その目的は、自治体行財政の役割とその内容を評価する上での視点を明らかにすることにある。

基本的な視点は次のとおりである。

第一に、行政サービス需要の多様化や担い手の多元化などの背景として、生活の社会化にともなう社会的共同業務の拡大に注目することである。それは、行政需要の多様化等の傾向を、単に自然的な趨勢とみなすにとどめず、地域・生活環境の変化などの背景的な要因を踏まえてトータルに捉えることを意味する。行政サービスの広がりと質が求められる時代への変化は、自治体が担うべき公共性の領域が市民や地域の生活領域にまで拡大していることを反映するものであり、それは社会的共同業務の拡大に対応した行財政システム改革の必要性をともなっている。

第二に、社会的共同業務を担う自治体や住民の共同的な活動の総体を個人の自由な活動を支えるインフラストラクチャーとして把握することである。こうした捉え方は、社会的な性格をもつ活動の担い手が多元化するなかで、各々の役割を社会的共同業務の遂行に果たす役割という側面から捉え直す上で有益である。それは反面では、政府部門の役割をサービスの供給者か授権者かという議論にとどめず、住民の主体的な活動がもつ公共的な性格をも視野に入れた形で自治体行財政の役割やスタイルを考える上で有効な視点を提供する。

第三に、行政サービスの役割とその効果を評価する視点もしくは基準として、社会的共同業務を担うインフラストラクチャーの、全体としての活性化とレベルアップに寄与する役割を重視することである。具体的な事例としては前節で示したように、体育館をはじめとした社会体育行政の評価は、市民の健康と体育活動を支えるシステムの全般的なレベルアップに貢献する役割という視点から多面的に評価する必要があることを指摘することができる。

こうした捉え方を前提した上で、その相互関係は、インフラストラクチャーが形成・維持されるメカニズムを中心に置くことによって、より動態的に捉えることができる。その具体例は、すでに第一章において子育て支援システムの検討をとおして紹介した。そのポイントは地域と家族に固有の役割として捉えられてきた子育ての領域が、それ自体として社会的な援助を必要とするにいたったなかで、住民相互のコミュニケーションを媒介するサポートシステムの整備が、公共政策の新たな課題となったことである。子育て支援システムが形成された過程は、都市化にともなう保育サービスへの要求の高まりを背景として、公的な事業としての保育が自治体によって市民的権利として制度化されたこと、さらに専門職としての保育士による地域での子育て全体を視野におく活動が基礎となって、子育てシステムの形成に発展していったということができる。また本章第一節で紹介した健康・体育システムの背景と構想は、各分野でのインフラストラクチャーの形成とこのなかで果たすべき自治体の役割とを、主に住民による活動の側面から示したものである。

こうしたインフラストラクチャー創造のプロセスとダイナミズムとを、より一般化して捉えてみたい。最初に念頭におくべきは、都市型社会における社会的なサービスへの依存が、個々人の生活の孤立化とも並行して進むことである。こうしたなかでの自治体によるサービスの提供は、たとえば高齢者の介護や育児不安の広がりのように、従来は家族の領域に解消されていた分野や孤立した環境に閉ざされ私的な領域とされてきた部分に、サービスを提供することをとおしてコミュニケーションの機会を広げ、またこれをとおして社会的な対応の必要性を考える尺度そのもの、もしくはこれにかかわる社会的な合意を変化させる。それは角度を変えてみれば、社会的共同業務として認知される範囲が拡大するプロセスとしても捉えることができる。

こうした捉え方は、インフラストラクチャーの形成過程を、住民相互のコミュニケーションの組織化や公共的な圏域の形成との関係のなかで捉える必要を示すものである。この意味で、インフラストラクチャーが形成されるプロセスとこれを支援する自治体の役割を把握するためには、地域・生活環境の変化を背景とした社会的な対応を必要とする業務の拡大と、これをめぐる個々の住民と共同的な活動をとおした取り組み、さらに自治体による事業の実施とこれをとおした公務労働の展開という各々の側面とその相互関係を動的に把握することが求められる。

以上を踏まえるならば、公共的な領域の拡大に対応する自治体の役割は次のように捉えることができる。

第一には、地域・生活環境の変化のなかで、社会的な対応の必要な業務を把握するとともに、公務労働が展開される条件をつくり、住民の主体的な活動とも連携した形で事業を実施することである。こうした自治体事業は、住民全体を視野において、地域環境のなかで孤立した立場にある住民や、個別的なサービス購入で必要性を満たそうとする人々をも対象範囲に加えて展開されることによって、事業の公共的性格にかかわる社会的合意に厚みを加える役割を果たすということができる。第二には、公務労働者の役割である。公的な事業の実施と拡大にともない、それを担う公務労働者が増加するとともに、住民との交流や連携をとおして社会的共同業務を担う労働者としての独自性・専門性が発展する。事業の展開をとおして公務労働者がインフラストラクチャーの創造に果たす役割は二重である。一つは、対象者や住民の共同的な活動との相互関係のなかで具体的な事業を展開していくことであり、公的な制度に協働的な事業としての内容を与えることである。もう一つは、社会教育や子育て支援や福祉関係の事業などに見られるように、孤立しがちな立場にある住民相互の交流を媒介することをとおして新たな共同性が形成される契機になることである。

自治体行財政運営の効率性や行政サービスの効果を評価する基準や枠組みは、このような捉え方を前提した上で構想することが必要である。とりわけ自治体に求められる役割と内容については、社会的環境や住民自身の意識との相互関係をとおして動態的に捉える必要があることを前提するならば、その評価の枠組みを具体化する上では民主主義と分権・参加などの政治・制度的な側面からのアプローチが必要であろう。

自治体行財政改革の課題は、以上のような自治体の役割や評価にあたっての視点を前提した上で、市民によるコントロールと評価主体の形成に向けた枠組みを含めて検討することにある。その具体的な提案は、終章において展開することとしたい。

第四章　スウェーデンの生活圏自治体とリージョン

はじめに

本章では、福祉国家システムが転換期を迎えたなかでの地方自治体改革の展開と、その基盤をなす社会・経済システムの動態を、福祉国家を象徴する位置にあるスウェーデンを素材として検討する。

ここで分析の中心においたのは、一方では都市内での分権改革としての近隣自治体の設置とその背景について、これを個人の自由に焦点を当てた自治体改革としての側面から検討することであり、他方では広域自治体への改革を経済のグローバル化にともなう対応という側面から検討することである。

以下では、スウェーデンにおける福祉国家と地方自治システムの歴史的なプロセスを踏まえて検討を進めることとしたい。

第一節　スウェーデンにおける自治体改革の背景
――スウェーデン福祉国家システムの動揺――

1　福祉国家システムの動揺

(1)　個人の自由を目指す社会主義戦略

スウェーデンの福祉国家を主導したスウェーデン社会民主労働党（以下、「SAP」という）の政治スタイルを、合意形成を重視した妥協の政治として特徴づける捉え方は、比較的一般的なものということができる。(1) これに対して、スウェーデンの社会民主主義思想の核心は、人々が「民主的な市場社会」に十分な資格と権限をもって参加するために必要な条件を社会的に整えることが政府の役割であるという、基本的な価値観にあるとする指摘は興味深い。この意味では、スウェーデンの社会民主主義イデオロギーは、市場システムが個人の自由な選択を保障するものとして機能するための諸条件の確立を、その中心に置いたものといえる。(2)

宮本太郎は、個人の自由を目標とする社会主義思想の先駆的な理論家として、N・カレビイの名をあげている。カレビイは、社会主義を社会有機体論の伝統から切り離して解釈し、それをリベラリズムを継承するものと位置づけた。この議論の特徴は、徹底した方法論的個人主義にあった。社会主義は、個人的所有がその自律と発展の基礎であるという考え方をリベラリズムから継承する。それは絶対王政からの自由を求めた時代のものとは異なって、大工業時代において個人的所有の実現を目指すリベラリズムである。このような理論は、社会主義を生産手段の国有化と同一視する機械的な発想を退け、SAPが経済政策の基本に、経済のコントロールと漸進主義とをおく上で大きく寄与した。(3)

T・ティルトンは、一九三〇年代に政権を獲得した時期から戦後の復興期をとおしてSAPの政策を指導した政治家としてE・ウィグフォスをあげている。ウィグフォスが理想とした社会主義の本質的な基礎は、平等・自由・民主主義・経済的安定・より多くのより効率的な生産のための経済のコントロール、そして連帯であった。これらのうちで主要な位置を占めるのは平等であり、その実現は階級なき社会とも重なりあうものであった。大衆の窮乏化が社会主義革命の原動力になるとする見解を退けたウィグフォスの戦略は、漸進的な改革の過程をとおして資本主義社会を変容させ、生産手段の社会的コントロールを確立することにあった。ウィグフォスが主導して第二次大戦後の政策の輪郭を描いた二つの文書、「SAP新綱領」と「労働者階級運動の戦後プログラム」の基礎をなす思想は、経済計画と社会福祉をとおして資本主義社会を変容させるというものであった。完全雇用のための効率的な経済計画にもとづいて、生産組織に対する社会的なコントロールの範囲は拡大されるだろうし、増大した生産は社会福祉と「公正な分配とより高い生活水準」を保障するであろう(4)。

また、ティルトンはスウェーデンが福祉国家としての政策を拡大していく上で最も大きな影響力を与えた理論家として、ミュルダール夫妻をあげている。夫妻の影響がインパクトを与えたのは、一九三四年に夫妻の著作である『人口問題の危機』が政治の舞台に登場したときであった。減退する出生率への対応として、同書は無料の学校給食から経済計画にわたる包括的な社会改革のプログラムを勧告した。当初、多くの社会民主労働党員は出生率の上昇が労働者数を増やすことによって賃金を押し下げる結果となることを恐れて、この提案に懐疑的であった。しかし、それ以降、党の指導者がミュルダール夫妻の主張を受容したことは、SAPが住宅問題や女性問題、性教育、出産計画、保育所、学校などの幅広い改革にかかわる議論を提起する結果をもたらした。その意味で『人口問題の危機』は、スウェーデン福祉国家の構造を形成する上で決定的なインパクトを与えたということができる。ミュルダール夫妻の社会政策提案の特徴は予防的社会政策であり、従来のように単に貧窮の症候を緩和するだけでなく、貧困や失業や病気の発生そのものを防ぎあるいはその原因を消し去るための生活水準の全般的な向上を目的とするものであった。それらは社会の経済計算のなかに、人的資本への生産的投資として積極的に位置づけられるべきものであるとされている。次の一節はこうした夫妻の思想を端的に表している。「我々は、その人的資源により良い配慮をすることによって貧しくなることはありえない。」(『人口問題の危機』。引用はティルトン[5])

資本主義をコントロールするというSAPの初期の経済政策が、オーストロマルクス主義者O・バウアーの、先進資本主義における「誤った合理化」という見解に影響されているという指摘は興味深い。バウアーによれば、「誤った合理化」とは、個々の企業によって利潤増大のために実施される経済的な合理化の追求が、社会全体の視点からは不合理な結果をもたらすことにある。その起源は、資本主義社会において賃金労働は商品であり、資本家は彼が必要とする限りにおいてしかそれを購入しないという事実にある。ここから経済的・社会的な合理化は、労働力の再生産を核心に据える統合的で全体的な見地から追求されるべきであるという、SAPの指導的原則が導かれた。要求されるのは経済的な合理化を推進できる諸制度とともに、個々の企業の利益と社会全体の利益とを統合する機能をもった福祉国家であり、同時に、全体としての合理化は社会的な関心にもとづいて規制される[6]。

(2) 第二次大戦後のスウェーデンモデルの特徴

第二次大戦後のスウェーデンの社会・経済政策は、基本的には以上のような初期における思想の延長上で捉えることができるであろう。その特徴を考える上で興味深いことは、予防的社会政策＝普遍的福祉政策と労働条件の向上、そして国際的な競争力の強化という、矛盾しがちな目標がどのように統合され追求されたかの点である。

G・エスピン‐アンデルセンは、スウェーデンモデルの主要な特徴が、生産的で予防的な社会政策の重視という点にあるとする。それは社会的なコストを最小化するとともに、雇用を最大化するために計画されている。スウェーデンの第二次大戦後の福祉国家システムは、普遍的な福祉施策を拡充する一方で、経済成長をとおして雇用が拡大するとともに、納税者が増大して財政支出がファイナンスされるという構造をつくりだしてきた。同時に、社会サービスの保障や所得再配分のシステムは、産業活動に対して優秀で豊富な労働力と市場とを提供する形で、ある種のインフラストラクチャーをなしている(7)。

宮本太郎は、スウェーデンモデルの特徴が、経済成長をとおして完全雇用を実現するための選択的な経済政策と、普遍的な福祉政策との結合にあるとする。ここで前提されているのは、SAPが政権を掌握したなかで、労働組合全国組織と経営者連盟とによる対決と調整をつうじて政策が展開されたことである。そこでの経済政策の特徴は、通常考えられているような一般的な需要喚起政策ではなく、産業構造の高度化にもとづいて競争力の強化を目指すという意味での、サプライサイドの経済政策という側面を強くもったものである。こうした政策の要をなしているのは、LO（ブルーカラー労働組合。スウェーデン最大の労働組合全国組織でSAPの支持母体）の理論家であるレーンとメイドナーが提起し、SAP政府が公式に採用したレーン・メイドナーモデルである。それは賃金水準の平等化・底上げを目指す「連帯的賃金政策」と、労働者が非効率部門から競争力のある部門に移動することを援助する積極的労働市場政策によって構成されている。前提されている考え方は、賃金水準の底上げを目指す中央レベルでの賃金交渉の結果が各企業に一律に適用されることをとおして、賃金上昇圧力に耐え切れない非効率な企業が淘汰され、その結果流動化した労働力が競争力のある企業に吸収されることである。他方で、人的資本への投資としての側面をあわせもつ普遍的な福祉政策が、さまざまな角度から市民生活を支援することをとおして、経済と福祉は相乗的に発展しうる。こうした経済と福祉との両面からの政策は、賃金水準の上昇と完全雇用にもとづく個々人の経済的自立をはじめ、生涯にわたって個人の自律を支援するための基礎となるシステムとして、自由選択社会の実現に道を拓く(8)。

スウェーデンモデルを再生産構造の側面から捉えたものとして、J・ライナーはレギュラシオン理論の立場から、戦後スウェーデンの資本蓄積様式を、人口と国内の市場規模が小さいことによって制約された「非結合的」または「半島型」フォーディズムと特徴づけている。その特徴は、資本蓄積の循環がきわめて貿易依存的なことである。非結合的なフォーディズムでは、大量生産は世界経済の需要を背景とした輸出に依存する一方で、大量消費は輸入に依存する。この成長モデルは、規模に比較すればきわめて高度の生産性を生み出した。しかし、国内需要は輸出実績に媒介される形でしか国内の生産拡大に影響することができなかった。スウェーデンに需要を提供したものは、拡大する国際経済需要とヨーロッパの再建であり、それは最初はマーシャルプランによって、続いては漸進的な貿易の自由化とその拡大によって支えられた。言い換えれば、国際的な需要の拡大は、スウェーデンが高い税率に示されるように、相対的に緊縮的な政策をとることをつうじて利潤率の増大とインフレーションを抑制する一方で、完全雇用を維持することを保障した。このような経済システムにおいて、完全雇用と国際的な競争力とを両立させる上で決定的な役割を果たしたのがレーン・メイドナーモデルである。そのキーポイントは、上述のメカニズムをとおして総体としての生産性が向上し、賃金の引き上げと完全雇用とが両立する結果となったことである(9)。

総じてこれらの指摘は、第二次大戦後のスウェーデンモデルが普遍的福祉政策と競争力のある産業構造への改革を目指すシステムであったこと、それが国際的な環境にも助けられて上昇局面を享受することができたことを、その背景をも含めて、構造的に説明するものである。

こうして追求された普遍的な福祉政策は、新たな政治主体を育む背景ともなった。ライナーは、ヒンメルストランドらの権力資源論者による、普遍的な福祉政策とＳＡＰによる統治の安定性をめぐる諸論点を要約する形で、スウェーデンにおける普遍的福祉の諸制度が社会的市民権の概念を発展させたことを強調する。それは増大するホワイトカラー専門職の階層が、賃金取得者としてのアイデンティティーをもつことを促進した。この「拡大された労働者階級」は、社会全体に対して政治的・倫理的リーダーシップを行使する上で潜在的な影響力をもつとともに、普遍的福祉政策を常識の一部とした上で、エコロジーなリニューアルや多元主義や分権化への要求を提起した。ジェンダーの平等や移民の諸権利などのいわゆる新社会運動は、普遍的福祉政策のなかで現実的にも潜在的にも比較的有利に展開されたことは明らかであり、それは「拡大された労働者階級」がヘゲモニーを拡大することと結びついた。その結果、これらのグループは普遍的福祉国家と社会的市民権の原則への信頼を高め、福祉国家の統治を安定させる上できわめて重要な社会的・政治的な潜在的基盤を提供した(10)。

右のようなライナーの指摘を検討する上で注意が必要なのは、ジェンダーの平等に象徴されるような普遍的な福祉政策の拡充とこれにも支えられた市民的な運動とが、必ずしも全国的な労働組合組織とSAP政府および資本家団体の三者による協調体制としてのコーポラティズム的な政治システムと親和的なものではないことである。こうしたある意味での緊張関係は、政治・経済システム全体が転換するなかで、「市民参加」のあり方をめぐる対立として表面化していくこととなる。

（3）スウェーデンモデルの転換点とその背景

経済成長と福祉政策との一体的な追求を柱とする、第二次大戦後に確立したスウェーデンモデルが、経済のグローバル化を背景として動揺しつつあることは、多くの論者によって指摘されている。その背景と将来戦略の捉え方について、注目されるのは次のような論点である。

宮本は、スウェーデンモデルが一九七〇年代以降に動揺をきたした背景として、経済と福祉の両立を可能にしてきた福祉国家戦略が、産業の構造変化と経済のグローバル化にともなう労使の力関係の変化によって機能不全に陥ったことを重視している。スウェーデン社会の脱工業化の進行と公共セクターの拡大は、TCO（ホワイトカラー労働者の全国的な労働組合）をはじめとした複数の労働組合全国組織を出現させる一方で、中央交渉システムを一元的に担ってきたLOの求心力の低下をもたらした。他方では、一九八〇年代後半以降の海外直接投資の急増をとおしてスウェーデン資本の本格的な多国籍企業化が進み、こうした脱工業化と国際化によって、中央集権的な労使交渉制度は従来のような調整能力をもたなくなった。同時に、競争力のある大企業がもはや多くの労働力を吸収できなくなったなかで、余剰労働力は公的セクターに吸収されるほかなかった。スウェーデンの社会民主主義は、一国完結型の福祉・産業調和システムと資本・労働の両者における集権型政治構造というスウェーデンモデルの前提がともに揺らぐなかで、戦略の転換を迫られていた[11]。

こうしたなかで進められたSAPの戦略転換は、個人に焦点をあてた形の、いわば自由選択社会の再定義を含むものであった。一九八五年にSAP政府は、スウェーデンモデルをめぐる環境の変化を包括的に調査することを目的として、「スウェーデンにおける権力配分と民主主義についての調査委員会」を発足させた。一九九〇年に提出されたメインレポートは、スウェーデンの権力構造の変容について、利益集団のネットワークに依拠した政治システム＝コーポラティズムが衰退している一方で、個々の市民の政治能力はむしろ向上していること、従来のSAPの基盤であったブルーカラー労働者の階級帰属意識の希薄化と、SAPへの投票率の減少が進むとともに、労働者・市民が利益集団からの自立性を高めているという認識を示した。こうしたなかで、SAPの一九九〇年代戦略の軸としての「九〇年代プログラム」は、個人としての市民と労働者に比重を置く方向での、新たな戦略展開を示すこととなる[12]。

エスピン－アンデルセンは、スウェーデンモデルが直面する構造的な問題の背景に大量生産が支配的な経済システムの崩壊があるとする。ケインズ理論の時代には、社会的な保障と経済成長そして平等と効率との間には、相殺関係はなんら認められなかったが、こうした常識はもはや通用しない。工業の衰退のなかで完全雇用を維持するためには公共セクターにおけるサービスの拡大が必要となっており、実際スウェーデンの雇用増の大半を占めたのは公共セクターだった。この戦略は女性の就業と出生率の維持の両立を保障して所得と性の平等をもたらした反面、女性は公共部門――典型的にはパートタイムの、男性は民間部門の仕事に集中するという性による棲み分けに結果した。このシステムのアキレス腱は、巨大な公共部門の労働市場が惹起する税負担の拡大という点にある。それは生産性の高い伸びによってこそ維持することが可能であるが、生産性や民間部門の投資が停滞したときには厳しいコスト問題を発生させる。現状の権利保障水準を前提とするならば、福祉国家の能力は限界に達するであろう。もはやスウェーデンの政府も労働組合も、賃金水準の柔軟化と思い切った社会的給付の削減とを避けることはできない[13]。こうした認識にもとづいて今後の方向性として強調されるのは、人的資本に注目した社会的投資としての福祉の重要性である。サービス経済化の進展にともなって賃金格差が拡大することは不可避的であり、人的な資源の面で弱点をもつ人々は低賃金と失業に直面するであろう。問題はそこから抜け出すための保障を社会が用意することにある。今日の知識集約型経済において、必要なのは年少期における学習や安定した生活を保障することなどの「一生を見通した枠組み（life course framework）」を設けることである。エスピン－アンデルセンは、市民が市場を積極的に活用するために必要な能力を高めることを目指す「第三の道」の主張は、イギリスによる北欧民主主義のきわめて遅れた発見にすぎないとしている。同時にその主張は、所得保障の軽視や救済的な政策としての限界をもつ。これに対して彼の新しい戦略のポイントは、所得保障などの貧困や生活の不安定を最小限にする政策を前提とした上で人的な資源への投資戦略を展開することであり、また人的な資源への投資が救貧的なものではなくて社会全体を対象とした予防的な社会政策の一環として展開されることであるとする[14]。

ライナーは、スウェーデンモデルが動揺した背景として金融のグローバル化にともなう影響を重視する。スウェーデンの非結合的なフォーディズムにおいて、レーン・メイドナーモデルを政策上の前提とした政府の役割は、財政・金融政策をつうじてインフレーションを予防する一方で完全雇用を確保するとともに、利潤の圧縮に起因する貯蓄と投資と雇用の低下傾向を防ぐことにあった。ここで重要なのは、公的貯蓄が生産的な投資のために低い利子率で容易に利用できるようにするとともに、中央銀行による信用供与のコントロールシステムによって反景気循環的政策を遂行することであった。こうした蓄積様式にとって、ブレトン・ウッズシステムが、固定為替レートの体制と資本流動を規制する政策を保障していたことは重要であり、それが各国に完全雇用と国際収支の均衡とのバランスをとる必要を認めていたことは、レーン・メイドナーモデルが適切に働く上で決定的だった。

こうしたスウェーデンの資本蓄積様式の特徴からすれば、ブレトン・ウッズシステムの崩壊によって信用供与のシステムが銀行間での市場をとおした投機的な資本の動きによって攪乱されたことは致命的ということができる。こうした捉え方から強調されるのは、一国レベルの貯蓄と金融をコントロールするシステムの再構築である。(15)

ここで紹介した、個人の自由と福祉国家との相互関係や普遍的福祉政策そのものの内容と範囲、そして金融グローバル化のなかでの財政金融政策の役割という諸論点は、その内容上の検討は措くとしても、いずれもスウェーデン福祉国家システムの根幹にかかわるものであることは明らかである。

スウェーデン福祉国家を主導したSAPの戦略の出発点に、個人の自由な活動を保障する基盤としての社会主義像があったとするならば、見逃してならないことはこうした社会主義を目指す現実の政策が、中央レベルでの労使交渉制度や、ヨーロッパでは例外的に大規模な形で進められた自治体合併などの、集権型の社会システムを基盤とした点にあるといえる。「個人の自由」を理念とした社会主義像の追求が、産業構造の高度化と競争力の強化とを前提にした上で、個人の福祉との調和をはかる社会システムとして設計され、それがコーポラティズムをベースとした集権的な政治・社会制度によって支えられたことは、一つの逆説めいた特徴である。その意味ではSAPの社会主義戦略は、一方で個人の自由の重視と、他方で社会有機体論的な社会主義像との矛盾をはらんだ統一のなかで展開されてきたということができる。そしてスウェーデン福祉国家の転換点は、こうした集権型システムを支えてきた客観的・主体的要因が揺ぐなかで、システムの再構築が試みられているプロセスとしても捉えることができるであろう。それは、一方で公的セクターへの、個人の「参加」を基軸とした修正、他方でグローバル化の進展を背景とした、国家と自治体の間での分権と権限再配分の問題として表面化しつつある。スウェーデンの地方自治改革は、こうした基本的なシステム転換のなかで位置づけることができる。

2　第二次大戦後のスウェーデン地方自治システムの形成過程

スウェーデンでは第二次大戦後に、基礎自治体であるコミューンが福祉国家によるサービス供給システムの担い手として位置づけられ、その合併が強力に進められた。一九九〇年代初頭以来進められている地方自治システムの改革が、一方で経済成長の鈍化と経済のグローバル化、他方で個人の自由選択への指向の高まりという、二つの要因を背景として、これまで見たようなスウェーデンモデル全体の再構築のなかで進められていることは興味深い。この地方自治改革では、中央政府による規制緩和にもとづいてコミューンの自律性を拡大すること、市場メカニズムの導入や市民参加の制度化にもとづいてコミューンの運営を改革することが焦点となっている。

注目すべきもう一つの改革は、EU統合にともなうヨーロッパ規模での都市間ネットワークの活性化を背景に、広域自治体を設けて中央政府の権限を委譲する改革である。こうした改革が、地方自治をめぐる現実の政治的・社会的な環境のなかでどのように展開していくかについて、以下ではスウェーデン地方自治システムの形成過程を振り返って検討してみたい。

スウェーデンの地方自治システムは二層構造となっており、基礎自治体としての二八九のコミューンと、医療行政を主に担う広域自治体としての二〇のランスティング（県）によって構成されている[16]。地方自治体の特徴として、人口規模の大きさ、独自の課税権をもつことなど独立性の強さ、財政規模や公共サービスにかかわる職員数の多さ、その反面、中央の統制が強いことなどが指摘しうる。

スウェーデンの分権化へのプロセスを捉える上で見逃せないことは、地方自治体がこれまで国が定めたサービスの実施機関として位置づけられてきたことである。E・アルバクは、北欧の福祉国家の充実は自治体サービスの拡大を中心としたものであることを指摘する。

「北欧での公共セクターの増大はまず第一に、基礎的な福祉サービスである社会福祉・保健・教育サービスの拡大

表 4–1　公共支出の中央・地方間の割合（1988年）　　（単位：%）

	デンマーク	フィンランド	ノルウェー	スウェーデン
中央政府	31	33	38	28
地方政府	69	67	62	72

注：スウェーデンは1987年の数値。
出所：*Yearbook of Nordic Statistics*. E. Albak, *et al.* eds., *The Association of Finnish Local Authorities*, Helsinki, 1996, p. 9. より引用。

表 4–2　国・ランスティング・コミューンの事務配分

	国	ランスティング（県）	コミューン
対外関係	外交	国際協力	国際交流・協力
防衛	国防軍	戦時医療	民間防衛
法秩序維持	警察，検察，裁判所		
教育・研究	高等教育・研究，基礎教育指導要綱の作成，特定の高校教育	高等教育（看護婦養成等），高校教育	義務教育，高校教育，成人教育，障害者教育
経済政策	労働市場政策	地域産業の振興	地域経済の支援
住宅政策	基本政策の策定，融資		土地利用計画，住宅供給
交通・通信	全国的鉄道・道路網の建設・運営，主要空港，交通安全規制，郵便，電話	地方公共運輸	地方公共運輸，街路
所得保障	各種社会保険		社会扶助
保健・医療	基本政策の策定	保健，医療，歯科医療	高齢者医療
環境	基本政策の策定		環境規制，公衆衛生規制，清掃，ごみ処理，下水道
福祉	基本政策の策定	機能訓練	高齢者ケア，児童ケア，障害者ケア
その他	文化政策の策定，国立の文化施設	劇場，博物館	劇場，コンサートホール，図書館，体育館

出所：穴見明「地方自治と地方財政」（岡沢憲芙ほか編『スウェーデンハンドブック』早稲田大学出版部，1997年）152ページ。

表4–3　GDPに占める政府支出の割合　（単位：%）

	1960～67年	1968～73年	1974～79年	1980～89年
デンマーク	29.1	40.1	49.1	59.0
フィンランド	29.3	31.7	36.3	39.9
ノルウェー	32.8	41.8	48.5	49.5
スウェーデン	34.8	44.3	54.4	62.7
OECD平均	29.6	32.5	37.1	41.1

出所：*OECD Economic Outlook, Historical Statistics*. Albak, *et al.* eds., op. cit., p. 7. より引用。

表4–4　コミューン数の推移

年	村 (rural municipality)	町 (town)	市 (borough)	合　計
1862	2,400	89	約10	約2,500
1901	2,384	92	20	2,496
1911	2,377	97	32	2,506
1921	2,371	110	35	2,516
1931	2,373	113	45	2,531
1941	2,353	117	53	2,523
1951	2,281	133	84	2,498
1952	816	133	88	1,037
1964	777	133	96	1,006
1969	625	132	91	848
1971				464
1974				278
1977				277
1980				279
1983				284
1987				284
1992				286

注：第二次合併で都市や農村自治体の区別がなくなり，コミューンに統一された。
出所：『スウェーデンの地方自治』自治体国際協会，1992年，22ページより。

と改善によるものである。福祉サービスの主要な政策は、国家の法によって国のレベルで着手されたが、北欧諸国は自治体をこれら福祉政策の実施機関として選んだ。北欧福祉国家の現実の拡大局面は、公共支出の実質的な自治体化の過程でもあった[17]。」

スウェーデン福祉の特徴とされる普遍的な福祉サービスの提供は、主として自治の伝統が根強いコミューンをとおして展開された。そこでは課税自主権をもつコミューンが、中央政府が定めたサービス内容を、中央の補助金等にも頼りながら自らの責任で実施する形がとられ、こうした体制を確保するためにコミューン合併が強力に進められた。GDPに占める公共セクターのシェアは一九六〇年代の前半にはOECDの平均に近かったが、その後半からは急速に上昇しており、これはスウェーデンでコミューンの合併が進められた時期と一致する。この一方で、市民によるコミューンへの関与を高めるために、政党政治化の拡大をとおして民主主義のチャンネルを保障するという対応がとられてきた。ここでは最初にこうしたコミューンの合併過程とその背景を検討することとしたい。

(1) スウェーデン地方自治システムの形成

スウェーデンのコミューンは、教会を中心とした自営農民の共同体として、中世以来の自治の歴史をもっている。それは、強力な封建貴族層が存在しない社会構造のもとで、近代にまでいたる伝統となった。近代的な地方自治システムの誕生は一九世紀であり、ヨーロッパの革命にも影響されて、一八六二年に勅令による地方政府の包括的な改革が実施された。この改革はコミューンに法的な主体としての権限を認めるとともに、課税権を与え、コミューンの市民権をすべての住民に拡大した。同時に、広域的な地方自治単位として二四のランスティングが新たに設けられた。

これ以降、福祉国家の形成過程におけるコミューンの合併は二次にわたっている。第二次世界大戦の終了に前後して準備が進められた最初の合併の背景には、二〇世紀初頭からの都市化の進行があった。自治体の責任領域が拡大される一方で、地方のコミューンは人口減少による税基盤の弱体化によって、経済的な困難に追い込まれていた。このため一九五二年に施行された改革では、合併によって三〇〇〇人以上のコミューンをつくることが決められた。その結果、コミューンの数は一九五一年の二四九八から一九五二年には一〇三七に減少し、平均人口は一五〇〇人から四一〇〇人に増加した。

二回目のコミューン合併は、福祉国家の公共サービスの拡大に直接関連していた。最初のコミューン合併にもかかわらず、都市化の一層の進行によって一九五二年ごろにはすでに、小コミューンの人口減少がさらに進んでいることが明白になっていた。同時に、コミューンが実施すべきサービスは一九五〇年代の初めにはさらに拡大しており、新しい総合学校システムの全国的な実施にともなってコミューンの行財政能力を飛躍的に拡大することが求められていた。一九五九年に任命されたコミューン配置委員会（Commune Apportionment Commission）は、再度の合併に向けたコミューンの最小人口を、総合学校の運営に足る人口規模である八〇〇〇人とした。その際には、将来にわたってコミューンの人口規模を維持するために、新たなコミューンの地理的範囲は経済的・地理的に一体性のあるものとして、活動的な中心地域とそれを取り巻く周辺部によって構成される必要があった。委員会は、クリスタラーの中心地理論を活用する形で、全国を二八〇の新自治体に分ける提案を行った。

ＳＡＰの政府は中央党・左翼党の反対を押し切って委員会報告にもとづく改革を決定した。そして合併に消極的なコミューンが残るなかで、穏健党（当時の公式名称は保守党）の反対を押し切り一九七四年までに合併を終了させる決定を行った。この合併の結果、コミューンの人口は平均一万六三〇〇人にのぼった。

この間の論争で、地方自治政府がスウェーデンの民主主義システムの要であることについては、各党間で一致が見られていた。見解が分かれたのはコミューンの社会的な役割についてであった。委員会によって示された原則は、すべてのコミューンは、その領域内で実施されるあらゆる公共サービスをコントロールするべきだというものであった。他方、合併に反対した中央党・穏健党および小コミューンからは、補助金の増額やコミューン間の共同事業、自治体と国の間で権限を再配分することなどが、代案として提出された。こうした見解の根拠は、民主主義の評価に関するものであった。大きな自治体への合併は、地方政治家の数を著しく減少させて市民が地方政治に参加し影響を与える機会を大きく制約するからである。こうして主要な批判は、改革が地方の民主主義にもたらす影響に向けられ、一九六二年以降の議論はこの点に集中した(18)。

U・ストランドヴェリは、コミューン合併をめぐる論争における各党の立場を、次のように整理している。

「一九六二年にSAP政府が、福祉国家の建設という目標を実現するためのステップとして、大規模なコミューン合併に着手したとき、彼らはサービス民主主義のイデオロギーに導かれていた。六〇年代の社会民主主義的な福祉国家は幼児期にあった。SAPによれば、コミューンの一次的な機能は公共サービスを提供することにあり、コミューンは福祉国家システムの重要な部分と見なされた。ここでは社会サービスと社会的権利は、全国で同一であることが決定的に重要だった。この政治目標を達成するために、コミューンは実行力があると同時に、中央の国家と密接に連携していなければならなかった。このため自治体は、基本的に国家規模の改革政策を実行するという任務をもった、統合的で強力な公共行政の装置として計画されなければならなかった。（中略）サービス民主主義のイデオロギーにもとづく自治体は、市民の自治単位としての政治的機能をもっていない。政治的民主主義は、コミューンではなくて中央の国会で有効でなければならない。コミューンにとって重要なのは、社会サービスの配分を促進するための組織形態であり、市民の政治参加はより重要性の薄いものと見られる。サービス民主主義のイデオロギーに対する直接の批判の一つが市民民主主義である。稳健党と自由党による市民民主主義イデオロギーの出発点は、コミューンの重要性は政治的な役割を果たすことにあるというものだった。このイデオロギーは市民権と政治に対する伝統的なアプローチにもとづいており、そこではコミューンは、共通の利益を促進するための個々人の自律的な連合体と見られている。政治的決定はコミューンをとおしコミューンによって着手され運営されねばならない。社会サービスを提供するために自治体を集権化することは、コミューンから政治的な機能とともに民主主義の機能を奪うであろう。一九六〇―一九七〇年代に穏健党と自由党が地方自治についての考えを表明したときには、政治的な統治の論点が基本的な内容だった。彼らは参加と代表民主主義の伝統に重点をおいて、コミューンがいかに統治されるべきかを議論した。(19)」

こうしたコミューンの政治的位置づけをめぐる各党の立場は、後述するように一九八〇年代からの公共サービスのプライバタイゼーションをめぐる議論のなかで逆転していく。

こうした一連のコミューン合併による結果として、タウンミーティングによる直接民主主義の方式は消滅するとともに、その後の大規模合併をとおしてコミューン議員の数が大幅に減少したが、これは民主主義と参加の機会の後退として受けとめられた。他方、コミューン合併と並行して、議員数の減少を緩和するために代理議員の制度（正規の議員の欠席時のみ投票権をもつ代理議員をあらかじめ任命する制度）が導入されるとともに、市民の政治参加の機会を拡大するチャンネルとして政党が位置づけられた。そして国とコミューンが、政党補助金や政党による宣伝活動への補助金を支出することが制度的に可能とされた[20]。

（2）第二次大戦後の自治体改革の諸結果

それでは、こうした大規模な合併の結果、コミューンの政治や行政はどのように変化したのか。スウェーデン政府は一九六六年と一九七九年の二回にわたって、合併の結果についての大規模な調査を実施している。J・ヴェステルストールとS・ストレンヴェリは、この調査の内容を踏まえて合併結果についての総括を行っている。これによれば、合併による第一の特徴は、地方政治のレベルで政党政治化が急速に進行したこと、その一方で市民の政党離れが進んだことである。それは合併によるコミューン数の減少の結果としてコミューンの議員数が減少したことと並行して進んだ。

コミューンでは、すでに一九三〇年代に、全国的な組織をもつ政党が議会候補者を指名する方式が徐々に広がっていたが、一九五〇年代の合併以降には、政党の候補者リストによらない選挙を行うコミューンは存在しなかった。一九六六年の調査では、議会の候補者指名はもっぱら政党の問題であり、政党での実績が例外なく指名の条件とされていた。他方でこの時点では、大都市を除けば地方の政党組織は、通常は政策をもたず、仮にあったとしても、それは

表 4–5　選挙政策をもつ政党の比率　　（単位：%）

	コミューンの人口規模		
	8,000人以下	30,000以下	30,000以上
1966	22	42	68
1979	94	99	98

出所：L. Stromberg and J. Westerstahl, *The New Swedish Communes,* Department of Political Science University of Goteborg, 1984, p. 37.より引用。

表 4–6　自治体の政治的代表者数の推移

	1964年	1974年	1980年
全数	187,000	75,000	83,000

出所：Stromberg and Westerstahl, op. cit., p. 54. より引用。

ほとんど議論の余地のないようなものにすぎなくて、各党の活動は選挙時に候補者を立てることに限られていた。

第二次合併後の一九七九年の調査では様相は一変した。ほとんどの地方政党組織は選挙政策の基礎となる綱領をもっており、その内容は各党間で鋭く対立していた。一方で、コミューン議員数が合併の結果半分に減る一方で、コミューンの行政組織とサービスが拡大したことは議員の役割を大きくした。このため重要な委員会の議長をパートタイムで雇用したり、少数の指導的な議員にコミッショナーとして有給でフルタイムの立場を確保することが、ますます一般的になっていた。それは少数の政治家が決定的な影響をもつという政治家の専門化をもたらしたが、これは一般市民による政治という従来の伝統からすれば大きな変化だった。

他方、政党にとっての厳しい問題は、コミューンでの市民の新たな活動形態が、政党を素どおりしてしまうことであった。市民たちは政治的な問題についてすら、政治家よりも行政官により多く相談するようになり、多くの市民が政党とは別に組織された多様な政治行動に参加するようになった。こうして、コミューンにおいて増大した政治行動は、政党をとおした伝統的な活動よりも、新しくより個人主義的な表現をとりつつあるかのようである。政党の立場からは、こうした展開はある意味では脅威として受け止められた。

合併による第二の特徴は、コミューンが実施するサービスの拡大にともない、職員数の増大とともに行政機構に根本的な変化が生じたことである。一九六五年には調査対象となった一〇〇〇のコミューンの大多数では、すべての行政分野を網羅したいわゆる統合事務所をもっていた。合併後にはこれは二〇％にとどまっており、ほとんどのコミューンは議会の各委員会に各々直結した事務所という、専門化した行政組織をもっていた。それは自治体職員の専門職化、中央政府の各省に対応する縦割に組織された行政機構の形成という側面をもつものであった。こうした変化の結果、職員の採用と昇進はきわめて部門化された。コミューンでの職歴はある委員会分野でのフィールドワークで始まり、昇進も同じ組織における管理的なポストになった。コミューン行政機構の縦割の組織化は、中央政府が個別行政分野の執行内容を定めた特別法によっても影響され、自治体の職員が、各部門の専門家的な規範や中央政府の利益を直接に代表するという状態をもたらした。

ヴェステルストールらは、以上の変化を次のように要約している。

「コミューンの活動の予想を超える拡大、議会選挙や議会や委員会の仕事における政党政治化、政治家の一部の職業化。一般市民による行政から、職業人による行政への決定的な移行と、これに関連した行政上の機構と職員の専門職化。およびコミューンの決定過程における利害関係団体の重要性の増大。これらの変化の性格と包括性を合わせてみるならば、システム的な変化と呼ぶに値する。[21]」

（3）集権型システムの動揺

こうしたコミューン合併は、一九六〇年代の教育・福祉をはじめとした公共サービスの拡大と連動するとともにその受け皿となるシステムとして進められたということができる。ヴェステルストールによれば、GDPに占めるコミューンの支出総額は、合併前後の時期である一九六五年の一五％から、一九八〇年には二五％に急増している。急増の多くは都市化の継続やコミューンの業務の拡大によるものであるが、同時に、合併を契機としてサービスの水準が、旧コミューン間での最高水準に調整されたことがあげられる。支出の増加が最も大きかったのは地方の小コミューン

表4-7　公務員の全雇用者数に占める割合（単位：%）

	中央政府	地方政府
1965	9.9	10.3
1970	9.3	16.3
1975	9.7	20.7
1980	11.3	27.8
1985	10.6	30.4
1990	9.5	31.1

出所：*Statistics Sweden*, AKU スウェーデン中央統計局，1990年。Albak, *et al.* eds., op. cit., p. 258. より引用。

表4-8　公務員数の内訳　（単位：1000人）

	雇用者総数	公務員総数	国	地方
1972	3,439	1,117	392	725
1982	3,876	1,580	431	1,149

出所：E. Page, *et al.* eds., *Central and Local Relations*, Sage, 1978, p. 16. より引用。

を合併した新コミューンであり、そこでは財政基盤の強化をとおして以前には手の届かなかったサービス内容を実施する条件ができた。ここではコミューンの支出増加に最も大きな役割を果たしたのは、国からの補助金であった。(22) コミューン合併は結果として集権型の地方行財政システムをともなっていた。

J・レインとT・マグヌスンは、合併後の自治体サービスの拡大にともなう職員数の増加に注目している。表4-8に見られるように、公務員数が被雇用者総数に占める割合は、一九七二年から一九八二年の間に三二%から四一%に増加しているが、その増加のほとんどは自治体職員であり、自治体職員が被雇用者総数に占める割合も、二一%から三〇%に増加している。職員数の部門別内訳では、表4-9に見られるように、教育と社会福祉の合計が支出の四一%と職員数の七二%を占めているが、この両者は最も厳格に中央の指導を受けていた部門であった。他方で中央政府による自治体のコントロールとは逆に、自治体が中央政府に影響を及ぼす手立てとしては、コミューン連合やランスティング連合（以下「自治体連合」という）をつうじたものや、政党のチャンネルなどがあげられる。自治体連合は自治体を全国段階で代表しており、政府が新たな政策を提案する際には、自治体連合の事前の同意が求められた。(23)

表4-10は公共セクターの雇用と公共部門の支出および税とが、各国のGDPに占める比率を見たものである。さ

らに図4-1は、GDPに占める税収の比率の推移を、アメリカおよびOECDと比較したものである。
スウェーデンの公共支出が大きいのは、移転支出とりわけ福祉分野での家計に対する移転支出の大きさに起因している[24]。こうした公共支出の拡大のなかで、表4-11に見られるように、スウェーデンでは自治体が課税権をもつ地方

表 4-9　コミューンの財政支出と職員数の部門別内訳（1981年）

（単位：%）

部　門	支出割合	職員割合
教　育	22	37
社会福祉	19	35
エネルギー，水	14	3
下水，ごみ処理，住宅，土地開発	7	2
一般行政	6	7
文化，レジャー	6	4
保健，環境保護	5	0.3
交　通	5	2
産業，商業	4	1
その他	12	7
計	100	100

出所：Page, *et al.* eds., op. cit., p. 16. より引用。

表 4-10　公共雇用・公共支出・税のGDPに占める割合（1990年）

（単位：%）

	公共雇用	公共支出	公共消費	公共投資	税
カナダ	6.6	n.a.	19.8	n.a.	36.1
アメリカ	14.4	36.3	17.9	1.7	29.6
日本	6.0	32.0	9.1	5.2	31.1
フランス	25.2	n.a.	18.0	n.a.	42.6
イギリス	19.2	41.6	19.9	2.4	35.5
スウェーデン	31.7	61.6	27.1	3.1	56.4

出所：OECD, *National Accounts*. S. Rosen, "Public Employment, Taxes and the Welfare State in Sweden," in R. B. Freeman ed., *The Welfare State in Transition*, University of Chicago Press, 1997, p. 81.

表 4-11　地方税率と付加価値税率の推移

	地方税率	付加価値税率
1960	14.63	4.20
1965	17.25	6.30
1970	21.00	11.10
1975	25.23	17.65
1980	29.09	21.58
1985	30.37	23.46
1990	31.16	24.23
1993	31.04	25.00

出所：T. Aronsson, "The Effects of Sweden's Welfare State on Labour Supply Incentives," in Freeman ed., op. cit., p. 258.

税率が一九七〇年代以降に急上昇している。コミューンの一九九三年の支出内容では、社会サービスの三五%と教育の二三%が支出全体の五八%を占めている。こうしたとりわけコミューン段階での社会サービス支出の大きさは、たとえば保育の対象児童が、表4-12に見られるように三歳―学齢児の七〇%にのぼるという数字にも示されるような、福祉サービスの手厚さをもたらした。

こうした社会サービスの充実の結果は、表4-13に見られるような女性の就業率の増大にも端的に示されている。ただし、女性の就業内容は表4-14からも容易に読み取れるように、その大きな部分が短時間雇用であり、同時にこうした女性の雇用拡大に貢献した最も大きな部分は公共セクターであった。

図4-1　各国税収のGDPに占める割合

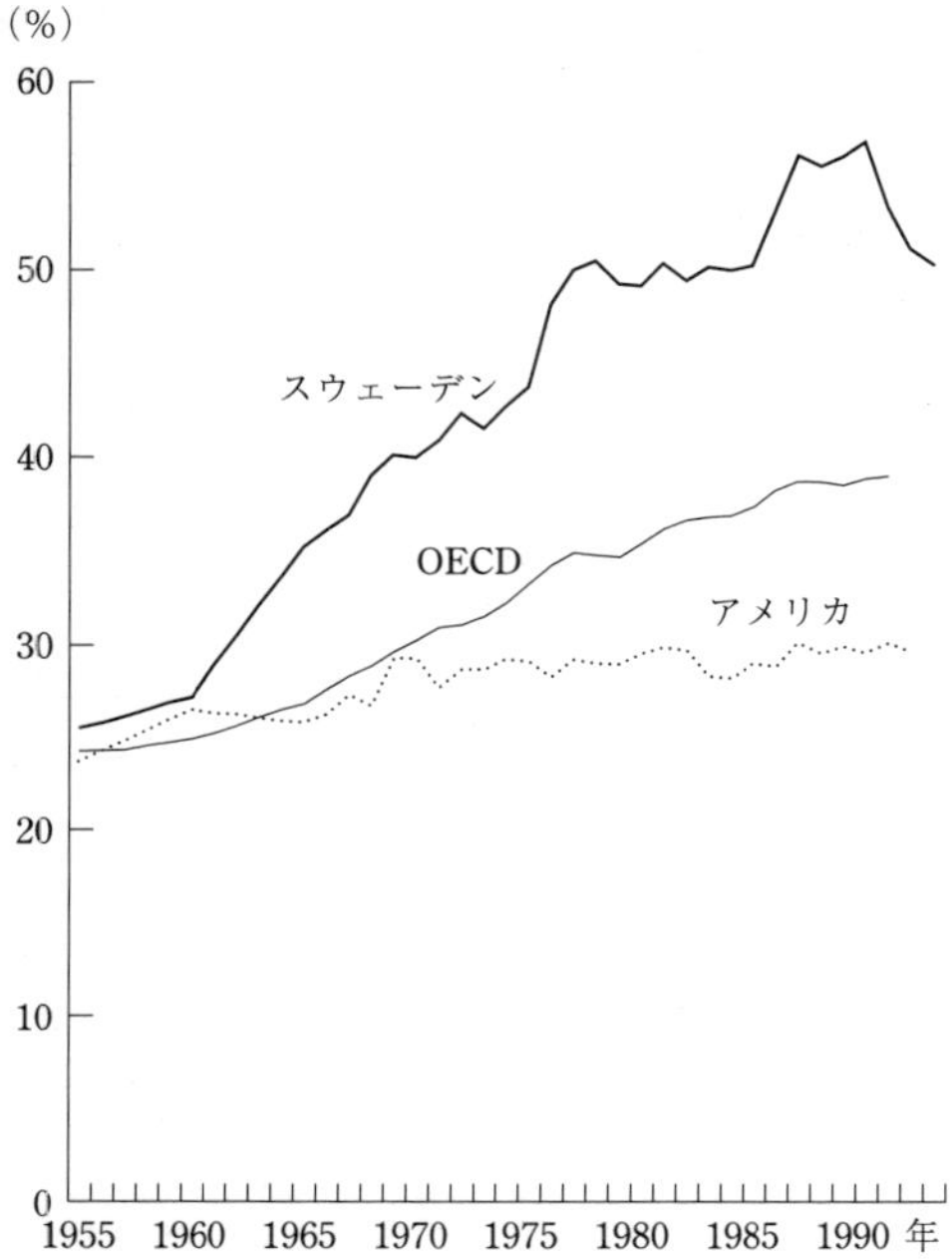

出所：表4-10と同じ，p. 122.

表4-12　保育対象児の割合　（単位：%）

	0～2歳児	3歳～学齢児まで	学齢児
デンマーク	48	70	29
ドイツ	3	70	4
フランス	29	95	—
イタリア	5	85	—
イギリス	2	35～40	0
スウェーデン	35	70	50

出所：P. Abrahamson, "The Scandinavian Social Service State in Comparison," in J. Sipiä ed., *Social Care Services*, Avebury, 1997, p. 165. より引用。

こうした公共セクターの拡大は、一九七〇年代後半から経済成長が停滞するなかで、財政的には大きな負担になったことは否定できないであろう。

J・スチュアートとG・ストカーは、後述する一九八〇年代の自治体改革が実施された背景として、公共セクターの官僚化に対する国民の幻滅が広がったこと、世界的な経済停滞のなかで公共部門の効率化が求められたことをあげている。SAPは公共セクターに対する各党の批判が、国民の支持を得ていることを認めざるをえなかったために、一九八二年に政権に復帰した際には公共セクターの合理化とその「拡大の抑制」を掲げた。それは公共部門の効率と効果を高めるとともに、市民また利用者としての国民の声に敏感に対応する公共サービスを発展させるための諸改革であった[25]。

E・アルバクは、北欧諸国での自治体改革の背景を次のように要約する。

「一九六〇―七〇年代の拡大局面では、公共支出の拡大は、福祉と平等という最大の目標を実現するための不可欠な手段と見なされてきた。一九八〇年前後の第二次石油危機と拡大する債務のなかで、これは見直しを迫られ、代わって焦点は公共セクターの近代化に、その拡大よりも構造改革に移った。公共支出の六〇％を自治体が占めるなかでは、この改革は主として自治体に向けられた[26]。」

以下では、この自治体改革の過程を概観する。

表4-13　女性の就業率の推移（単位：％）

	16～24歳	25～54歳
1965	60.5	56.0
1970	59.4	64.2
1975	66.1	74.2
1980	70.1	82.9
1985	66.4	88.9
1990	67.7	91.3

出所：表4-11と同じ，p. 259. より引用。

表4-14　男女別の週労働時間（25～54歳）

	男　性	女　性
1965	46.5	33.3
1970	44.6	31.9
1975	41.8	31.2
1980	41.2	30.8
1985	41.6	32.3
1990	42.6	34.3

出所：表4-11と同じ，p. 260. より引用。

3 スウェーデンにおける地方自治システム改革の過程

(1) 地方行財政改革の過程

スウェーデンに近代的な地方自治制度が確立した一八六二年以降の発展は、五つの時期に区分できる[27]。

一八六二年―一九二〇年：工業化と都市化によって特徴づけられ、地方政府活動が一定の範囲で拡大した時期。

一九二〇年―一九四五年：継続的な都市化の時期。

一九四五年―一九七五年：社会民主主義的な改革政策が支配的な時期。

一九七五年―一九九〇年：自治体サービスの継続的な拡大と、これに続く抑制。国の細部にわたる規制や公共セクターの非効率性などに対する最初の批判の時期。

一九九〇年―現在：停滞と財政緊縮、市場手法による解決の時期。地方税率の凍結と国庫補助金の縮小によって公共部門の拡大は停止した。

社会民主主義的な改革政策が進められた一九四五年―一九七〇年代の地方行財政は、義務的な法律や細部にわたる規制、国庫補助制度をとおした国の包括的な監督と指導によって特徴づけられる。コミューンとランスティングは多様な国家機関、とりわけレーン[28]のレベルにおかれた中央の総合事務所と、同じくレーンのレベルでの各省直轄の委員会による監督にしたがっていた。

一九九〇年以降の転換期における主要な改革としては、一九九一年の税制改革と一九九三年と一九九六年に行われた補助金改革、そして一九九二年の地方自治法改正につながる一連の改革をあげることができる。その概要は次のとおりである。第一に、公共サービスの拡大と並行して増大した税負担を、諸外国との調整を含めて抑制するための課税システムの改革である。第二に、自治体の財政的な自律の範囲を拡大するための国庫補助金および財政調整制度の改革である。第三に、自治体の自由度を高めるための改革である。これらの具体的な内容は、おおむね次のとおりである。

第一に、一九九一年に行われた税制改革の目的は、経済のグローバル化のなかで税負担の抑制を前提として、国税・地方税を含む全体的な課税システムを調整することにあった。その特徴は、所得税を抑制する一方で、付加価値税や資産課税を強化したことである。一定の課税所得限度額以下の国民（納税者の八〇％）は平均三一％の地方所得税を、限度額を超える者はこれに加えて二〇％の国の所得税を納めることとされた。その結果、所得税全体の実効限界税率は最高でも五一％とされた(29)。また一九九一—九三年の地方税率は一九八九年のレベルに固定された。これは、地方の民主主義の重要な要素とされてきた自主課税権の一時停止を意味した(30)。政府の任命した審議会の委員などの形でこの税制改革にかかわったB・セデルステンは、改革の背景を、一九八六年のアメリカの税制改革にも触発された、税制度の諸外国との調整という点から説明している。フランスをはじめ西欧諸国の最高税率はほぼ五〇％程度であったが、一九八八年のスウェーデンは七五％にも達していた。工業製品の輸出依存率が五〇％にのぼるスウェーデンでは、輸出市場の七五％を占めるEC各国と資本市場の実質的な統合が進むなかで、税率の高さは、海外からの直接投資を阻害する要因と見なされた(31)。

第二に、一九九三年と一九九六年に実施された国庫補助金改革によって、主要な特定補助金を一般補助金に移行させるとともに、自治体間で課税基盤が不均等であることに対応した財政調整制度が導入されたことである。従来、学校や児童・老人のケアなどを対象とした多くの特定補助金は、中央各省がコミューンの各委員会をとおして影響を与える手段としての役割を果たしてきた。一九八〇年代の後半から、特定補助金はその非効率性とあわせて、地方の自主決定権を侵害しているとして批判の対象となった。補助金制度の改革を要求したコミューン連合の主張のポイントは、補助金の効率的な利用を進めるためには、コミューンによる資金利用の自由で総合的な決定が必要であるという点にあった(32)。

コミューン連合の要求にもとづいて、一九九三年から新しい一般補助制度についての法律が施行され、これにともない一二の特定目的補助金が廃止された。さらに、いったん下野していたSAPの一九九四年の政権復帰を経て、一九九六年から新たな国庫補助制度が施行された。その概要は次のとおりである。(33) 新たな補助制度は、各コミューン・ランスティングの間の収入とコスト構造の平準化に向けた、自治体間の水平的な財政調整制度と、住民一人当たり定額の国庫補助金を主とした垂直的補助制度との二つの制度によって構成されている。前者の自治体間財政調整制度は、収入の平準化とコストの平準化という二つの部分からなる。このうち収入の平準化は、次の式によって計算される。

ア、平均を超える課税ベースをもつ自治体が納付する額

（当該団体の1人当たり課税所得－全国の平均1人当たり課税所得）×当該団体の人口×（平均税率×0.95）

イ、平均を下回る課税ベースの地方政府が交付される額

（全国の平均1人当たり課税所得－当該団体の1人当たり課税所得）×当該団体の人口×（平均税率×0.95）

この算式での平均税率とは、各地方政府が各々実際に定めている税率の平均値であり、これに〇・九五を乗じるのは納付団体から見れば一種の留保財源である。他方のコストの平準化は、全国平均の標準コストと各コミューン・ランスティングのコストとの差額が付加または控除される仕組みであり、このようなコスト計算の対象として、高齢者ケアや基礎学校などコミューンとランスティングを合わせて一七の項目が設定されている。ここでは標準コストの合理性を確保するために、二年前の決算額をもとに価格調整を行った上で毎年算定し、検証のための分析も行われている。なおスウェーデンの地方所得税は、国税とあわせて国の徴税機関によって一括して徴収された後で自治体に還付される。

第三に、一九九二年の地方自治法改正にいたる自治体の改革が、分権化と規制緩和から始められたことである。ストレンヴェリらは、こうした改革の内容を最もよく表すものは、新しい枠組み法（市民の権利を明記した上で実施内容は

自治体に委ねる法）と新包括補助金システム、そしてフリーコミューンをはじめとする規制緩和手法の実験であるとする。フリーコミューン実験は、参加したコミューンに対して、より自由にコミューン内部に委員会を設置することを認め、中央政府の定めた規制の適用を一部除外することを主な内容とするものであった。この実験、とりわけ中央政府の規制からの除外が中央各省の抵抗によって難航したことは、その後の経過からも明らかである。ストレンヴェリらは、実験に参加したコミューンの大多数による積極的な評価を指摘し、この実験が地方自治法の改正に寄与したことは明らかであるとする。(34) 新地方自治法が施行された一九九二年一月からは、各コミューンでは議会と執行委員会そして選挙委員会が必置とされた以外は、コミューンの委員会構成は基本的に自由とされた。これはコミューン行政が一つの統一体として機能するための最初の基本的な条件ともいえる。

これら地方の税・財政改革が、一九九一年の税制改革に見られるように経済のグローバル化を背景として税負担の抑制を基調としつつも、一方では特定補助金の一般補助金化や、フリーコミューン実験をはじめとした自治体の裁量権を拡大する改革と連動することによって、自治体の行財政運営にかかわる自律性の拡大に向かっていることは否定できないであろう。

（2）公共セクター・地方自治システムをめぐる改革動向の概観

以上のような、国家の規制からの自由化と自治体の裁量権の拡大に向けた改革は、自治体自身による改革と並行して進んだといえる。同時に注目されるのは、こうしたある面では対立点を含む各々の改革が、自治体の位置づけや役割についての政党間の論争をともなう形で進められたことである。U・ストランドヴェリは、一九六〇―七〇年代のコミューン合併をめぐる論争のなかで市民民主主義の立場をとった穏健党と自由党が、一九八〇年代の後半からは立場を逆転させて、コミューンを市民自治の基礎的な単位とする考え方に反対したとする。

「その理由は彼らの全体的な政策目標とかかわっていた。もしコミューンが政治的に自治的であるとするなら、コミューンが責任をもっている社会サービスを民営化・商業化しようとする彼らの目標は掘り崩される。コミューンによる公共サービスの独占的な提供から、市場をつうじた社会サービスの提供へ転換させるためには、コミューンを自治の担い手というよりもサービス供給の一つの単位として捉えることが必要である。こうして穏健党・自由党・そして部分的には中央党もゆっくりとその立場を変え、一九九〇年代の初めには彼らはSAPと立場を共有するように、すなわち自治体をサービス民主主義の担い手として捉える立場に移行した。簡単にいえば、八〇年代末と九〇年代初めのサービス民主主義のイデオロギーは、二つの解釈で表現されるようになった[35]。」

この一方で、かつては自治体の基本的な役割はサービスの提供にあるというサービス民主主義の立場に立っていたSAPも、その立場の見直しを迫られることになる。

以下では、こうした背景のなかで進められた自治体改革を概観することにしたい。

穴見明は、一九七〇年代の後半から一九九〇年代の前半にかけて進められた地方自治体による改革の方向性を、三つに分類する。第一に、国家から地方に向かう分権改革である。第二に、公共部門から市場に向かう改革である。第三に、以上の二つからは中立的で管理能力の向上を目指す改革である[36]。ここでは穴見による整理を念頭においた上で、一九九〇年代のスウェーデン自治体改革を、分権・参加型、市場型、組織・経営型、の三つのタイプに分けて整理を試みたい[37]。

a　分権・参加型改革

最初にあげられるのは、一九七九年の法によって設置が認められた都市内分権制度としての近隣議会（スウェーデン人の研究者による英訳では Neighbourhood Council または District Council とされているため、以下では「NC」と表示する）や、公共サービスの運営に市民の声を直接反映させる改革である。NCは、合併前の旧コミューンを基本とした地域の各々に独立した議会を設けて、コミューンの業務のうちで主に教育や児童・高齢者ケアなどの、市民への直接サービスにかかわるものを委任する制度である。ＮＣ議会は、コミューン全体の議会における各政党の議席数に比例して割り当てられた議員で構成される。

一九七九年の制度化以降、最大時では二八のコミューンがＮＣを導入したが、一九九三年には二一に減っている。しかし近年、ストックホルムなどの人口規模の大きなコミューンを中心として増加しており、その内容や背景については後述する。

分権・参加型改革の二つめにあげられるのは、公共サービスの運営に顧客＝消費者の参加を求める改革である。最も一般的な仕組みは利用者委員会であり、約四〇のコミューンが、なんらかの形のアドバイサリーな委員会を設けている。これとは別に、一九九四年の地方自治法改正にともない、一定の自治体の施設や設備の全部または一部の日常運営を、自律的な運営主体に委任できることになった。この運営主体は、利用者と職員の両者の代表を含まねばならず、利用者の代表者数は職員のそれを上回らねばならない。運営主体の権限は日常運営に限られており、一定の予算の枠内で維持管理や開館時間等を決めることができる。また、自治体はいつでもその委任を解くことができる。

図4-2　コミューンでのNCモデル

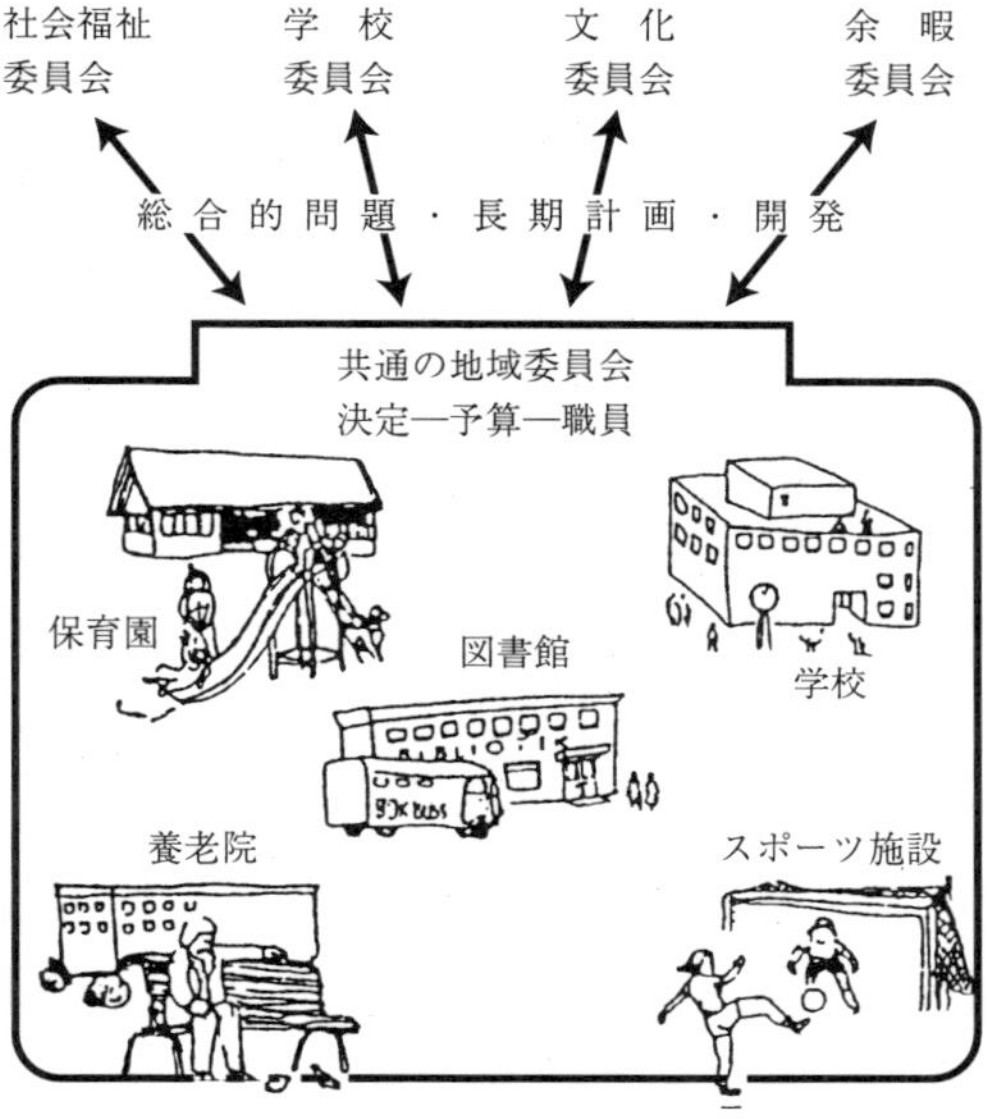

出所：藤岡純一編『スウェーデンの生活者社会』青木書店，1993年，58ページ。

三つめにあげられるのは、協同組合による施設運営への補助である。とりわけ最近、親たちの共同保育所が増えており、その数は一九九五年には一〇七五にのぼっていて、全保育所児童数の五％がこのタイプに通っている。親の協同組合による学校設置の試みも進められている。

b　市場型改革

ここでの市場型改革とは、自治体のサービス提供部門を、なんらかの形で一般行政組織から切り離して私的セクターと競争させるなど、市場原理を活用した改革である。

その中心となった購入・提供分割モデルは、コミューンの組織を購入部門と提供部門とに分割するものであり、購入者の機能はコミューン議会に設置された特別の購入委員会が取り扱う。この委員会はサービスの実施にあたって、そのコミューン自身の提供部門や外部の契約者のなかから選択して発注するため、コミューンの提供部門には民間事業者とのコスト競争で生き残ることが強いられる。約一五のコミューンが包括的な購入・提供分割モデルを導入しており、約六〇が部分的に取り入れている。一方でこのモデルは、コミューン議員がもつコミューン行政の日々の運営に対する影響力を制限することとなり、市民からも行政運営を不透明にするという批判があったために、当初、導入を予定していた六一のコミューンのうちで二五のコミューンは計画を変更して購入・提供分割モデルを放棄した。

市場型改革の二つめにあげられるのは、自治体サービスの外注方式である。国会は一九九二年の一二月に、個人に対する権力行使を含まない自治体業務のすべてについて、原則として外注を認める法案を通過させた。

市場型改革の三つめは、自治体のサービス提供部門を自治体が所有する企業に移行させることである。自治体所有企業は一九七〇年代以降着実に増加しており、一九九三年にはコストベースで自治体総事業の一四％が企業形態をとっている。最近年では、自治体の音楽学校やデータ処理、人事行政をも企業で実施する例がみられる。

c　組織・経営型改革

組織・経営型改革は、自治体行政の内部で各執行単位の経営責任を明確にしたり、複数部門にまたがるサービスの総合化を目指す改革である。多くのコミューンで責任や権限を下位に委ねること、組織内での決定段階や中間管理者の数を減らすことをとおして、運営の効率化をはかりつつある。また、多くの自治体が、組織の一部にプロフィットセンター（独立会計単位）を設定している。

（３）自治体改革の分岐点

自治体による一連の改革を評価する上で注目されるのは、ある面では対立点を含む各々の改革が、自治体の位置づけや役割についてのＳＡＰ政府内部での論争をともなう形で進められたことである。Ａ・フォーセルによれば、スウェーデンの公共行政改革は、一九七六年に戦後はじめて下野したのちに、一九八二年に政権に返り咲いたＳＡＰが、Ｂ・ホルムベリを責任者とする市民省を新設したことに発する。ＳＡＰは、そのシンボルでもあった公共行政への不満に対応することを余儀なくされており、市民省の新設は合理的な社会設計に専念するテクノクラートの党というイメージを一掃するためのものだった。ホルムベリが問題としたのは、行政機構が官僚的で市民の要求に無頓着であること、市民が公共サービスに対して影響力を発揮できていないという民主主義の問題だった。解決の方向として強調されたのは、分権と規制緩和、そして権限委譲であった。このうち分権化はフリーコミューン実験として着手され、民主主義化を進めるものとしてＮＣの設置が促進された。この改革では、ＮＰＯは公共セクターを補足する有効な手段と考えられたが、その一方で営利企業の活用を意味するプライバタイゼーションは平等の理想に反するとして排除された。こうした市民省の改革が各省の抵抗によって難航するなかで、当初から協力関係にあったのは大蔵省であった。しかし、両者の相違はすぐに明らかとなり、一九八〇年代の末には改革は分岐点に立った。市民の要求に感応的で民主的な公共部門を目指す改革方向に対して、大蔵省が提起したのは効率化を主眼とした改革であり、その具体的な手法には市場型改革を目指すＮＰＭのすべてのメニューが準備されていた。注意すべきは、両者がそれぞれにスウェーデン社会の政治的潮流を代表する形で対立していたことである。サービス指向の公共行政に向けた改革を提起した市民省が、参加型の民主主義にもとづく行政改革という自らの構想を具体化しえなかったことは、その主張に矛盾した印象を与えた。これに対して経済的な効率性を中心命題とする大蔵省の主張はきわめて単純明快であり、現実性と説得力をもったということができる。この対立に勝利したのは大蔵省であり、ホルムベリが解任されて以降の一九八〇年代末からの公共行政改革では、市場と私企業がモデルとされた。フォーセルはこうして優位に立った市場型の改革指向が、各々の行政部門や自治体に対して全般的な影響力をもたらしたとしながらも、それが各部門に与えた影響の程度については含みを残している。(38)

市場型改革は、非社会主義ブロックが政権を握った一九九一年以降に強力に進められた。F・ヨハンソンらはその特徴を次のようにまとめている。

「分権化に代わる主要な代案は、民間企業から借用した手法だった。マーケットメカニズムの活用や、目標管理手法などのあらゆる手法が、とりわけ大都市自治体で試みられた。一九九〇年代初めにはほとんどサッチャーのイギリスとスウェーデンの市役所には直接の連絡があったかのように見える。スウェーデンの大都市では、購入・提供分割モデルが多かれ少なかれ導入された。第二ランクの大都市であるヴェステロス・ヘルシンボリ・リンシェピンの各コミューンでは、きわめて包括的な改革が実施され、ほとんどすべての公共行政が購入・提供分割モデルにしたがって再組織された。ヴェステロスの提供組織はすべてのソフトサービス（個人への福祉サービス、児童ケア、老人ケア、初等・中等教育、文化・レクリエーション施設）を一つの単一『企業』によって提供する巨大組織であり、それは政治的『購入組織』から距離を置かれている。とりわけブルジョア政党（穏健党をはじめとした非社会民主主義政党の一般的な呼称――引用者）がすべての大都市で政権をとっていた一九九一―一九九四年の間には、多かれ少なかれこうしたモデルが推進された。一九九四年に左翼が政権をとって以降もこうした形態は実質的に維持されたが、イデオロギー的な高まりはずっと少なくなった。」[39]

一方、L・ストレンベリらは、新地方自治法がコミューンの組織形態を大きく自由にした結果、政治家の役割を縮小して指導的な行政官に行政全般を指導する経営者としての役割を与えることなどの試みが見られたとする。ここでは、「『企業としてのコミューン』という概念は、この自治体に対する新しい捉え方と正しく一致しており、それは伝統的な素人による行政からは著しく異なっている」[40]。こうした指摘は、改革の全体をとおしてコミューンの経営単位としての確立が目指されたことを端的に捉えたものということができる。

次に分権・参加型改革に焦点をあてた場合に、ポイントになるのは主体的な担い手の問題であろう。これに関連して穴見明は、従来には公的部門の拡大を社会主義への前進として絶対視する傾向すらあったSAP内部でも、公的部門の分権化と直接参加を主張する立場が一定の影響力をもちつつあるとして、こうした立場の論者の共同著作である『新しい社会民主主義』の論旨を紹介している。これによれば、一九世紀に民衆運動の政党として出発したSAPは、公的な社会保障のネットワークの形成をとおして広範な雇用者層との間に新たな絆をつくったが、同時に民衆運動の政党という性格から行政の政党へと変化することになった。人々は社会変革を目指す政党としてよりも、公的福祉の建設を担当する政党としてのSAPに支持を与えるようになったのである。行政の政党としてのSAPは、七〇年代の経済危機に直面して動揺する一方で、「上からの福祉」と官僚主義に対する国民の反発に有効に対応することに失敗した。著者たちの提案する新しい戦略は、分権化をとおした政治参加の拡大によって道を開こうとするものであり、ここで鍵を握るのは地域レベルでの人々の能動的な参加に基礎をおいた「共同部門」の形成である。それは多くの人々に、公共サービスの運営への参加と影響力の行使を保障することをとおして、民主主義を活性化させることを意味しており、言い換えれば「住民の共同組織としての自治体」の再生を目指すものである。強調されているのは諸個人の創造性を開花させる課題であり、それは従来の「消費者としての人間」像を克服するとともに、市場における個人の自由の拡大を絶対視する新自由主義の戦略に対比しうるものである[41]。

これまで見てきた諸改革には次のような特徴を指摘することができる。第一に、全体に共通するものとして、従来のコミューン内の縦割組織に対する、地域での総合性を備えた自治体組織への改革である。第二に、NCに代表される分権・参加型と利用者委員会に代表される市民参加型改革である。第三に、市場の手法を大きく活用した改革である。第四に、経営責任を明確または強化した組織改革である。以上のように見るならば、スウェーデンのコミューン改革は総合性・参加・市場化・経営責任という四つのキーワードをめぐって、試行錯誤の段階にあるということができるであろう[42]。

以下では分権型改革の一つの典型であるNC改革に焦点をあてて、自治体改革の過程を検討していきたい。

（1）岡沢憲芙『スウェーデンの挑戦』岩波書店、一九九一年、一二八―一三三ページ。
（2）Tilton, T., *The Political Theory of Swedish Social Democracy*, Oxford University Press, 1991, p. 275.
（3）宮本太郎『福祉国家という戦略』法律文化社、一九九九年、四六―四七ページ。
（4）Tilton, op. cit., pp. 39–59.
（5）Ibid., pp. 24–25.
（6）Ryner, J. M., *Capitalist Restructuring, Globalisation and the Third Way*, Routledge, 2002, pp. 145–165.
（7）Esping-Andersen, G., "The Making of a Social Democratic Welfare State," in K. Misgeld, *et al.* eds, *Creating Social Democracy*, The Pennsylvania State University Press, 1992, pp. 36–37.
（8）宮本、前掲書、一七ページ。
（9）Ryner, op. cit., pp. 68, 82, 96.
（10）Ibid., pp. 22–23.

(11) 宮本、前掲書、二〇三―二〇八ページ。

(12) 同上書、二三三―二三六ページ。

(13) Esping-Andersen, G., "After The Golden Age?" in G. Esping-Andersen ed., *Welfare States in Transition*, Sage, 1996, pp. 3–13

(14) Esping-Andersen, G., "Twords the Good Society, Once Again?" in G. Esping-Andersen ed., *Why We Need a New Welfare State*, Oxford University Press, 2002, pp. 3–11.

(15) Ryner, op. cit., pp. 85–98.

(16) Gustafsson, A., *Kommunal självstyrelse.*（穴見明訳『スウェーデンの地方自治』早稲田大学出版部、二〇〇〇年、二六七ページ。）

(17) Albak, E., 'Introduction,' in "Nordic Local Government," in E. Albak *et al.* eds., *The Association of Finnish Local Authorities*, Helsinki, 1996, p. 8.

(18) Strömberg, L. and J. Westerståhl, *The New Swedish Communes*, Department of Political Science University of Goteborg, 1984, pp. 9–22.

(19) Strandberg, U., *Debatten om den Kommunala Sjalvstyrelsen 1962–1994*, Sodertal, 1998, pp. 380–381.

(20) Strömberg and Westerståhl, op. cit., pp. 9–22.

(21) Ibid., pp. 33–66.

(22) Ibid., pp. 34–35.

(23) Magnusson, T. and J. Lane, "Sweden," in E. Page, *et al.* eds., *Central and Local Relations*, Sage, 1987, pp. 13–28.

(24) 飯野靖四「財政と租税制度」（岡沢憲芙ほか編『スウェーデンの経済』早稲田大学出版部、一九九四年）九〇―九一ページ、九八―九九ページ。

(25) Stewart, J. and G. Stoker, "The Free Local Government Experiments in Scandinavia," in C. Crouch, *et al.* eds., *The New Centralism*, Basil Blackwell, 1989, p. 132.

(26) Albak, op. cit., pp. 11–12.

(27) Strömberg and Engen, "Sweden," in Albak *et al.* eds., op. cit., pp. 236–246.

(28) レーンは、中央政府の地域レベルでの行政単位を指しており、地理的には自治体であるランスティングと同一の範囲で設定されている。

(29) Södersten, B., "The Swedish Tax Reform," in *Current Sweden*, No. 375, Swedish Institute, 1990, p. 2.

(30) Haggroth, S., *et al.*, *Swedish Local Government*, Swedish Institute, 1996, pp. 60–79.

(31) Södersten, op. cit., p. 5.

(32) 藤岡純一「スウェーデンにおける補助金改革」(東京市政調査会編『都市問題』一九九八年一月号)三〇—四二ページ。

(33) 山内建生「スウェーデンにおける地方財政制度の改革について」(地方財務協会編『地方財政』一九九八年四月号)二〇三—二二三ページ。藤岡純一『スウェーデンの財政』有斐閣、二〇〇一年、一八三—一九五ページ。

(34) Strömberg and Engen, op. cit., p. 256.

(35) Strandberg, op. cit., p. 383.

(36) 穴見明「スウェーデンにおける地方制度改革についての予備的考察(2)」(静岡大学『法経研究』第四四巻第二号、一九九五年七月)四〇ページ。

(37) 以下に示す改革動向の紹介(a—c)のなかで、具体的な数値はとくに断りのない限りは、次の文献による。Haggroth, *et al.*, op. cit., pp. 60–98.

(38) Forssell, A., "Reform Theory Meets New Public Management," in T. Christensen, *et al.* eds., *New Public Management*, Asgate, 2002, pp. 269–286.

(39) Johansson, F. and H. Back, *Political Decentralisation in Major Scandinavian Cities*, Goteborg University, 1997, p. 8. なお、引用文中でも用いているブルジョア政党という呼称は、SAPなどの社会主義ブロック以外の政党を示す呼び方として一般的にも使われている。

(40) Strömberg and Engen, op. cit., p. 265.

(41) 穴見明「スウェーデンにおける地方制度改革についての予備的考察(1)」（静岡大学『法経研究』第四二巻第二号、一九九四年二月）一七—二二ページ。

(42) R・バトレーは、ヨーロッパ全域で進む自治体改革の手法を次のように整理している。「第一は、地方政府の役割を拡大して中央政府による諸制約から自由にすることであり、オランダやノルウェーでの一般補助金への移行はその例である。一層劇的なのはスカンディナビア諸国での規制緩和とフリーコミューン実験であり、そこでは中央政府は『自立への条件』を提供している。第二の改革のタイプは、公共サービスの実施スタイルの改善にかかわっている。中央と地方の間で共有されていた責任の一元化や（ドイツ・スペイン）、顧客の要求に対応するためのスタッフのトレーニング（ドイツ）、利用者の影響力の強化と近隣地域への分権化（スウェーデン）である。第三は、企業の手法や競争原理を公共セクターに組み入れることであり、たとえばサービス供給部門への予算責任の委譲や、外部調達方式の活用等々である」。これまで見てきたようなスウェーデンの自治体改革では、バトレーのいう第一の手法に軸脚をおきながらも、ほかの二つの手法も多かれ少なかれ含まれることは明らかであろう。Batley, R., "Comparisons and Lessons," in R. Batley ed., *Local Government in Europe*, Macmillan , 1991, p. 21.

第二節　イエテボリコミューンでのNC（近隣議会）

——生活圏自治体への改革——

1　NC改革の背景

S・モンテンはNCが制度化された背景として、一九七〇年代のコミューン合併によってコミューンの行政機構が整備される一方で、計画や決定過程に市民が直接参加することへの要求が増大したことをあげている。これは地方の政治家にとっては、市民が政治家を飛び越えて行政に働きかけるという意味で、政党の影響力が低下することを意味した。自治体内の分権化というアイデアはこうした問題への、政党の側からの対応として発想されたものであり、その強力な推進者はSAP政権下で野党の立場にあった中央党だった。[1] これに関連して興味深いのは、SAPのNCに対する見解の変化である。SAPの一九七五年の大会は、市民の影響力は政党をとおして行使されるべきであり、特別の自治体機構は望ましくないとする伝統的な見解を表明していた。指導的な幹部の発言は、NCのような地域委員会を、SAPの地域組織に対する潜在的なライバルと見なしていたことを示唆している。しかし、わずか三年後、SAPが下野していたなかで開かれた大会では、方針は変化していた。最終的に政権復帰を間近にした一九八一年の大会では、SAPが新たな機構の創設に主導的な立場をとることを表明した。[2] 制度的には、SAPが野党であった一九七九年の国会で、自治体に一定範囲の決定権をもつNCを設置することを認める法案が通過したことで発足した。[3]

モンテンは、制度の発足時に主張された論点を次のように要約している。

「NC改革の重要で明白な目的は、選出される代表者の数を増やすことをつうじて政党組織の地方支部を強化することによって、地方の民主主義を促進することにあった。それは同時に、コミューンの強固な縦割の部門別行政組織を、地域で総合化することをとおして修正するための試みと見るべきである。この改革はまた公共支出の増大を抑制するための仕組みとしても見ることができる。最後にNC改革は、合併以前の時期に存在した、より小さな領域での地方の政治文化と共同体的な価値を、再度もたらそうとする試みとすらいうことができる。[4]」

F・ヨハンソンらは、大都市を中心とするNC改革の背景を主に財政効率の側面から考察している。

「一九六〇年代の急激な自治体合併に対する七〇年代の対応は、サブローカルな諮問委員会の設置だった。しかし一九九〇年代には中小規模の自治体ではNCに対する関心が減退し、多くは八〇年代にいったん導入したNCを廃止した。その代わりに注目されたのは民間部門の手法であり、購入・提供分割モデル、外注やバウチャーシステム、民間企業文化を公共部門に持ち込むことが、新自由主義によって鼓吹された新たな傾向の内容だった。こうした民間手法の導入の点では三つの大都市であるイエテボリ・ストックホルム・マルメも例外ではない。しかし、政治的な分権化については明らかに例外だった。NCへの関心は大都市の外部では停滞していたが、イエテボリでは一九八九年に、ストックホルムとマルメでは一九九七年にNCの設置を決定した。」「ストックホルムで改革を行った実際の目的は、サービス提供の効率化をとおして今後五年間に一〇億クローネの費用削減を達成することにあり、これはイエテボリとオスロの成果に影響されたものだった。[5]」

ヨハンソンらはこうした捉え方にもとづいて、大都市を中心に実施されつつあるNC改革の背景には二つの側面があるとする。第一は、国レベルの財政危機が国庫補助金の切り捨てをとおして大都市に最も深刻な影響を及ぼしたことである。分権化をつうじて財政を効率化する手段としてNC改革は魅力的だった。第二は、大都市地域での共同社会の多様性である。画一的な行政運営の実施が困難であることが、「地域での解決」を目指すNCの制度化の背景になったとする。

以下では、スウェーデンの大都市のなかでは比較的早い時期にNC改革を実施したイエテボリでのNCの総括を試みることとする。

なお、NCは前述したとおりNeighbourhood Councilの略称であるが、スウェーデンの自治体の議会（Council）は、市長制度をもたない多くのヨーロッパ諸国の自治体におけると同様に、決定権とともに執行権をもつ代表機関を意味する。このため議会（Council）は、一般的に単なる議決機関にとどまらず、そこで行われる行政執行を補佐する職員組織をも含めた呼称として用いられることが多い。NCも単なる議決機関ではなく、独自の執行組織を備えており、職員の任免権ももつ団体である。このため、以下では、こうした組織の全体を指すものとして「NC」を用い、また単に議員の合議体をさす場合には「NC議会」と表記する。

2 イエテボリNC改革の過程と背景

（1） イエテボリNCの概要

人口四五万人、スウェーデン第二の都市であるイエテボリは、多くの周辺コミューンを合併して現在の市域となった一九七四年に諮問機関的な地域組織が設置され、その後に実施された福祉部門の一六ヵ所への地域分割を経て、一九九〇年に二一のNCを発足させている。イエテボリコミューンの資料によれば、NCの設置目的には、民主主義の拡充と市民の影響力を高めることとあわせて、「効率とトップクラスのサービス」、「地域への分権をとおした最善の解決」等が掲げられている。

各NC議会はコミューン議会の議席数に比例する形で各党から指名された議員（一一名＋代理六名）で構成されており、NCの業務の決定機関として機能している。各NCにはコミューンの業務のうち、基礎教育、児童・老人ケアなどのソフト部門のサービスを実施することが委任されており、各NCは自らの判断と責任でこれらの業務を、コミューンから委ねられた財源によって実施している。各NCの財政はコミューンからの配分金とそのほか事業の手数料収入などで構成されており、一九九六年の財政総額は表4-15に見られるように、コミューン全体の財政規模の五七％にのぼっている。NCの業務を執行するために設けられた行政組織には、合計で二万七九一五名の職員が配置されており、これは表4-16に見られるようにコミューン全体の職員数の五五％にのぼる。(6)

（2） イエテボリNC改革の背景

ここでは、NC発足の背景に関する論点を紹介したい。

第一の論点は、NC改革の背景として民主主義の拡充とあわせて、コミューン各部門のサービス統合をとおした効率性の向上が要請されたことを指摘するものである。NC改革の特徴として指摘されるのは、第一に、NCの発足によってコミューンの各部門の委員会を構成する選出代表者のポストが全体として一四六から三五七に増加したことであり、NCへの分権化は市民と決定権者との接点を広げることによって民主主義を進めた。第二に、コミューンレベルでの部門別委員会によって縦割に行われてきた各分野のサービスを、地域レベルに統合したことによる効率化である。NCは、初級学校、社会サービス、レジャー・スポーツ、文化というソフトなサービス部門を担い、これらのソフトなサービスをNCの単位で統合する。分権化と地域での統合という目標を統一的に進めることは、NCモデルの基本的な目的である。コミューンの業務として残されたハードセクター——上下水道、電気、道路、交通——は技術

表 4–15　イエテボリコミューンの財政支出内訳（1996年）（単位：100万クローネ）

支出項目	金　額
各NCの支出内訳	
児童福祉	1,409
義務教育	2,381
高齢者福祉	2,342
個人・家族ケア	922
社会手当	1,245
身体障害者ケア	687
レジャー・芸術	262
その他	42
NC支出計	9,290
コミューンのNC以外の部門	
医療ケア	4,211
上級教育・成人教育	1,094
レジャー・芸術	743
公益事業・救急サービス	243
交　通	968
その他	290
金　融	−513*
合　　計	16,326

出所：Göteborgs stad, *City of Göteborg Annual Report*, 1996, p. 96.
*マイナスは金融部門からの繰り入れを意味する。

表 4–16　イエテボリコミューンの職員数（1996年）（単位：人）

分　　野	職員数
NC行政	27,915
医療ケア	14,985
その他	7,650
計	50,550
コミューン所有企業	7,730
合　　計	58,280

出所：表 4–15 と同じ，p. 106.

に依存する度合が高く、コミューンの全域にわたる総合的な運営が一般的には適切である。一方、ソフト部門のサービスは、人々の個別の希望や要求に応えねばならず、それは都市の領域内部でもきわめて多様である。ソフトセクターに注目したNC改革は、これらのサービス部門内での協調と地域への適応が特別に必要であることの表れである。(7)

第二の論点は、財政的な背景を強調するものである。イエテボリ大学のR・ソッリは、次のように指摘している。

「一九八〇年代の経済停滞のなかで、市の財政は増大するソフトサービスの職員人件費と、減少する国庫補助金そして同じく減少する税収に挟まれて悪化した。一九八〇年代の末に経済運営に関する二つの重大な決定が行われた。一つはNCの実施によってコミューンの行政組織を、中央政府の各省の構成と国庫補助金の流れに対応した縦割の形態から、地理的領域ごとに統合された組織に改革することだった。この改革にはいくつかの誇らしげな意図が掲げられているが、強調されたのはコスト縮減という目的である。もうひとつの決定は、初等学校を含め市の不動産を年金基金に売却した上で賃借りするというものだった。(8)」

ソッリは同時に、国家財政の危機が「地域での解決」に焦点をあてる結果となったことを強調している。

「財政力のある福祉国家では、改革は上からのイニシアティブで実施することができる、なぜなら財政負担が同様にそこからもたらされるからである。財政危機のなかで、『すべての市民の平等の権利』という概念にもとづく福祉国家の目標は、少なくともわれわれの心情では、『具体的なサービス』の概念によって置き換えられる。各種のサービスは複雑な内容をもつ個別の地域の問題を、協力して解決しなければならなかった。焦点が政治的な決定権限の問題よりもむしろ『顧客』に移ったことは当然である。コミューンが有効な組織であるためには、十分な財源に支えられていない中央の計画に頼るよりも、むしろコミュニティの多様なニーズに応えることができるものでなければならなかった。(9)」

NC改革の背景についての第三の論点は、地域での影響力を確保しようとする各政党の戦略にあった。L・ニルソンは、NC改革にいたったコミューン議会での討論を検討して、NC改革の政治的背景を分析している。これによれば、NC組織を設けるという提案は、自由党と中央党から発せられたが、左翼党もまた同様の考えを提起していた。提案の端緒は、主にコミューン合併をとおして消滅した旧コミューンの積極的な活動家から発せられた。これらの地域では、各政党は合併された自治体によくみられる「周辺化されたコミュニティ」と同様に、地域における影響力の急速な衰退を経験していた。独立したコミューンでの、選挙民と政治家・議員との間に形づくられていた繊細な関係はもはや存在しなかった。こうしたなかで、選挙民と政治家との距離を縮めることによって大衆的な影響力を広げる手段として、分権化された地域機構の設置という要望が生じた。この提案は、NC議員を住民の直接選挙によって選出する方式への要望とも一対のものであり、民主主義を向上させることがその最大の目標だった。他方で、分権化された地域組織の設置というNCの提案は、SAPの戦略転換とも一致していた。イエテボリでもSAPは、NCに対して当初は消極的もしくは懐疑的であった。しかし、中心的な政治家の小グループは、SAPの多くの党員に現秩序の欠点を認識させようとして説得を重ねた。議論の焦点は、SAPのコーポラティズム的な政治システムにかかわっていた。積極的な組合活動家を中心とした専門知識をもつ人材を、コミューンの部門別の委員に任命することは、SAPの伝統であった。任命された人々には、知識はあったが、各々の活動領域を縄張り的に捉える傾向があり、そのため制度的な改革や提言を脅威として受け止めがちであった。言い換えれば、彼らは強固に保守的な要素となっていたのである。公共部門の改革の課題が前面に掲げられたとき——それはたとえば、一九八二年の選挙でSAPが取り上げた争点でもあったが——既成の議会の構造は、一つの障害物として受け取られていた。党内での幅広い調整の後に、SAPの指導層は最終的に多数派の獲得に成功した。

　このように、NC改革は、一方では自由党と中央党から発せられたもので、もともとは民主主義の活性化にかかわるものであった。他方でSAPの目的は、公共セクターもしくはコミューン行政の改革の必要性に発しており、公共セクターのサービス内容を市民のニーズに適したものにすること、過度な官僚化に対する批判に応えること、また改革をとおして民営化の脅威をなんとか食い止めようとするものであった。客観的にみるならば、NC改革はこれら二つの流れに共通の土俵を提供したといえる(10)。

以上に検討した三つの論点は、必ずしも対立的なものではない。むしろ、自治体サービスをめぐる客観的な状況と、自治体をめぐる政治的また財政的な要因とが重なりあって改革の実施をもたらしたということができる。

3　NCの行財政システム

（1）NCの行政組織

NCの発足にあたって最も重視されたのは、コミューンが実施している各種サービスを、地域で統合することによってもたらされる効率化である。各NCの行政組織の形態が一つのポイントになった。イエテボリの分権化計画では、各NCの行政組織は地理別・機能別・対象別の、いずれかの組織形態をとるとされていた。ここで地理別とは、NC内の地域をさらに分割して各々にNCの全事業を担当するサブマネジャーをおく体制を意味し、機能別とは、いわば従来のコミューンの行政組織のミニチュア版で、社会サービスや学校などの各部局に分かれた責任体制を設けることであり、対象別とは、若者や老人や障害者などの各々の対象者別にサービスを統合した形で責任体制を設けることである。コミューン議会が地域での各サービスの統合を達成する上で、最も自然な形態として推奨したのは地理別の形態であった。サービスの全体を利用者に焦点をあてたものにすることが目標だった。結果的には、各NCで採用された組織形態は、地理別が一〇、機能別が六、対象別は一で、混合タイプが四であった(11)。

ヴェステルストールは、NC改革の当初に行われたNC職員への調査結果の特徴として、ケアやサービスを担当する職員のほとんどがNC改革には反対であったことを紹介している。専門職の間には、部門別の組織から地域別の多部門にわたる組織への移行という、改革そのものの基本的な構造に対して反対が強かった。従来から、専門的な教育と訓練をともなう専門職は、独自の「専門職文化」を発展させてきたが、新組織はこうした「専門職文化」とは敵対的と見られたのである。他方、NC議員への調査結果からは、NC改革の結果、従来、分野ごとに専門化していた政治家としての立場から、多くの部門に責任をもつゼネラリストとしてのそれへと変化したことが指摘されている。NC議員たちはきわめて明快に、そのニーズに応えるべき地域住民との近接性を一つの財産として評価している。(12)

ソッリは、イエテボリでのNCの行政組織の発展を次のように総括している。

「NCが発足した直後の財政危機を乗り越えるなかで、各NCではその地域全体を視野において、各団体との相談などを含めたネットワークをつくって活動する事例が目立つようになっている。なかでも目覚ましいのは、子どもにかかわる分野での協力の発展である。また、いくつかのNCでは、学校予算のカットに反対する親たちの抵抗が、学校委員会（後述）等への積極的な参加に発展した例が報告されている。NC職員が利用者もしくは外部のパートナーへの関心を高めたことは、NCの行政組織に反作用をもたらした。成長する子どもたちに一貫性のあるサービスを提供するために各部門が協力しあった経験が、対象者別のNC組織へと変化する上で先鞭を付けた。そうした地域では職員の専門分担よりも、成長する子どものニーズがサービスの出発点になっている。この過程は継続しており、NC組織の再機能化に向けた新しい流れになるだろう。こうした意味で、NCは今日の多様な諸問題に自動的に対応する構造を生み出していると見ることができる。福祉国家が組織されて、標準化されたサービスが理想であると見られていたが、いまや個々のニーズに調整されて多様化したものが理想のサービスと見られている。これは柔軟な組織、いまここでの状況に対応できるプロジェクトやチームのような短期的な組織的解決を行える、多くのネットワークとの接点をもつ組織を必要とする。(13)」

こうした地域的な行政組織の展開は、地域レベルでの住民組織や政党との関係を視野に置いて捉えることが必要であろう。NC改革にともない、SAPと穏健党をはじめとする主要な政党は、その組織を各NCの地域区分に対応した形で細分化させた。これは小政党には困難な問題であった。結果的に各NCの議員自身が自分のNC域内に居住する割合は約八〇％にのぼるという。同様のことはほかの組織にも起こったようである。障害者団体や自治体職員組合は、NCとの協議や交渉を進めるために、自らの組織を各NC単位に再組織して分権化する必要があった。このように、NCの発足は政党をはじめとする諸団体に、地域分割を中心として再編成を迫ったといえる。(14)

(2) NCの財政構造

各NCは、コミューンからの補助金と市民から徴収する手数料を財源として、各々の責任のもとに業務を執行している。このうちNCへの補助金の配分方式は、NCの独立性を考える上で見逃せない点である。NCへの補助金は、一九九五年から財源配分モデルが用いられ、次のような項目ごとに積算して配分される。

第一は基礎財源で、これは次の各項目ごとに積算される。人口数、生活扶助者の数、当該のNC以外の住民にも利用可能なプールその他の施設の運営費。

第二は一九歳以下の住民の、年齢および社会的状況による財源配分で、次の八項目ごとに積算される。年齢別人数による積算——一―五歳、六―一一歳、一二―一五歳、一六―一九歳、二〇歳以上。子どもが一―九歳で、母親の働いている世帯数。低所得世帯数。子どもが七―九歳で母子世帯の数。子どもが七―一五歳でかつ移民世帯の数。これはスウェーデン語の教育や、希望する場合には、母国語で教育する費用などが見込まれたものである。子どもが七―一五歳で低学歴の親の世帯数。子どもが〇―一七歳で、母子世帯でかつ母親が無職の世帯数。子どもが〇―一七歳で他国籍世帯の数。

第三は二〇歳以上の住民の、年齢および社会的状況による財源配分で、次の六項目ごとに積算される。七五歳以上で独居の者の人数。知的障害者数。二五―四四歳で未婚の者の数。早期年金受給者数。知的障害者でグループホームに入っている者の数。未婚の男性で生活扶助受給者数[15]。

以上の計算指標とそれに付随するコストは、過去数年の回帰分析をとおして得られたものである。こうした予算配分方式の導入にいたる過程は、NCとコミューンとの関係を見る上でも注目される。NCの導入時には、とりあえず従来の分野別の予算を地理的区分ごとに分割して配分することとなっていた。しかし、事務はNCごとに均一に実施されているわけではなかったために、たとえば老人施設や図書館などの施設面でのバラツキや、各NCにおける移民や失業者の多寡などにともなう問題が起こることとなった。コミューンによるNC職員への聞き取り調査によれば、こうした配分方式の問題点として、一方で、住民の移動や年齢構成の変化に対応しておらず、従来の縦割の実績に捕われて過去を引きずり続けるという弊害があること。他方で、NCの担当者の予算獲得手腕によって額が左右されたり、コミューン幹部との個人的なつながりや、声高に要求したものがより多くを取るといった恣意性があること、またこのためNCの間での妬みや縄張り意識が生じたこと、等々が指摘されていた。新しい財源配分方式の策定に向けたNCとコミューンの職員によるプロジェクトチームの報告書では、指針として予算配分が一義的であり、個々のNCが圧力を行使できない客観的な要素にもとづいて算定されるべきこと、などの方向性が示され、コミューン首脳や各政党およびNC職員等から概ね好意的に受け入れられるなかで、基礎財源や追加的財源などの設定方法が議論され具体化された[16]。

表4-17は、繰越基金の黒字と赤字が全NC中各々最大となっているNCの財政収支内訳を見たものである。各NCの歳入は、前述のとおり手数料収入などの独自収入と、コミューンからの補助金によって構成されており、毎年の収支決算額は基金として積み立てられる。基金の赤字額が大きいトシュランダNCは、若い市民層の転入が多いために教育関係の支出が大きいことが財政悪化の原因となっている。

市民には、法にもとづいて各NCのサービスを受ける権利があり、各NCはサービスを提供する義務を負っている

表 4-17　イエテボリNCの歳入・歳出（1996年）　（単位：1000クローネ）

	手数料など収入	支　出	純　支　出	コミューン補助	単年度収支	累積残高
セントルムNC	306,379	1,002,485	－696,106	688,062	－8,044	42,619
トシュランダNC	60,505	345,450	－284,945	275,813	－9,132	－10,876
N　C　合　計	2,921,585	12,266,404	－9,344,819	9,159,967	－184,852	137,764

出所：表 4-15 と同じ，p. 120.

が、サービスの質的な内容を決めること、たとえば保育所にどれだけの職員を配置するかといった決定はNCが行う。同時に、どのNCのサービスを受けるかは市民自身で決めることができ、仮に市民が自分の居住するNC以外の地域でサービスを受けた場合には、それに要した費用はその市民が居住するNCが負担することになっている。

たとえばセントルムNCの例では次のようであった。(17) イエテボリの保育制度には、NCが直接運営する施設、協同組合方式の施設、そして家庭で自分の子どもとよその子どもを一緒に見るという三種類があるが、母親の八〇％が就労しているため一年間の育児休業の後は、ほとんどの家庭がいずれかの保育制度を利用している。セントルムNCでは、児童一人あたり年間六万―六万二〇〇〇クローネの保育経費がかかるが、コミューンの決定にもとづいて、親からは保育料として所得の六％を、年間四万クローネを限度として徴収している。このため、結果的にNCの保育所経費の約一〇％が保育料でカバーされている。児童には法によって保育を受ける権利が保障されているが、子ども一人当たりの職員の配置はNCが任意に決めることができ、たとえばこのNCでは一八人の子どもに対して二―二・五人の職員を配置している。極端にいえばこれを一人にすることもNCの判断で決められる。ただ、親はどのNCの保育園に通わせるかを選択することができ、親が居住地以外の保育所を選んだ場合には、セントルムNCがそのNCに対して費用を支払わなければならない。だから、ある意味ではNC間でのサービス競争もありうるのである。

以上のような分権型財政への改革で注目されるのは、財政運営の効率性について、NC関係者から一貫して積極的な評価を受けていることである。(18) NC発足当初の一九九一年、コミューン全体の財政が悪化するなかで、三年間にわたって毎年五％ずつ上積みする補助金のカット（三年目は一五％のカット）が行われたが、これはNCが提供するサービスの質には大きな影響は与えなかった。その理由として近接性、つまり予算の決定を行う者と削減によって影響を受ける者とが身近な関係にあり、NCが個々のサービスをよく把握していることが、よりよい地域的な解決を生んだとされる。興味深いことは、分権改革が財政上の効率を高めたとするこうした評価が、きわめて一般的だということである。

B・ブロルストレームとR・ソッリは、スウェーデンのほぼ全コミューンから回答を得たアンケートとヒアリングにもとづいて、自治体の会計方式の特徴を総括している。これによると、人口規模の大きい二六のコミューンがNC型の分権化した財政システムを実施している。これらのコミューンに対するヒアリングでは、NC改革が財政効率の向上をもたらすことが共通して指摘されており、「効率的な組織とは分権化された組織と同義である」ことが強調されている。責任と権限は運営に責任をもつレベルに委ねられるべきであり、組織の構造は、具体的な運営を担う人々の能力をより有効に活用することに重点をおくべきだとするものである。同時に指摘されていることは、NCによる分権化が、職員の財政実態に対する認識を高め、緊縮財政のもとでも地域の状況とサービス展開に即した、痛みの少ない支出削減を実施できたとされていることである(19)。ここでいわれているような、分権化が直接に財政の効率化につながるという指摘は、日本的な感覚からは理解しにくい面もあるが、筆者の調査によればスウェーデンにおける議論では、こうした指摘がきわめて一般的な感覚で語られているという印象を受けている。またこれに関連して、筆者がスウェーデンの研究者や自治体担当者との間で行った討論においては、財政を「効率化」することよりも、いかにして「効果を高めるか」が強調されていたことが印象的であった。財政的な制約があるなかで、限られた資源を有効に活用するためには、分権化をとおして直接サービスの担い手と受益者のレベルの声を最大限生かすことが効果性を高めるというものであり、それは効率性に直結する。利用者委員会の重要性についても、こうした文脈で指摘する意見も聞かれた[20]。

4 NCの現状――ヒアリングの結果から

以下では、筆者が行ったヒアリングにもとづいて、三つのNCの現状を紹介する。

(1) セントルム(Centrum)NC

セントルムNCは、イエテボリの中心地域に位置する。人口は四万六〇〇〇人で、全住民に占める高齢者の割合は二一%とコミューンの平均一八%よりやや高いが、住民の所得階層はほぼコミューンの平均並みである。職員数はフルタイムが一三五〇人で全体では二〇〇〇人。職員の配置数は多い順に、保育所、学校、老人施設となっている。このNCは、NC改革のフォローアップ調査を実施しているイエテボリ大学の研究者から、チーフディレクターの手腕という点で注目されている。先述したように、イエテボリコミューンでは財政の急激な悪化のために、NC改革実施後の一九九一年から三年間にわたり、毎年五%、三年目では一五%の財政支出削減を実施した。この措置は発足間もない各NCを直撃したが、セントルムNCではこの経費削減を繰り上げて実施し、三年後には逆に基金を積み上げていたという。このNCでは四つのサブ地域を設けて、その各々にサブマネージャーをおいているが、経費削減の過程でチーフディレクターを中心に各々の部署や施設ごとの財政責任を明確にするとともに、トップマネージメント・グループによる財政運営のルールを確立していった[21]。

ソッリは財政危機のなかで各NCに、全体を掌握するマネージメントのチームが生まれつつあることを、NC発足以来の継続的な調査をとおして指摘している[22]。チーフディレクターによれば、セントルムNCが大きな成果をあげた背景にはサービスの総合的な運営に向けた改革がある。たとえば問題のある子どもをフォローするために分野を超えたプロジェクトチームをつくるなどして対応の方法を検討し、一定の手法がととのった時点でそれを組織全体のルールとして確立させるようにしているという。その結果、個々の子どもが抱えている問題だけではなく、子ども自体を捉える視点が事業分野を超えてできてきている。これは一つの例にすぎない。NCの実施によって地域内での各職種間の連携が進んでおり、従来なら縦割で互いに協力しあうこともなかった職員どうしの仕事のし方が変わってきている。一方、利用者組織については老人と精神障害者の分野では対象者の組織がつくられているが、学校や保育所、文化の分野では、少なくとも全体を網羅するような組織はないという。このうち、文化については個々の分野の団体はあるが、文化活動全体を網羅するような組織はない。このため、たとえば文化予算全体を縮減するような場合には、相談する対象となる組織はない。

チーフディレクターは、NC改革は利用者組織の不活発なことなどから見ても、市民の参加をとおして民主主義を拡大するという点では失敗していると評価する。反面、大きな成果として語られるのが、地域での政治家（NCの議員）と行政職員との連携である。以前は、政治家は行政職員と「同じ靴を履いていた」が、NC改革によって住民と身近なところで地域全体を見る存在になった意味は大きい。事業の運営は政治ではなく、これは専門家である行政職員の仕事であり、政治家の仕事は事業のプライオリティをどこにおくかを判断することにあるが、この点ではNC改革によって政治家が機能するようになったという[23]。

（2）トシュランダ（Torslanda）NC

トシュランダNCの地域は一九六七年にイエテボリコミューンと合併した旧コミューンの地域にあたり、イエテボリの中心部からは少し離れた海岸ぞいの地域で、人口の急増地帯である。現在人口は一万六〇〇〇人、NCの職員数は七〇〇人である。人口の構成は、六五歳以上が一一％と低く、〇—一九歳人口が三〇％と高くなっている。

現在、このNCを含めて計三つのNCが独立したコミューンとなることを求めており、一九九八年秋の選挙に際して住民投票が実施された。ただし、自治体設置の決定権限は中央政府にあるため住民投票はアドバイザリーな性格にとどまり、また三つのNCがいずれも穏健党の勢力が強い地域であるため、イエテボリコミューンから分離させることは反面でイエテボリ議会の穏健党勢力の低下を招きかねないとして、政党内部でも意見が分かれているとの実情がイエテボリ大学のヒアリングでも聞かれた(24)。独立の声が上がっている三つのNCの特徴として、いずれも〇―一九歳人口の構成比が三〇%前後と高く六五歳以上人口の比率が低いこと、移民人口の比率が概ね五%以下(イエテボリコミューンの平均は一一%)と低いこと、また、住民の年間所得の平均がコミューンの平均(一三万八〇〇〇クローネ)に対して一七万―二〇万クローネ前後と、NCのなかで上位一―三位を占めていることがあげられる。トシュランダNCのディレクターによる説明は以下のようなものであった。

「トシュランダNCでは海岸ぞいの地域を中心に人口が増加しており、二年ごとに学校の新設が必要だ。六月に次年度のコミューンの予算が決定されるが、昨年の予算には年度中の生徒数の増加が想定されておらず、NCの要求額が一〇〇〇万クローネも削られたために、SAPの議員を含むNC議員の半数が抗議して退職した。これをきっかけに、独立したコミューンになろうという主張が大きくなった。独立を主張する住民の意見は、現在トシュランダNCでは税の支払い額がコミューンからの補助金額を上回っており、財政的にも独立が有利というものだ。しかし長期的に見た場合、将来的には高齢者も増加して老人ホームなども必要になる。独立すると独自に施設を建設する必要性が生じるため、財政的には独立に合理性はない。NC内に移民の人口比率が少ない理由の一つは、過去に移民のための住宅建設の話があったが、反対住民の運動で中止になった。彼らは環境が悪化することに反対なのだ。決して住民多数の声を代表しているわけではないが、メディアの利用などに長けているため、影響力をもった。

住民参加の一例だが、北部地域の社会サービスプランを立てるにあたって地域の住民に七つのグループをつくってもらい、店舗の配置などについて討議して決めていったことなどがある。このときにはコミューンの都市計画局の当初案ではセンターの設置場所が大きな道路を越えた場所に予定されていたが、住民の反対意見がつよく道路の内側に変更された。[25]」

（3）ラリエダーレン（Larjedalen）NC

ラリエダーレンNC地域は人口二万人で、移民の集中地域である。ABF（SAP系サークルの全国組織）イエテボリ支部の常勤役員でもあるNC議長による説明は次のようなものであった。

「ラリエダーレンNCでは議員の五五％が移民であり、移民の声を直接NC議会に反映することができる。私が議長になってからサークルの活動を補助する予算を倍に増やした。サークルの意見をNCの運営に直接反映させる公式の仕組みはないが、ラリエダーレンNCでは議会のもとに小委員会を設けており、ここに所属する議員がサークルの代表とも連絡をとっている。この地域では移民を地域に溶け込ませることが大事だが、スウェーデン語の学習サークルをつくることで移民の間での交流を拡大することによって安定したコミュニティをつくり、また彼らが求めていることを協議することもできる。SAPの立場でいえば、サークル内から活動家を党員にすることもできる。イエテボリには全部で八〇〇〇のサークルがあり、各々一〇名程度の会員をもっている。ABFはLOとSAPとの連携が強く、イエテボリでは六〇〇〇のサークルをその傘下に擁している。うち一〇〇〇は移民のサークルである。こうしたサークルは民主主義を育てる役割を果たしている。

住民の参加について、ラリエダーレンNCでは学校委員会にならって公立保育所にプレスクール委員会を設けている。ここでは親が多数を占めるようにしており、予算の枠内で保育所の運営を決定する。たとえば設備の修繕に予算を使うか、それとも本の購入に使うかなどは委員会が自由に決める。これに対する職員の反応は積極・消極の両面あるが、労働組合レベルでのまとまった対応はなく個々人の範囲のもので、実際には所長の姿勢が大きな役割を果たしている。NC議会への住民の傍聴は一般的には少ないが、関心がないわけではない。何か問題がある場合には大勢集まる。いつでも敏感に対応できる状態になっている。」

同議長は、個人的な経験として、子どもが小さいときに親による協同保育所をつくり、その後に二〇〇人の生徒（七―一六歳）をもつ協同組合学校をつくったと話していた。当時の中央政府は協同組合による学校の設置を認めていなかったが、経済危機と非社会主義ブロックの政府のときに、いまが好機だと考えてストックホルムまで行き、親による設置のほうがコスト的にも安くつくことを訴えて認可を働きかけたという。公立の学校に特別問題があるわけではないが、自分たちで学校の運営をしてみたかったからだ、とその動機を語っている。(26)

5　全般的な特徴――分権化・総合化と低調な市民参加

以上に紹介したNCの現状について、主に住民参加の点から検討してみたい。

全体として指摘されるのは、市民の消極的な姿勢である。NCはコミューンから委任を受けた業務の執行にあたるだけでなく、都市計画その他コミューンの権限に属する業務についても意見を述べるなど、地域代表としての役目を果たしており、NC議会は通常月一回、夜間に公開で行われている。しかし、住民の参加はあまり活発でなく、どのNCでも議会の傍聴者は重要な案件のある場合を除けばせいぜい二―三人程度という。この点はNC改革が下からの民主主義運動の結果としてではなく、行政内部からの改革という側面が強いことも影響していると思われる。

NC議会をとおした市民参加という間接的な手法のほかに、コミューンが進めているのは、各サービスの利用者が直接サービスの執行に関与するための利用者組織の設置である。利用者組織の代表的なものは学校委員会であるが、これは地方自治法で助言・勧告のための利用者委員会として各学校に設置することが規定されている。筆者が訪れたチューベセイブNC（イエテボリ）のある学校の委員会は、親四、生徒三、教師二、校長一で構成されていた。このうち四人の親は、全校一八のクラスから各二名、計三六名の親が母体となって選出される。委員会での実際の議論は学校の設備その他が中心で、教科の内容には権限は及ばない。学校運営にかかわる意志決定への参加という側面をもつ学校委員会は、このＮＣに限らず全般的にあまり活発ではないようである。反面、任意の組織である「親団体（parents organization）」には半数の親が入り会費も払っている[27]。

ＮＣ改革に対する市民の関心が低い理由として、次の要因が指摘されている。第一は、従来の福祉国家が住民を主にサービスの受け手として捉えてきたことの反映とするものである。住民は地方政府を第一義的にサービスの提供者としてみており、関心があるのはサービスの質と効率であって、地方政府の行政組織の問題は人々に大きな関心を呼ばないことである[28]。第二は、メディアによる批判的な取り扱い、およびＮＣ実施直後の財政危機にある。イエテボリを襲った厳しい財政事情のもとでのＮＣの設置は、予算の削減にともなう責任がＮＣに押し付けられることを意味し、ＮＣは福祉とサービスの切り捨てに対する市民の不満の標的になったことである[29]。第三は、ＮＣ議員が市民による独自の投票によって選ばれるのでなくて、コミューン議会選挙での各党の得票率に応じた議席配分の結果として決められていることである。この点をめぐる議論については後述する。

（1）Montin, S., *Neighbourhood Councils in Sweden 1980–1993*, Paper for Presentation at the Colloquy on Size of Municipalities, Efficiency and Citizen Participation, Budapest Council of Europe, 1994, p. 2.

（2）Westerståhl, J., "Local Self-Government in Sweden," in S. Jonsson, *et al*. eds., *The Decentralized City* , BAS Publisher, 1999, pp. 28–29.

（3）Montin, op. cit., p. 8.

（4）Ibid., pp. 2–3.

（5）Johansson, F. and H. Back, *Political Decentralisation in Major Scandinavian Cities*, Goteborg University, 1998, pp. 4–5.

（6）Göteborgs Stad, *City of Göteborg Annual Report*, 1996, pp. 55–80.

（7）Westerståhl, J., "Decentralization and Integration in Göteborg," Jonsson, *et al*. eds., op. cit., p. 242.

（8） Jonsson, S. and R. Solli, "Housekeeping? Yes, But Which House? Meaning and Accounting Context-A Case Study,' *Scand. J. Mgmt*, Vol.13, No.1, 1997, p. 34.

（9） Jonsson, S. and R. Solli, *Bearers of Reform*, Paper to the Conference Managing the Big City in Goteborg , 1997, pp. 10–11.

（10） Nilsson, L., "Göteborg — A Decentralized City," in Jonsson, *et al.* eds., op. cit., pp. 38–48.

（11） Jonsson and Solli, *Bearers of Reform*, op. cit., p. 11.

（12） Westerståhl, J., "Representative Democracy — Politicians Role," in Jonsson, *et al.* eds., op. cit. p. 140.

（13） Jonsson and Solli, *Bearers of Reform*, op. cit., p. 29.

（14） Nilsson, L., "Representative Democracy," in Jonsson, *et al.* eds., op. cit., pp. 74–103.

（15） 筆者が一九九九年一〇月に行ったイエテボリコミューンの財政担当者へのヒアリングおよび同コミューン資料による。

（16） Bokenstrand, C. and B. Broström, *Utvardering Av Resursfordelningsmodell*, Bokforlaget Bas, 1998, pp. 11–17.（スウェーデン語からの翻訳は新潟大学現代社会科学研究所ＴＡの福本歌子氏による。）

（17） 一九九八年三月に筆者が行ったヒアリングによる。

（18） Westerståhl, J., "Decentralization and Integration in Göteborg," in Jonsson, *et al.* eds., op. cit., p. 260.

（19） 筆者が一九九九年一〇月にＢ・ブロルステレームから直接受け取った次の論文による。Brorström, B. and R. Solli, "Accounting Models Matters, Göteborg University School of Public Administration," 1998, pp. 16–18. この論文の趣旨は次の論文にも再論されている。Brorström, B., "Accrual Accounting, Politics and Politicians," in *Financial Accountability and Management*, Vol. 14, No.4, 1998, pp. 319–333.

（20） このほかにもたとえば、筆者が一九八七年に行ったイタリアのボローニャの地区住民評議会についての調査においても、コミューン財政担当者から、分権化が財政の効率化を進める上で有効な手段であることが強調されていた。強調されたのは、財政の収入と支出とが市民の目に見えるレベルで行われることである。イタリア地域経済研究会『イタリアの挑戦』大阪自治体問題研究所、一九八九年、一五六―一五七ページ。

(21) Jonsson and Solli, "Housekeeping? Yes, But Which House?" op. cit., pp. 19-37.
(22) Ibid., pp. 19-37.
(23) 筆者が、セントルムNCチーフディレクターのL. Jarvsenに、一九九八年三月に行ったヒアリングによる。
(24) 三つのNC地域のコミューン化についての住民投票結果（一九九八年）

（単位：%）

	アスキムNCのコミューン化		トシュランダNCのコミューン化		エルブスボリNCのコミューン化	
	賛成	反対	賛成	反対	賛成	反対
アスキム地域	66.0	34.0	60.5	39.5	56.9	43.1
トシュランダ地域	55.9	44.1	66.0	34.0	52.6	47.4
エルブスボリ地域	48.9	51.1	50.2	49.8	53.0	47.0
以上を除くイエテボリ	11.4	88.6	12.5	87.5	12.1	87.9

出所：イエテボリコミューン資料

(25) 筆者が、トシュランダNCのディレクターG. Rydenに、一九九八年三月に行ったヒアリングによる。
(26) 筆者が、ラリエダーレンNCのチーフディレクターG. Westerlingに、一九九九年一〇月に行ったヒアリングによる。
(27) 一九九八年三月六日に筆者が行ったヒアリングによる。なお、筆者のヒアリングの結果ではイエテボリコミューン内の他のNCやルンドコミューンのNCでも同様の状態であった。
(28) Westerståhl, J., "Decentralization and Integration in Göteborg," in Jonsson, *et al.* eds., op. cit., p. 246.
(29) Nilsson, L., "Representative Democracy," in Jonsson, *et al.* eds., op. cit., pp. 93-98.

第三節　NC改革の到達点
——地域自治の主体形成——

1　NCの総括視点——自由選択社会の政治構造とNC

コーポラティズム型福祉国家の転換点におけるNCの位置づけを考えるにあたって、注目すべきは次のような論点である。

第一の点は、集権的伝統のなかで、「地域での解決」を目指した改革の困難さについての指摘である。問題のポイントはスウェーデン市民が、地方政府の運営についての決定に影響力を行使したり、または参加するような経験を歴史的にもっていないことである。福祉国家の成長は中央が決定した詳細な規制・制度をともなっており、地方が影響力を行使する余地はほとんどなかった。それはやっとここ一五年の間に徐々に解体し始めているが、地方政治家も行政職員もまた市民も、こうした変化についていくことができずにいる。一つの制度としてのNCの存在理由は、自治体の枠組みのなかで「地域での解決」をもたらすことにあり、それはコミューンのサービスを地域の声や需要に応じて多様化させる可能性を与える。しかし、地方政治の新しいチャンネルを活用することについて、市民の関心はこれまでのところ高くはない。福祉国家は長期にわたって、すべての市民に対して、どこに住んでいようとも平等な条件と同一のサービスを提供するという、明確な目標をもっていた。「地域での解決」は、地域ごとの諸条件やニーズにしたがった多様なサービスの提供や、状況に応じて立案された非画一的な解決を含んでおり、これは伝統からの大いなる逸脱である。一九九七年のイエテボリコミューンの予算提案は、次のように述べている。「われわれの目標は、さまざまな違いに適応する環境を創造することであり、進んだ事例に注目しそれに報いることである」。これは新しい発想であり、実を結ぶか否かは将来に待つべきである。

第二の点は、地域の民主主義を高めようとした改革が、従来の地域政治にはなかった「利用者」という新たな主体への注目をもたらしたことである。スウェーデン政府は、政策形成に利用者や消費者の参加を求める法律によって、分権化を一層進める態度を表明した。その一環として、スウェーデンの公共施設のなかでも国家による規制が徹底していた学校に、先述したように学校委員会が制度化された。この制度が注目されるもう一つの理由は、学校委員会では、政党組織を介さずに利用者のなかから直接委員を選出することが前提されている点である。この意味で、「利用者代表」とはスウェーデンの公共セクターでは聞きなれない概念であって、頼るべき過去の経験はなかった。これらは、代表制民主主義に一つの段階を画することを意味している(1)。

以上のような指摘は、集権的・コーポラティズム型の自治体政治構造が転換点に立たされるなかで、「地域での解決」と「利用者代表」という二つの概念が、キーワードとなることを示唆している。

L・ニルソンは、新たな制度の創設は同時に政治的な行動の型をつくり、政治的アクターの戦略やアイデンティティーの形成に影響すると指摘した上で、NC改革を総括するための視点を提示している。ここで方法論的な視点として念頭におかれているのは、次の点である(2)。

第一に、政党のもつ影響力の大きさが、スウェーデンにおける地域の政治構造を論じるにあたっての、与件もしくは出発点としての意味をもつとともに、反面で、その影響力が相対化しつつあることである。この場合、あらためて政治家・議員の役割とその正統性の根拠が問われることとなり、結果的に市民に身近なレベルの政策決定者としての役割に焦点があてられることになる。

第二に、政党のもつ影響力の相対化を念頭においた上で、市民と自治体との関係を検討するにあたっては、市民の概念を再構成することの必要性である。具体的には、「市民」を投票権者・納税者・自治体職員・サービス利用者・

対象者という、各々の側面に分割する視点が示される。とりわけNCと市民との関係を論じるにあたっては、具体的なサービスの対象者という意味でのユーザーとしての役割に、特別の注意を払うことが有効であるとする。

第三に、ユーザーとしての市民意識と政党との、ある意味での緊張関係である。これまでの調査結果では、政党間の争点となっている公共セクターの規模や税率やサービスの民営化などの問題に対する市民の評価や態度は、支持政党や一般的な政治姿勢と大いに関連していた。しかしサービス内容への評価については、まったく異なったパターンが見られる。自治体のサービスをしばしば利用している人々の評価は非利用者よりも一貫して積極的である。この意味では、ユーザーとしての立場は政党の影響力をある意味で相対化させている。利用者組織などを公共セクターの運営主体として制度化することは、一層多くの人々を自治体の諸課題に巻き込むだろうし、それは公共セクターのサービスに特別の関心をもつ利用者が組織され、そのことによって公共的な問題により強力な発言力をもつにいたることを意味する。反面、こうした利用者組織は政治家としてのNC議員との間に一定の矛盾をはらむ傾向を生むことになる。(3)

第四に、スウェーデン社会での組織率の高さである。一九八九年のイエテボリコミューンの調査では、市民の六〇%が、調査対象となった組織の二つ以上に属していた。こうした諸組織はNCと一般市民との間の結び目を提供しており、相互間の知識や見解の水路としての役割を果たしている。注目されるのは、NC議員が個人としても自主組織やコミュニティサービス組織のなかに幅広い基盤をもっていることであり、多くの例ではこうした組織での経験が、彼らを政治活動と結びつけた要因であったとされる。

以上を踏まえた上で、NC改革の結果として、NC議員が、計画―意志決定―実施―総括・評価という政治的な意志決定過程の一連の流れ全体に影響力を行使する機会を得たことが指摘される。(4) ここでの前提は、政治家・議員がもつ市民代表としての機能と、政策決定者としての機能とが相互補完的な関係にあることにある。(5) 言い換れば、真の意味で住民の代表者自身が政策決定者になりつつあることを意味しており、NC議員にこうした役割を与えているのは、

NCが持つユーザーとの近接性と権限範囲の総合性にあるといえる。こうした視点に立つならば、地域の政策決定主体としてのNCの現状を見る上で重要なのは、NC議員と選出母体である政党やその地域組織との関係であり、とりわけNC議員が地域に対してもつ帰属意識である。一九九一年の調査によれば、仮に自治体全体のレベルと地域組織とで党の代表者の意見が異なった場合の対応について、NC議員の大部分が、地域レベルの立場に立つことを表明している。このような地域への帰属意識は、NC議員のほとんどが、NCの発足によって市民との接点が増えたとしていることともかかわっている。改革の結果、判断材料として地域活動の重要性が高まったとされ、政治家たちの情報源として、実際に自治体サービスとの接触、とりわけ個人的なコミュニケーションが重要性を増している。NC議員が、NCの業務や地域の課題をよりよく把握できるようになったことは、コミューンの代表制民主主義が地域レベルから大きく強化されたことを意味する。

以上のような指摘は、政党を核としたコーポラティズム型の集権システムが動揺するなかで、地域レベルでの統治主体が、一方ではユーザーとしての市民の組織化と、他方では市民と直接結びついたNC政治家の形成という形で、一定の緊張関係をはらみながらも生成しつつあることを示唆するものであろう。それは直接民主主義・市民参加と代表制民主主義との両者の発展と、それにともなう一定の緊張関係を示すものであり、自治体を住民の共同組織として再生する上での主体形成の道筋について、貴重な示唆を与えるということができる。

以下では、NC改革による地域レベルでの統治主体の形成という点に注目して、これをめぐる論点を検討する。

2　NC改革をめぐる争点

（1）中央対地方関係

F・ヨハンソンらは、各都市でのNCの実施が地域を代表する政治主体の形成についても、積極的な面をもったことをあげている。

「政治家の役割についての多くの調査結果は、民主主義の面で積極的な影響があったことを認めており、NCの政治家たちは自他ともに地域の政治家として認められている。彼らは地域の現状についての多くの知識と、地域の住民との幅広い接点をもっている。さらに、従来の中央の部門別委員会の委員との比較では、NC議員は一層ゼネラリストとして政治に対応しており、職業的な官僚の影響下に容易に陥ることはない。」「NCは、コミューン全体の予算の五分の二から四分の三を占める大きさのサービスを提供するにとどまらず、各々の地域の『地域代表』としての役割を果たすことが想定されている。彼らは、コミューンや他の公共機関や地域の民間企業に対して、各々の地域の利益を代表するとともに、地域に影響を及ぼすと思われる問題に対してはコミューン議会の権限であっても、見解を表明する役割が認められている。(6)」

地域レベルでの統治主体が形成された場合には、コミューンとNCの間にある種の「中央対地方の緊張関係」が生じることとは当然に予測しうることである。問題となるのはNCの独立性の範囲と自治体の調整能力との関係である。この点は次に示すような、NC議会の直接選挙をめぐる論争とも直接かかわっている。

ヨハンソンは、スウェーデンをはじめとする北欧諸国で、NC議員がコミューン議会によって間接的に選ばれる仕組みは、地域の住民によって直接選出されている諸外国の類似の制度とは対照的であるとする。北欧、とりわけスウェーデンでは、NC議員を各地域で直接選挙によって選ぼうとする試みに対して激しい反対があった。(7) ニルソンは、NC議員の直接選挙に反対する主な理由は、コミューン全体としての調整を混乱させることにあるとする。コミューン議会とNCとで多数を占める政党が異なる場合には問題が起こりうるし、各地域に社会主義または非社会主義者の固定的な多数派が存在する現状で、財政の緊縮化などに直面した際にはコミューン議会の困難は拡大する。他方、地域住民の代表としてのNC政治家の役割と、地域の多数者にしたがって政策運営を行う彼らのあり方からすれば、直接選挙を主張することになる。(8) こうした議論にも見られるように、NCの指向する「地域での解決」が、新たな問題として自治体内部に「中央対地方」の緊張関係を生じることは明らかであろう。

コミューンとNCとの相互関係を考える上では、次の点が念頭におかれるべきである。

第一に、NCに配分される予算額が、自治体財政全体の六割前後にも達することである。とりわけ特別市であるイエテボリコミューンは、従来、ランスティングとしての位置づけで権限を有していた医療や産業にかかわる業務が、後述するように、広域自治体としてのリージョンの発足にともなってそこに移行したため、コミューンの権限の多くがいわば上位と下位のレベルに移行してしまったことである。別言すれば、コミューンは広域自治体と狭域自治体への改革の狭間に立たされて空洞化しつつある。

第二は、コミューンの経済・財政面での戦略と福祉水準を維持する政策との間の、矛盾と調和の必要性という問題である。イエテボリコミューンは産業構造の高度化とハイテク化を進めるとともに、グレードの高い住宅地域を開発して高所得階層の転入をはかろうとしているが、その一方で移民の集中する地域が出現するなど、地域間の格差の固定化と拡大が進みつつある。ニルソンが指摘するように、大都市は一方では平等化と再分配の必要性と、他方では魅力的な生活環境の提供に向けた隣接する自治体との競争との間で、微妙なバランスを打ち立てなければならないのである。

第三は、政党支持にかかわって鋭い地域的な相違が見られることである。所得階層の高い地域での保守党の圧倒的な優勢と、所得階層の低い地域でのSAPの優勢といった傾向が顕著に見られ、これは各NCの住民階層の間での、社会的経済的な格差の拡大を反映している。

NCの調査にかかわったイエテボリ大学の研究者との議論では、コミューンが実質的な調整者としての役割を果たす上での問題点として、NCへの透明な予算配分方式が実施された反面、各NCの事業を評価する手法が確立されていないことが指摘されていた。ここでのポイントは、コミューンによる調整機能の基本的な役割をどのように捉えるかの点にあろう。NCに対して客観的な指標にもとづく予算を一般財源として配分するシステムは、基本的には各NCによる「地域での解決」を前提したものであるが、この場合、コミューンに要求されるのは、いわばコミューンミニマムの設定とその保障とに限定されるべきか否かであり、これは、一層の議論と検討を要する点である。また、NCの独立といった主張が見られることからも、今後の展開のなかでNC間の階層格差がどのような形で進んでいくのか、またそれがコミューン全体としての所得再配分をともなう平等なサービスの提供という要請と、どのように調和していくのか、興味深い点である。

(2) 政党間の論争

NCの評価をめぐる最後のポイントは、集権型システムの転換をめぐる諸改革のなかでの、NC改革の位置である。NC改革について、イエテボリの各党のNC議員は積極的に評価しているが、穏健党はきわめて消極的で、一九九四年には現存するNCを廃止して、新たな組織に置き換える案を提出した。穏健党の提案はコミューンの行政全体を市場型モデルに移行させることを念頭においたものであり、そこでは政治家の役割は行政目的の設定に限られ、個々の住民がサービスの選択をとおして影響力を行使することが重視されていた(9)。このように自治体改革の方向性をめぐる政党間の対立によってNC改革が左右される事態は、ほかのいくつかの自治体でも見られる。スウェーデン第三の大都市であるマルメでは、一九九一年に三つのNCが実験的に開始されたが、同年の選挙で多数を占めた穏健党によって改革は中止され、改革の焦点はプライバタイゼーションと購入・提供分割モデルに移行した。しかし、一九九四年の選挙でSAPの優位が復活し、購入・提供分割モデルは廃止されてコミューン全域に一〇のNCが設置された。穏健党は一九九八年の選挙で多数を占めた場合には、NCを再び廃止すると宣言していた(10)。

ルンドコミューンでは、一九九八年の選挙でコミューン議会の多数を占めた非社会主義ブロックによって、SAP

の主導で実施されてきたNCの廃止が決定された。筆者がコミューン議会による廃止決定の直前に行ったコミューンの幹部職員へのヒアリングによれば、廃止の理由は明確でなく、穏健党がNCの廃止を強行するのは、「NCがSAPの子どもだからではないか」といったものであった。一方で、非社会主義ブロックに属する自由党の議会コミッショナーは、住民がNCのような市政一般に対する参加には興味をもっていないことを強調していた。ルンドコミューンでは協同組合活動が盛んで、保育所の二割と五つの小学校が父母による協同組合方式で運営されているが、住民の関心は小さい子どもがいれば保育所や学校という形で、個別の問題に限定されているという。(11) 穏健党の議会コミッショナーも同様の指摘をするとともに、具体的な改革案の一例として、各学校の校区を廃止して生徒がコミューン全体の学校のなかから自由に選択する方式に切り替えた上で、各校が獲得した生徒数に応じて学校予算を配分する方式に変更する方針をあげていた。従来、学校への予算配分は各NCの権限であり、学校・高齢者ケア・幼児ケアなど諸事業のなかの優先順位の決定と予算配分は各々のNCが行っていたわけであるが、NC廃止後には予算配分の権限をコミューンに集中させた上で、各学校間での競争をとおして改革を行おうというものである。(12) これは換言すれば、コミューンの公共サービスにコミューン規模の競争原理を導入するために、分権的な機構は廃止するものと捉えることができるであろう。これに対して左翼党のコミューン議員は、NCの廃止をめぐる論争を市場（market）と政治（policy）の対決であるとする。NCへの市民の参加は確かに少ないが、これはいうなれば教育の過程である。問題は民主主義を高めることにあるが、非社会主義ブロックは市民を単なるサービスの受け手に格下げしようとしているという主張である。(13)

（3）NC改革の総括——政治・行政機構の転換と二つの論点

ヴェステルストールは、スウェーデンの地方民主主義の組織には、二つの改革方向があるとする。伝統的なモデルを踏まえた改革では、民主主義は選出された多くの代表者の参加をとおしてこそ支えられる。政治と選挙民との接点は拡大され、一層多くの人々が共同体の事務の運営をじかに目にすることになる。他のモデルによる改革では、選出される代表者の数は著しく減少し、公共の意志は個々人によるサービスの選択をとおして示されることになる。NC改革をも含む前者の改革が成功するか否かは、市民が政治に参加し自発的に責任を担おうとする主体的な意志にかかっている。同時に、分権化モデルとその他のモデルとは必ずしも排除しあうものではなくて部分的には並存しうる(14)。

こうした指摘を念頭におくならば、NC改革の過程とその背景が提起しているのは、政党組織を媒介とした集権型・コーポラティズム型の政治・行政システムが動揺するなかでの、収斂方向をめぐる論点である。イエテボリでのNC改革はその過程から見る限り、従来のコーポラティズム型システムを担ってきた政党の側から、その影響力を時代の変化に見合った形で維持するための戦略として提起されたものと見ることができる。NCの将来像を見る上でのポイントは、地域レベルでの政治・行政主体の形成が、結果的に際限のない分散化に向かうかどうかの点であり、さらに広く捉えれば、福祉国家システムの代案としての個人への注目と分権化が、公共セクターの解体に向かうのか、それとも新たな統治主体の形成を生み出すのかという点である。

こうした問題意識から見るならば、ニルソンらの指摘は、「地域での解決」と「ユーザーとしての市民」さらに、「代表者であるとともに政策決定者としての政治家・議員」という三つの要素を踏えて、NC改革を、地域政治のレベルでの主体形成に着目して評価するものであるといえよう。実際、イエテボリNC改革の過程を見るなかで注目されることは、改革をとおして地域レベルでの政治主体が生まれつつあることであろう(15)。しかし、その歩みは、NC議員選挙が間接選挙であることなども含めて、いまなお過渡的な段階にあるといわざるをえない。

（1） Westerståhl, J., "Decentralization and Integration in Göteborg," in Jonsson, *et al.* eds., op. cit., pp. 252, 259, 265.

（2） Nilsson, L., "Representative Democracy," in ibid., pp. 68–69.

（3）Ibid., pp. 74–103.

（4）ここであらかじめ念頭におくべきことは、スウェーデンの自治体議員のいわば大衆性である。地方議員は基本的に無給であり、一九七九年の調査によれば三分の二の議員が議員としての職務と日常の仕事や家庭生活との間に矛盾があると回答している。このため一九六〇年代以来、有力な議員にコミッショナーとして有給でフルタイムを保障する自治体が増えており、一九八六年には全国で二六九の自治体が合計五三一人の、またランスティング議会ではフルタイムとパートタイムとをあわせて合計で一六四人の、こうしたコミッショナーが置かれていた。Gustafsson, A., *Local Government in Sweden*, Swedish Institute, 1988, pp. 106–107. これらは、その評価はともかく、ある意味では特権階級化した観のある日本の自治体議員とは対照的な側面をもっている。

（5）Nilsson, op. cit., pp. 70–73.

（6）Johansson, F. and H. Back, *Political Decentralisation in Major Scandinavian Cities*, Göteborg University, 1998, pp. 7–10.

（7）Johansson, F., *Local Government in Nordic Big Cities*, Göteborg University & Tromso University, 1997, p. 7.

（8）Nilsson, op. cit., p. 85.

（9）筆者が一九九九年一〇月に行った、保守党ヴェストラヨータランドリージョン議会コミッショナーへのヒアリングによれば、保守党のＮＣに対する評価は、課税権のないＮＣは「翼のない鳥のようなもの」というものであった。保守党の政策は、ＮＣに代わって課税権をもつ完全な自治体として五つの地域委員会を設けることである。ただし、ＮＣの廃止を主要な公約に掲げた一九九四年の選挙では保守党が議席を減らしたため、これ以降、ＮＣの廃止は政党間の主要な争点にはなっていないとのことである。

（10）Johansson and Back, op. cit., p. 5.

（11）筆者が一九九九年九月に行った、自由党ルンドコミューン議会コミッショナーの T. Klette へのヒアリングによる。

（12）筆者が一九九九年九月に行った、穏健党ルンドコミューン議会コミッショナーの C. Jonsson へのヒアリングによる。

（13）筆者が一九九九年九月に行った、左翼党ルンドコミューン議員の M. Olson へのヒアリングによる。

(14) Westerståhl, op. cit. p. 266.

(15) D・バーンズらは、ロンドンの二つの自治体(バラ)で実施されている近隣議会——各地域に直接選挙による独自の議会を設けて広範な権限を委ねるもので、スウェーデンのNCときわめて近い——の役割をハーシュマンのモデルを援用しながら次のように総括する。従来、公共サービスの感応性を高める手法としては、市場メカニズムの利用と市民の発言力をとおした外部からの圧力の二つが指摘されてきた。しかし、商品に不満な場合、乗り換えという市場メカニズムによって消費者の選択を高める論理を、自治体行政全般に適用することは不可能であり、またそれは、必然的に格差構造をともなう公共サービスへと導く。市民の発言力を高めることは重要であるが、外からの圧力によって公共セクターの変容を求めようとする点で限界がある。これに対して、都市内分権すなわち包括的な権限と機能をもつ近隣議会の設置は、地方政府の内部に感応的な機能・体制を設ける点で新たなモデルといえる。こうした論点と比べたとき、ニルソンによるNCの評価は、地域レベルの政治主体形成という意味で、より広い視点からの総括ということができる。Burns, D., *The Politics of Decentralization*, Macmillan, 1994, pp. 21–29.

第四節　グローバル化のなかでの広域自治体改革
——EU統合とリージョン——

1 「国家主権の相対化」とリージョン

(1) EU加盟とスウェーデンの動揺

L・マイルズは、EU加盟をめぐるスウェーデンの政治状況を左右する四つのポイントを「スウェーデンのダイヤモンド」(図4-3)と名づけて、その相互関係と変化を捉えている。(1) 第一のポイントは、成熟した民主主義の国としての情報公開をとおした透明な政治プロセスと、「人民の家」のスローガンに象徴されるような統合的で合意を重視する政治スタイルである。第二のポイントは、中央交渉システムにもとづく賃金水準全体の引き上げや、普遍的な福祉制度をともなうスウェーデンモデルである。政・労・使のコーポラティズムを基礎としたこのモデルは、スウェーデン企業の競争力の強化と繁栄の基礎として受け取られている。第三のポイントは、ヨーロッパへの輸出に大きく依存した産業構造である。政府のEU統合への指向は国際貿易の拡大に対する利害と関心を反映している。第四のポイントは、伝統的な武装中立政策であり、「平時の非同盟と戦時の中立」という原則は国民的なコンセンサスを得ている。これらのうちで、ヨーロッパに依存した産業構造という第三のポイントを除く他の三つのポイントは、全体として第二次大戦後の国民世論の基礎ともいえるものである。これに対してEUへの加盟は、主権の一部を超国家機構に委譲することをとおして、スウェーデンモデルの基礎を掘り崩すと受け取られてきた。

　こうした枠組みを大きく変化させたのは、冷戦体制が崩壊する一方でヨーロッパへの経済的な依存関係がこれまで以上に拡大したことである。経済のグローバル化にともなって海外投資の比重が拡大するなかで、一国レベルでの投資と雇用の循環を前提とするスウェーデンモデルは解体に向かった。

図4-3　スウェーデンのダイヤモンド

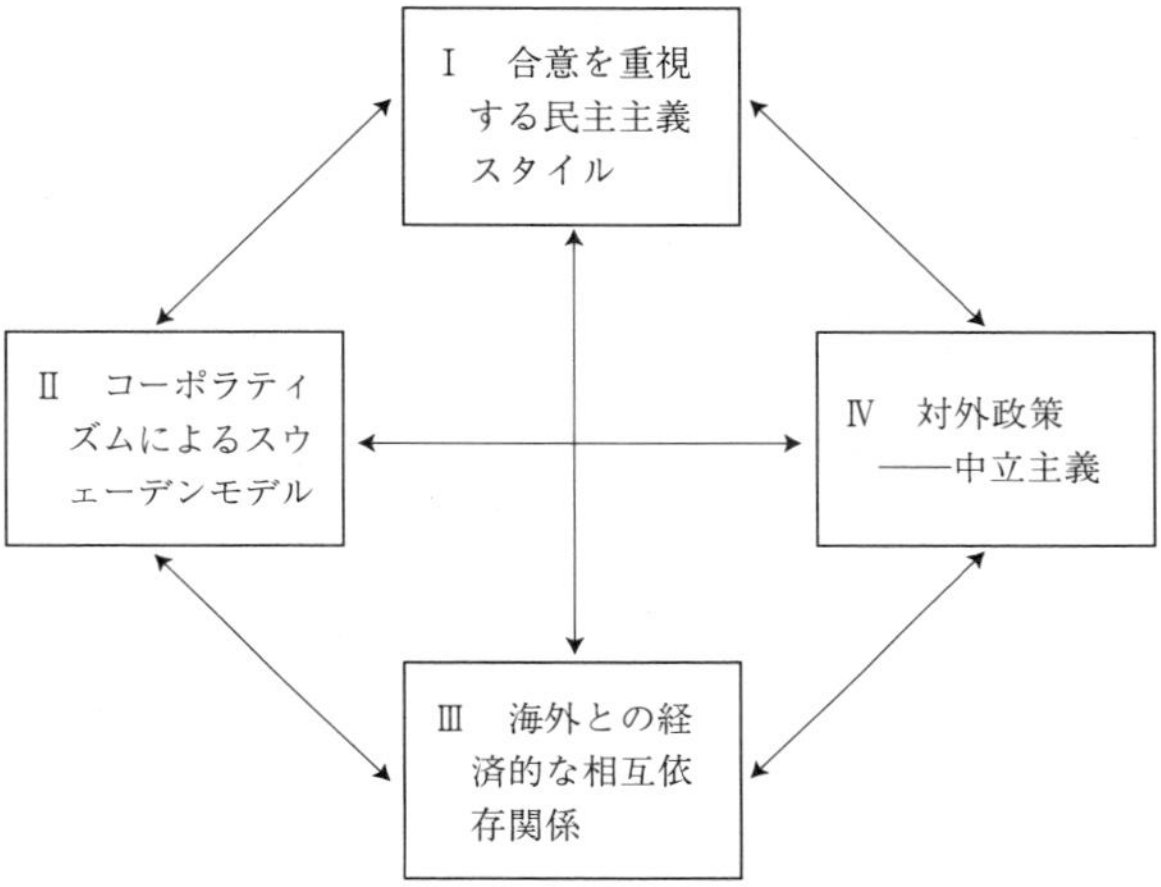

出所：L. Miles, ***Sweden and European Integration***, Ashgate Publishing, 1997, p. 17.

また、冷戦体制の崩壊のなかで、伝統的な中立政策はもはやEU加盟にとって障害とは見なされなかった。一九九〇年代初めの経済危機のなかで、資本の海外流失と失業率の急増に直面したSAP政府は、EU加盟を決定する。EUへの加盟方針を承認したLO執行委員会の立場は、雇用と福祉水準の維持は加盟によって輸出の継続的な増大を維持することによってこそ可能であるとするものであった。C・インゲブリッツェンは、多くの関係者へのヒアリングをもとに、SAP政府によるEU加盟の決定にいたる過程は、多国籍化したスウェーデン資本がイニシアティブをとったものであることを明らかにしている。(2) 政・労・使のコーポラティズムは、全体として加盟に消極的な国民に対して、EU加盟に向かって動いたわけである。マイルズは近著で、EUの通貨統合と加盟国の東方への拡大というEUの「深化と拡大」が、バルト海域への影響の拡大を目指すスウェーデン資本にとってますます重要になりつつあると指摘している。このようにスウェーデン政治全体は、「スウェーデンのダイヤモンド」の第三のポイントをめぐって展開しつつある。(3) 以下では、こうした経済のグローバル化を一つの背景として進みつつある広域自治体改革の現状を検討したい。

（2）広域自治体改革の過程

スウェーデンの広域自治体改革は、二つの要因によって進められているということができる。第一は、経済・社会活動の広域化を背景として、公共サービスや社会資本の整備を広域的に調整する必要性が高まったことである。第二は、EU統合にともなって、企業の立地と雇用の確保をめぐるヨーロッパ規模の競争に直接巻き込まれた自治体が、主として地域の産業立地上の優位を確保するために権限の拡大をはかろうとする戦略である。ここではまず、あらためて今日にいたる広域自治体改革の過程をまとめておきたい。

従来、コミューンを超えた広域行政の単位としては、一八六二年の地方制度改革でコミューンとともに設けられたランスティング（基礎自治体としてのコミューンとの関係では日本の府県にあたるが、権限は限定されている）が想定されていた。一方、中央政府による地域レベルの事業と自治体との調整は、主にランスティングと同じ地理的範囲に設定されたレーン（中央政府による地域段階での行政執行の単位）段階の総合事務所によって行われてきた。A・グスタフソンによれば、その過程は次のようなものである。

「国は各々のレーンに、レーン総合事務所の形で独自の行政機構をもっている。（自治体としての）ランスティング議会と（国の機関である）レーン総合事務所は、地理的には同じ領域をカバーしているが、義務は異なっている。レーン総合事務所は、政府が六年の期間で任命した知事が責任者であり、知事は一般市民で構成される総合事務所の理事会の議長でもある。この理事会は、自治体であるランスティング議会によって任命された一四人の一般市民からなっている。知事はキャスティングボードを握っている。一定範囲の主要な計画や他の重要な問題は理事の総会で決められる。ランスティング議会がレーン総合事務所の一四人の理事全員を任命することは、統合と共同の枠組みをつくるための政治的な妥協である。一九七一年に導入されたこの仕組みは、国家行政の分権化の要素をもっている。それ以前には、国のレーンレベルの行政はもっぱら知事によって実施されていた(4)。」

J・ヨハンソンによれば、この妥協の仕組みは、都市部での社会的経済的な影響圏域が従来のランスティングのエリアを超えて拡大したことなどの影響で、ますます行財政上の困難さを増していた。一九九一年に政府は、国際化が地方自治システムに与える影響を踏まえて、複数のランスティングを含む広域の段階での枠組みを検討するために政府委員会を任命した。この委員会は、当時二四あったランスティングを八—一二に統合する広域行政の形態について、国家による広域行政、コミューン間での協同による広域行政、独自の議会をもつ広域自治体としてのリージョンの設置という、三つのモデルを含む報告書を提出した(5)。

結果的に、広域自治体として直接選挙による議会と独自の課税権にもとづいた財政執行権限をもつリージョンを、実験的に設けることが時限立法の形で制度化され、一九九九年一月から三年間にわたって実施され、その後も継続された形になっている。リージョンには、環境・保健医療・文化・開発・交通の各分野の責任と権限、および中央の諸機関が実施する事業を含む空港や港湾その他のインフラストラクチャー整備の計画を、企画・調整する権限が与えられた。

(3) 超国家への集権化と地方への分権化

発足にあたっての以上のような過程と論点を踏まえるならば、リージョンの発足をもたらした客観的な背景には二つの要因があったといえる。第一は、国内的な要因であり、経済・社会活動が広域化するなかで、コミューンおよびランスティングとレーン総合事務所によって構成される地域行政のシステム全体が見直しを迫られていたことである。第二には、国際的な要因であり、とりわけ地域がEUや海外の資本と直接連携する構図が生み出されたなかで自治体に機動性をもたせるためにも、中央政府の権限の一部を委ねる必要が生じたことを背景としている。こうした自治の拡大と経済戦略上の要請という、ある意味では異質な面をもつ二つの背景要素が広域自治体改革のなかでどのように統合されるかという問題は、福祉国家の改革を展望する上でも興味深い点である。

注目されるのは、次のような論点である。

第一に、EUの統合にともなって、主権国家の枠組みが相対化しつつあることである。M・イェルネックは、ヨーロッパの主権国家が三つの側面からの挑戦を受けているという。「一方では上から、グローバル化によって、他方では下から、リージョンレベルでの独立指向によって。これにはさらに、急速に影響力を増大させている私的な経済部門の活動を加えねばならない」(6)。J・ギドランドは一層踏み込んで、ヨーロッパの工業化した諸地域は「ポスト主権」地域としての性格をもったとする。一方では、EU統合の結果として加入諸国家は互いの境界を稀薄にさせており、EUの政策や合意は多くの分野で座標軸として加入諸国を拘束している。他方、産業と金融資本の国際化が進んだことは、一国内においてすら政府が規制と監督を働かせることをむずかしくしている。EUの統合をとおして規制緩和とこれと並行した市場システムの強化が進められたことは、経済活動に対する国家の無力化を一層強めた。結果として、政治と市場との間におけるパワーシフトが、国家が無力化する一方で、広域自治体としてのリージョンと企業との新たな同盟関係に向けて展開している(7)。

第二には、以上のような背景のなかで進行しているリージョン化についての、自治と民主主義の側面からの評価である。J・ヨハンソンは、グローバル化とリージョン化の結果、二つの点で民主主義にかかわる問題が生じているとする。一方でグローバル化の進行は、市民に直接の責任をもたない人々がくだす諸決定によって、市民がますます多くの影響を受けることを意味する。他方でリージョンの政治は、幅広い準公式の諸組織や財団や非公式または個人的なネットワークによって大きく影響されており、結果的に政治的な諸決定とその遂行は、匿名の諸組織のなかに隠されている。したがって、市民にとっては、リージョンの政治責任の所在を見分けることを不可能にしている(8)。

こうした指摘を踏まえるならば、リージョンの評価にあたっての基本的な視点は次のようなものになるであろう。

第一には、リージョンの発足を現実化した主体についてである。リージョンの発足が、EU統合と経済のグローバル化を背景として、主に経済政策上の役割を念頭において進められたことは間違いないようである。ここで重要なことは、スウェーデンでは経済の発展と雇用の保障とを、いわば楯の両面として捉える意識が強いことである。それは反面では、資本のイニシアティブで進められているリージョンの経済政策に対する住民の側からの批判を封じ込める要因としても作用しうるであろう。

第二には、新たに発足したリージョンの制度と現状を評価する視点についてである。リージョンの発足が、経済のグローバル化を背景とした地域指向のなかで、中央政府権限の受け皿としての側面が強いことは疑いえない。リージョンに委譲された権限のうちで注目されるのは、中央政府が実施する事業を含む社会資本の企画と調整を行う権限である。それはリージョンによる経済開発の梃子としての役割を果たすものといえる。ここでのポイントは、経済開発の主体としてのリージョンの役割が、広域自治組織としてのリージョンの機能、もしくは多くのコミューンを傘下にもつ広域調整組織としてのリージョンの機能とどのように調和していくかという問題である。これは、リージョンの域内における投資の偏在と、経済発展の不均等への対応の問題であり、同時に長期的には各リージョン相互間の不均等発展の問題をはらむものである。

第三は、リージョン発足の過程と現状が、福祉国家から分権型システムへの移行を展望する上で、どのような論点を提起するかの点である。ここでのポイントは、経済のグローバル化を前提とした場合に、分権型福祉社会での国家と自治体の役割と機能を、どのようなイメージで捉えることができるかという点である。

以下では、こうした問題視角に立った上で、リージョン発足の過程と現状を、筆者の実態調査結果を含めて検討していきたい。

2　リージョンの発足と現状

（1）スコーネリージョンの発足過程と現状

スウェーデンの南端部に位置するスコーネリージョンは、二つのランスティング（クリチャンスタード、マルメフス）と、特別市としてランスティングの業務を兼ねるマルメコミューンの機能を合体させる形で、一九九九年に独自の議会をもつ広域自治体として発足した。この地域の中心都市はマルメとルンドの二つのコミューンである。マルメはエーレスンド海峡をはさんでデンマークの首都であるコペンハーゲンに隣接しており、ルンドもマルメに隣接した場所に位置している。マルメは造船業が集中していた都市であるが、その衰退のなかで失業率の高さにも苦しんでおり、コペンハーゲンとの一体的な開発をとおした再生を模索している。これを象徴するのが海峡を跨ぐブリッジトンネルであり、ブリッジトンネルの開通によって両都市は三〇分程度で結ばれるため、マルメからコペンハーゲンへの通勤も容易になる。スコーネリージョンはこうした地域開発を目的として、この地域一帯の自治体と各政党による中央政府に対する強力な働きかけをとおして実現したものである。スコーネリージョンの発足について、筆者が一九九九年一〇月に行ったヒアリングでの関係者の評価は次のようなものであった。

中央党国会議員の経験もあるリージョンの幹部職員によれば、リージョンの発足は、この地域の各ランスティングの間で分断されていた行政機関に統一性を与えるものである。たとえばこれまでバス・鉄道の運営は各ランスティングの権限だったが、これはスコーネトラフィケン（リージョンの権限のもとにある独立企業体）に一体化されて、広域的な交通もスムースに運営されるようになった。同時に、リージョンの戦略は明らかに大陸諸国に向いている。ブラッセルとの間を始終往復しているというこの職員によれば、社会主義体制の崩壊によって、バルト海沿岸諸国の開発の可能性が高まり、またポーランドも急速な経済発展を遂げているなかにあって、スコーネリージョンは地理的にも環バルト海の経済発展の中心的な位置にある。現在、コペンハーゲンから直接大陸につなぐためのもう一つの橋の建設が計画されており、これができればブラッセルともベルリンとも直通の位置に立つ(9)。

ルンド大学経済学科の教官でルンドコミューンの左翼党の議員は、リージョンの発足は地方自治を高めるためにも望ましいとする。ブリッジトンネルの効果は過大に考えられている面もあるが、コペンハーゲンとの一体的な経済発展は雇用を確保する上でも望ましい。左翼党と穏健党との間には多くの対立点があるが、投資を呼び込んで雇用を高める点では各党ともに一致している(10)。このように雇用確保の点からリージョンを積極的に評価する態度は、ＳＡＰをはじめ各党ともに共通していた。

（2）メディコンバレー開発とエーレスンド委員会

リージョン開発の中心は、海峡の両側に位置するコペンハーゲンとルンドの両市を中心とした地域に、薬品・化学関係の企業・研究機関が集中立地する「メディコンバレー開発」である。スカンジナビアの医療技術と薬品生産の六〇%がこの地域に立地するとされ、その集積利益を最大限活用して投資を呼び込むことが中心課題となっている[11]。この開発においては大学・研究機関が大きな役割を果たしており、両国の国境に跨るエーレスンド大学はこれを象徴している。ルンド大学国際局の責任者によれば、その概要は次のとおりである。

エーレスンド大学は、エーレスンド海峡をはさむスウェーデンとデンマーク双方の一一の大学と研究機関によって構成され、七〇〇〇人の研究者と一二万人の学生を擁して、多くの研究プロジェクトをもってメディコンバレー開発をリードしている。構成大学の間では、どの大学でも共通の単位が取れるように調整されており、このため大学間の交通費は割安になるように協議している。また、将来は博士号の取得を共通のものにすることが検討されている。エーレスンド大学の理事会は理事長をルンド大学とコペンハーゲン大学とが交替で出すようにしており、ルンド大学はエーレスンド大学の主たる構成員である。メディコンバレー開発の名称はもともとルンド大学から提案されたものであるが、適切な名前がないためシリコンバレーからもってきたのだという。ルンド大学の周辺ではメディコンバレー開発の一環としてサイエンスパークの拡大が進んでいる。これはイデオンセンター（Ideoncenter：家具会社ＩＫＥＡの金融部門の子会社ＩＫＡＮＯが株式を所有している）と、テクノポール（Teknopol：株式の五〇%をルンド大学が所有する開発会社）とが中心となった開発であり、多くの企業が研究機関を設置していてルンド大学の教員が進出企業にも席をもっている[12]。

国境に跨るメディコンバレー開発を主導する機関が、エーレスンド委員会である。この委員会は、海峡の両側のリージョンを含む自治体の高級官僚と有力な政治指導者とからなり、一二一人で政治的「議会」（同数のスウェーデン人とデンマーク人からなる）を構成していて、政治的な代表者はコペンハーゲンとマルメから交代で出している。イェルネクによれば、エーレスンド委員会は憲法上の拠りどころは欠いているが、それを実行力をもたない諮問機関とすることは決定的に間違っているという。委員会は重要な政治的意味をもつ諸問題を取り扱っており、たとえばエーレスンド地域に投資を呼び込む国際的なマーケティングについての全責任を負っている。また委員会は発足一年後に、両国政府からエーレスンド地域の持続可能な開発に向けたプログラムの執行だけでなく、それを準備・調整する責任も与えられた。これは明らかに政治的任務である。委員会は発足当初からメディコンバレー開発の積極的な促進者であり、多様な利害関係者間のコミュニケーションチャンネルとして、すべてのプレイヤーを交渉の舞台に結びつけている。こうしたエーレスンド委員会の立場は、二つの出来事によって著しく強化された。第一は、一九九四年のスウェーデン政府による、ブリッジトンネル建設の最終決定であり、それはブリッジトンネルとスコーネ地域およびストックホルムを結ぶ道路や鉄道など大規模な投資の決定をともなった。第二は、一九九五年のEUによるスウェーデンの加盟承諾である。EUへの加盟によってエーレスンド地域は構造補助金（Interreg II）の対象とされ、エーレスンド委員会は、総事業費二八〇〇万ECU（EUから一三〇〇万ECUと、スウェーデン・デンマークから一五〇〇万ECU）にのぼる補助事業プログラムの全体を運営している。(13)

（3）リージョン内の不均等発展

リージョンの発足をとおして投資が活性化しても、これがメディコンバレーに集中する限りは投資・開発の偏在が生じることはむしろ自然といえるであろう。この点では、ルンド周辺に企業が集中し過ぎるとする緑の党が、リージョン内での企業の分散立地を主張していることを唯一の例外として、各政党関係者ともにきわめて楽観的な評価が見られる。たとえば先述の左翼党の議員は次のように言う。

「スコーネリージョン内の不均等発展はあまり心配ない。リージョン北部には小規模の製造業が多いが、かなりの技術力をもっており、マルメの製造業もコペンハーゲンからではなく、北部の企業に部品を発注しているものが多い。マルメ—コペンハーゲン—ルンドの投資拡大による需要が北部の企業に波及し、リージョンの発足による域内輸送の改善の結果として一体的な効果が期待できる。(14)」

同じくルンドコミューン議会のＳＡＰコミッショナーは、筆者のヒアリングに答えて、ブリッジトンネルの開通によって、マルメをはじめとしたスウェーデン側の住民にとってはコペンハーゲンへの通勤が容易になるため、結果的に雇用の確保につながるとして評価している。ただし、デンマークの企業に対する監督や徴税の権限がないなかで、開発の負の側面がスウェーデン側に押し付けられる恐れはないかとの質問には、引き続き多くの課題があると答えるにとどまっていた(15)。

その一方、研究者からはリージョン内での投資の偏在を憂慮する声も聞かれる。イェルネクは、二つの点でプロジェクトに消極的な意見があるとする。第一は、マルメがコペンハーゲンに対して目下のパートナーとなることであり、このデンマークの首都が、経済的にも政治的にも主要な享受者となるとの指摘である。第二は、リージョン内の競争と反目である。一部のスコーネ市民は、マルメがスウェーデン側の支配的な立場に立つことに懸念を表しており、一方で、Sydsam（後述の「南部スウェーデン自治体連合」）の代表たちは、現在進められている統合過程がコペンハーゲンを中心とする限定的なエリアでの求心的な開発を生じて、そのほかのスウェーデン南部地域が取り残されることを心配している(16)。

C・フェルナンデスは、ヨーロッパ規模で進むリージョン化には、住民の歴史的・地域的な一体感にもとづく場合と、戦略的・機能的な思惑に発する機能的リージョンとしての性格をもつ場合との、二つのタイプがあるとする。スコーネを含む機能的リージョンの特徴は、「リージョン規模の成長と開発には、自治と柔軟な政策運営が必要である」という、エリート層の信念に発していることである。反面、そこでの内部的な結合はきわめて弱く、内部的な団結が、ある場合には中央政府との対抗上強められたり、またある場合には資本と政策決定者との間の強固な同盟関係にもとづいて、人為的に形成されている。しかし、こうした関係は長期的には維持することがむずしいとする(17)。

リージョン内における投資の不均等についての評価の相違を考えるためには、リージョン議会がマルメから鉄道で一時間あまり北部のコミューン（クリスチャンスタード）におかれているなど、主要な機関をリージョン内に分散立地させる配慮がなされている点にも考慮する必要があるであろう。見方を変えれば、リージョンは投資の偏在に対して均等な発展を促すための手段とも考えることができる。いずれにしてもリージョン開発と域内のコミューンとの関係は大きな論点といえる。

図 4-4　ヴェストラヨータランドリージョンの政治組織

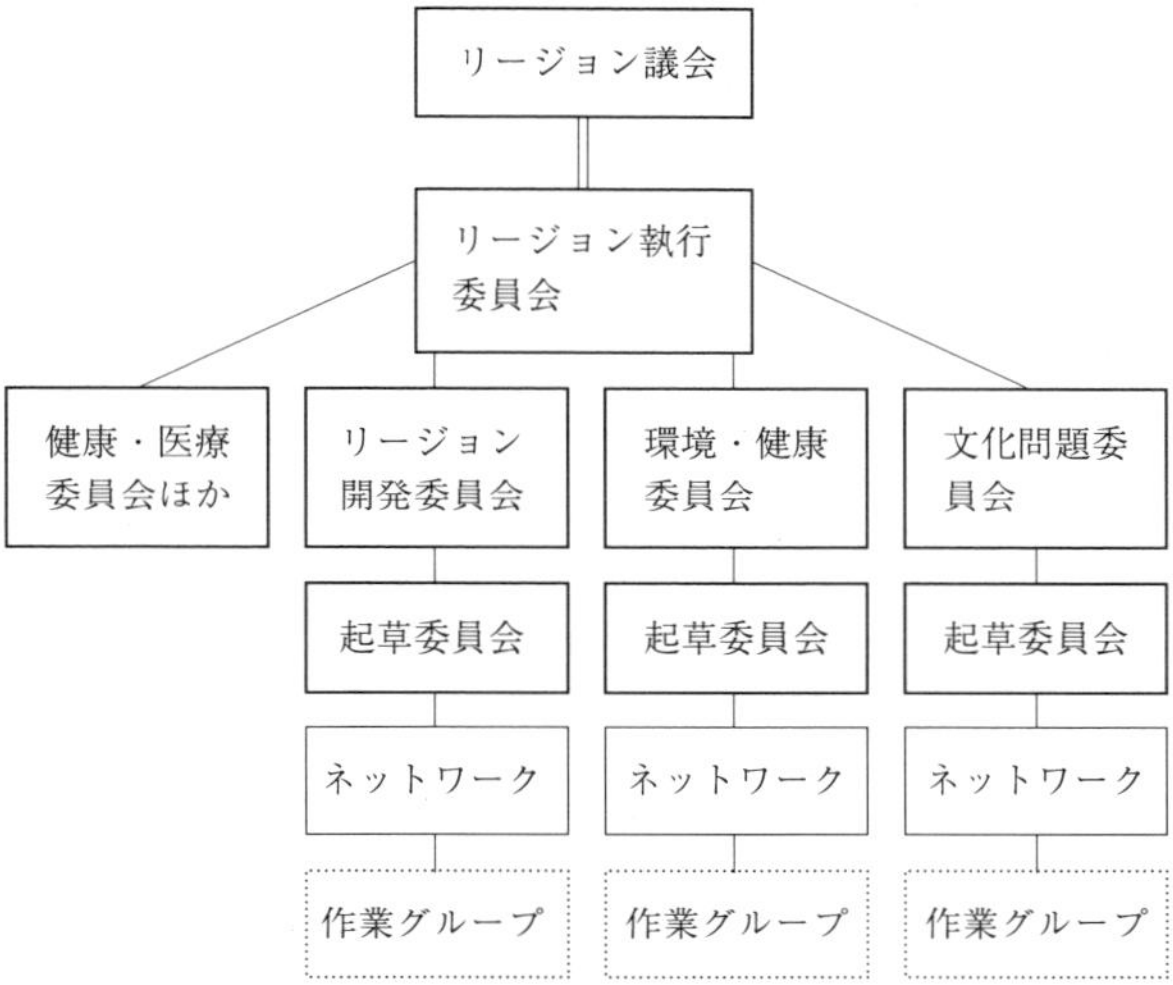

出所：ヴェストラヨータランドリージョンの資料から作成。

（4）ヴェストラヨータランドリージョンの概要

スコーネリージョンと同時に発足した、イエテボリコミューンを中心とするヴェストラヨータランドリージョンについて、筆者が一九九八年二月と一九九九年一〇月に行ったヒアリングの内容を中心に紹介したい。

ヴェストラヨータランドリージョンは、従来の三つのランスティングとこれまで特別市としてランスティングの事務を行っていたイエテボリコミューンの機能を統合した広域自治体として発足した。リージョンの行政官の説明と資料によれば、新たなリージョンは、これまでのランスティングの業務と、中央政府の任命した知事の権限で行われていた業務の多くを引き継ぐことになった。リージョンの発足前には、レーンのレベルでの国の業務を審議する理事会は、ランスティング議会の任命した理事で構成されていたが、実権は知事にあった。リージョン発足後の知事の役割は、住民からの不服審査請求の受理や児童施設の調査・監督など、住民の権利に関しての状況の調査等に限定された。ヴェストラヨータランドリージョンの一九九九年度の予算総額は二四〇億クローネで、リージョンの歳入は税収と国庫補助金および手数料からなっている。税率は合併したランスティングの税率が平均で九・五八％だったことから九・五％とされた。知事の権限をリージョンに委譲したことにともなう財政負担は、国庫補助金に反映されており、歳入構成では国庫補助金のほうが税収よりも大きい。

リージョンの組織構成は、図4-4のとおり、一四九議席のリージョン議会のもとに執行委員会があり、さらにその下に、リージョン開発委員会、環境・健康委員会、文化問題委員会がおかれている。このほかに主に病院経営を担当する健康・医療執行委員会などがある。開発委員会等の三つの委員会は、いずれもリージョン議員で構成されるが、それぞれの委員会のもとには起草委員会（Drafting Committee）がおかれている。ここで興味深いのは、起草委員会以下の組織である。起草委員会のメンバーは二七人で、その内訳は一五人が各政党のリージョンレベルの組織からと、一二人がコミューンレベルの組織から選出されている。その下にはさらにネットワークや作業グループがあり、利害関係者との調整をはかっている。作業グループの実態としては、たとえば輸送の問題について、コミューン・リージョン・中央政府・企業が調整をはかるなどさまざまな形態がある。こうした実務レベルでの組織構成は、リージョンの政策形成がコミューンや企業などの利害関係者との協議をとおして進められることを示している。(18)

（5）ヴェストラヨータランドリージョンの開発戦略とサブリージョン

リージョン議会の権限や目的などの概要は、ヴェストラヨータランドリージョンの設置にかかわる審議会に参加していたイエテボリ大学のL・ニルソンによれば次のとおりである。

「リージョンには環境、保健医療、文化、開発、交通の各領域の責任と権限が与えられる。リージョンの産業政策で重要なのは、投資基盤のためのインフラストラクチャー整備の企画と調整であり、リージョン内の各コミューンと国との共同関係を調整しプランを立てることとされている。現在、主要なインフラストラクチャー、たとえば空港と鉄道は国有、港湾は公益企業体が所有している。リージョンはこれらを直接経営するのではないが、整備計画を立て全体を調整する。リージョン自体も多少の投資はするが、主要には国の空港会社などの投資による。リージョンの発足は明らかにEUをにらんでおり、自治体はストックホルムよりもむしろブラッセルとの関係を強めようとしているが、投資を呼び込むためにもインフラストラクチャーの企画と調整という権限は大きい(19)。」

ここで指摘されている、インフラストラクチャー整備の企画と調整という権限が大きな意味をもつことは、先述のリージョン行政官へのヒアリングでも強調されていた。たとえばこのリージョンでは、イエテボリ―オスロ間およびイエテボリ―マルメ間の鉄道の整備や、イエテボリ空港の整備などの課題を抱えている。このうち、鉄道整備はこのリージョンだけの問題ではなくて他の地域との調整が必要であり、また現実に工事の実施を計画するのは中央政府であり担当するのは鉄道局である。そうしたなかでリージョンに企画・調整の権限が与えられたことは重要である。

こうした広域自治体としてのリージョンの発足は、中央政府からの権限委譲を含む自治の拡大の受け皿になるという側面と同時に、リージョン内部で資源の偏在を招く恐れのあることは一般的にも指摘しうるであろう。この点で重要な意味をもつのはリージョン内でのイエテボリコミューンの位置である。新たなリージョンの中心をなすイエテボリコミューンは、学術研究機関が集中した都市としての利点を活かして、芸術・文化・情報をキーワードに投資の場としての魅力を高めるという都市経営の戦略を描いており、周辺コミューンとの一体的な開発が念頭におかれている。このようなイエテボリコミューンの都市戦略とリージョン開発との相互関係について、リージョン発足前年の一九九八年に筆者が行ったヒアリングでの、ニルソンによる説明は次のとおりである。

「イエテボリの競争力は研究機関の集中とソフト面の優秀さにある。CNNがヨーロッパの本部をここに置こうとしているのも、これが背景にある。一九九五年に世界アスレチック大会がイエテボリで開かれ、この時にCNNがイエテボリの情報インフラストラクチャーのよさに目を付けた。その後コミューンが積極的に働きかけるなかで、北ヨーロッパの拠点を探していたCNNの誘致に成功した。EUとの関係ではこうしたインフラストラクチャーの利点を前面に出す必要がある。その意味ではリージョン内でもイエテボリへの投資の集中傾向は続くだろう。反面、リージョンの設置の背景には、交通の拡大によって活動が広域化したという現状がある。たとえばイエテボリの文化施設には、他のランスティングから多くの利用者があるが、その運営コストはイエテボリ市民の税金である。また、各ランスティングの病院に空きベッドがあっても他のランスティングの人には使えないといった問題があった。広域化による調整は効率性を高める。一方で各々のランスティングは病院も大学ももっており、歴史的にも一定の地域的な中心性はある。リージョン内でのイエテボリコミューンへの投資の偏在は考えられないことはないが、リージョンの設置はむしろリージョン内での均衡のとれた発展を目指すためでもある。このため、リージョン議会をはじめとする各機関はリージョン内の各地域に分散して設けることが決まっており、各地域には車なら一―二時間で行けるために、こうした各機関の分散と連携も可能である。リージョン内の各地域では、たとえば北西部は漁業地域、北東部は農業地域、東部は職人的なテクスタイル業の歴史をもつ。リージョンの産業政策としては、たとえばイエテボリの情報インフラ・技術をテクスタイル業の技術向上につなぐことが課題になるだろう。これはリージョンを設置して産業政策の権限を委ねることではじめて可能になる(20)。」

筆者がヒアリングした各政党の代表者も、左翼党や穏健党も含めてリージョンの経済開発についてはあまり争いはなく、いずれもインフラストラクチャーの整備には賛成する立場を表明していた。同時に、リージョン議会が現実に発足するなかで、地域の思惑にはやや複雑な面もあるようである。筆者がリージョン発足後の一九九九年一〇月に行ったヒアリングでのニルソンの評価は次のとおりである。

「従来、有力な政治家はむしろコミューン議会の執行委員会に席をもっており、ランスティング議会にはもたなかったが、リージョンの発足をとおして各党の影響力のある政治家がリージョン議会に集まることになった。ただ、SAPと穏健党の最も有力な政治家は、リージョン議会には席をもったが、リージョンの執行委員会には入っていない。彼らはむしろイエテボリコミューンが以前に周辺一三コミューンとともに結成したサブリージョンである、グレーターイエテボリリージョン（GGR）の執行委員会を選んだ。従来から各々の地域は、近隣のコミューンで構成するサブリージョンを自主的に設けており、各コミューンの議会から選ばれた構成員からなる独自の意志決定機関をもっている。リージョンが発足するなかで、今後注目するべきはサブリージョンだと思う。EUとの関係で従来のいくつかのサブリージョンを包含した規模のリージョンが発足したが、GGRは引き続いて重要である。ヴェストラヨータランドリージョンは歴史的・地域的な一体性（アイデンティティー）をもっていない。今後はサブリージョンの間の競争も予想されるが、これが過熱すると実質的にはリージョンの解体にもつながりかねない。[21]」

SAPのリージョン議会コミッショナーは、最も有力な政治家がリージョンの政治・行政に影響力をもつことよりも、むしろサブリージョンであるGGRを選んだ理由について、筆者のヒアリングに次のように答えている。

「GGRは、人口四六万人のイエテボリコミューンを含めて合計七六万の人口をもっている。他のサブリージョンを包含して設けられたヴェストラヨータランドリージョンにはもともと地域的な一体感はない。GGRの各コミューンには、イエテボリへの通勤者や文化施設の利用者が多いなど、経済的・社会的な結びつきが強く、これまでにも高等教育施設の配置や交通関係の整備で調整をはかってきた。外国人企業家の子どものためのインターナショナル学校の設置（定員四〇〇名）をGGRで調整して立地したほうが効率的だったこともその一部である。イエテボリの港湾は、周辺地域だけでなくオスロやスウェーデン全体から見ても重要な地位を占めており、その整備を中央政府にも働きかけたいが、こうした点でもGGRは引き続き重要な役割をもっている。[22]」

こうした指摘は反面では、リージョンの設置によって広域的・分散的な資源配置を促すための枠組みがつくられたという議論を、ある意味では裏づけるものであろう。しかし、自らの利害と判断のもとで動こうとするコミューンとリージョンとが一定の緊張関係にあることは、「リージョンの実質的な解体」という指摘にも示されているとおりであろう。

3　福祉国家の転換とリージョン改革の位置

中央政府からの権限委譲をともなう広域自治体への指向という意味でのリージョン化とその背景を考えるにあたって興味深いのは、「EU統合が主権国家の国境がもつ意味を弱めるとともに、サブナショナルな政府にとっての、あらゆる可能性と挑戦への舞台を押し開いた」とする指摘である。EUは決してリージョン化に向かう動きの主要な源ではないが、中央政府が果たしてきたゲートキーパーとしての役割を減少させる一方で、政治的決定は可能な限り下位レベルの政府で行われるべきとする「補完性の原則」をとおして、中央の権限を奪おうとするリージョンに分権化への論拠を提供する。(23)「補完性の原則」は、主権国家にとってEUが送った「トロイの木馬」であるとする指摘は、こうした関係を表現したものである。

EUへの指向が加速するなかで焦点となるのは、それが自治体の行動パターンや戦略の枠組みに及ぼす影響であると同時に、自治体と国との関係をどのように変化させるかの点であろう。こうした点からは、以下のような論点は興味深い。

第一は、EU統合のもとでのリージョン（以下この項では、「リージョン」の語を制度としての広域自治体にとどまらずに広域的な自治体連合などを含めた概念として用いる）による開発戦略である。ギドランドは、自治体の権限の拡大を求めるリージョン化の背景には、経済開発をめぐる地域間競争で優位に立とうとする地域の戦略があることを指摘する。(24)その要因の一つは、自治体の側で経済政策が重視されだしたことである。北欧諸国の自治体では、経済の悪化と失業率の増大を背景にして、過去一〇年間に福祉への指向から開発指向への変化が起こった。それは市民の要求を反映したものでもあった。もうひとつの要因は、最近の経済発展の局地性ともいうべき特徴であり、国際化の結果として経済発展が一部の開発エリアの内部で起こっていることである。この開発エリアは、リージョンのインフラストラクチャーや教育システムや労働市場によって維持されている。開発エリアの形成を目指すリージョンの政策は、ヨーロッパの内部市場における地域間での競争の増大を反映している。こうしたなかで、リージョンが成功するための条件は、企業・コミューン・リージョン間のネットワークの創造をとおして、EUの諸政策から利益を獲得する力量にかかっている。そのために多くのリージョンにとって、ヨーロッパ内での戦略的な意味をもつ地域との結びつきを確保することが重要な役割を有している。典型的なのはリージョンの空港と、コペンハーゲンやロンドンといった国際航空の要となる都市との間で直通便を創設することである。

第二は、自治体間のネットワークに注目する立場である。A・シブヴェリは今後のヨーロッパ政治においては、自治体間のネットワークが、EUおよび主権国家と並ぶアクターになりうることを示唆している。シブヴェリが注目に値する例として紹介しているのは、スコーネをはじめとした南部スウェーデン自治体連合（Sydsam. 以下では「南部自治体連合」という）が、バルト三国やポーランドの一部などを含む環バルト海諸国による共同事業（Swebaltcop. 以下では「環バルト海共同事業」という）への、EU補助金を獲得した過程である。南部自治体連合は、スコーネをはじめとした六つのランスティングと七五のコミューンによって設けられた、教育・文化・環境・コミュニケーションの促進を目的としたネットワーク組織である。この組織はスウェーデンのEU加盟に先立つ一九九四年には、EU委員会へのロビーイングを主たる目的とした事務所をブラッセルに開設していた。この事務所の開設は、環バルト海での共同事業のパートナーを求めるシュレスビヒ・ホルスタイン州（ドイツ）の、ブッラセル事務所からの働きかけによるものだった。環バルト海共同事業は、EUとバルト海沿岸のEU未加盟諸国間との密接な連携を目的としたものであり、環境保護と経済開発そして自治体行政の近代化が主要な目的としてあげられていた。当初、スウェーデン政府の協力が得られずに挫折したこの事業が、実現にいたった直接のきっかけは、EU委員会による南部自治体連合ブラッセル事務所への働きかけである。EU委員会のバルト海諸国への関心は、EUの拡大への意向に沿ったものであり、EU委員会は有効なプログラムの立案に向けて、この地域のアクターについての情報を求めていた。南部自治体連合がこれに応えることができたのは、そのネットワークのなかにブラッセル事務所の一部を共有する南スウェーデン商工会議所を含んでいたことにもよっている。結果的に環バルト海共同事業のプログラムは、南部自治体連合とEU委員会との事実上の共同作業をとおして立案され、両者からのスウェーデン政府に対する働きかけの結果として、スウェーデン政府からEUに対して正式の事業申請が行われた。この事例を踏まえてシブヴェリが注目するのは、スウェーデン政府の対応が鈍い一方で、EU委員会の能動的な動きであり、南部自治体連合のネットワークの柔軟さである。(25)

第三は、国家主権という概念の相対化に注目するとともに、リージョンや利益団体を含むネットワークを重視する視点である。ギドランドは、自治体間のネットワークに注目する視点を拡大して、国家やリージョンや企業や特別利益団体などによる政策ネットワークや共同体の形をとった、サブナショナルな領域における活動に注目している。これによれば、現在のヨーロッパの政治状況は、サブナショナルな領域が国家の領域に対して立場を強めた、多段階ゲームとして捉えられる。このモデルではサブナショナルな領域の代表者たちは、その行動を国内レベルで調整することを義務づけられてはいない。このモデルの基本的な前提は、ヨーロッパ統合が国民国家と主権概念を変容させたことであり、主権概念が国家中心的な「支配・統治（government）」から、より広い概念である「統治・制御（governance）」へと変化しつつあることである。(26)

第四は、以上の点とも関連して、国家と自治体の責任と権限の配分を捉え直そうとするものである。イェルネックは自治政府の役割を、EUレベルでの諸制度やリージョン間のネットワークとの関係のなかで整理する必要があるとする。注目すべきはリージョンレベルでのミクロ外交であり、それは外交関係すらもはや主権国家の排他的な領域ではないことを示すとともに、ヨーロッパにおける強力なリージョン化への傾向を象徴している。リージョン化は「諸リージョンのヨーロッパ（Europe as the Regions）」や「諸都市のヨーロッパ」のような理想によって大きく進められた。これは自治体が「国家の支配」と対決する上で大きな影響を与える政治的スローガンの役割を果たした。しかし、地方・リージョンの利害と国家権力との関係は「諸リージョンとともにあるヨーロッパ」での建設的なものと見なされねばならない。ここで必要なことは、国家主権を相対的に捉えるとともに、サブナショナルな領域の福祉と経済発展に対する責任を拡大することである。(27)

4　小　括

スコーネとヴェストラヨータランドという二つのリージョンについて、その発足段階の調査で明らかになったことは、リージョンの発足を主導している直接的な要因が経済戦略上のものであることである。それは地域の雇用を高める意味では市民的な利益につながる反面、政策決定過程の不透明さをともないがちであり、戦略的な「開発エリア」に焦点をあてることによって域内での不均等を表面化させかねない危うさもはらんでいるということができる。さらに将来的には、成功したリージョンと停滞したリージョンという二つの極を生じる可能性のあることも否定しえない。それは一方では一国完結型の福祉国家システムの行き詰まりを象徴するものであるとともに、他方では地域を焦点としたシステム再編に向けた実験としての側面をもつものである。こうした状況は、今後の地方自治をめぐる議論には、EU—国家—リージョン—コミューン—狭域レベルの各々の状況を、市民・私的セクターとの関係を念頭において捉える視点が必要なことを示している。

（1）Miles, L., *Sweden and European Integration*, Ashgate Publishing Limited, 1997, pp.14–17, 180–182.

（2）Ingebritsen, C., *The Nordic States and European Unity*, Cornell University Press, 1998, pp.143–152.

（3）Miles, L., "Conclusion: Polishing the 'Membership Diamond'," in L. Miles ed., *Sweden and the European Union Evaluated*, Continuum, 2000, p. 243.

（4）Gustafsson, A., "Stockholm Government," in P. Dostal ed., *Changing Territorial Administration in Czechoslovakia*, Met Bibliogr Amsterdam, 1992, p. 103.

（5）Johansson, J., "Regionalisation in Sweden," in J. Gidlund and M. Jerneck eds., *Local and Regional Governance in Europe: Evidence from Nordic Regions*, Edward Elgar, 1999, p. 143.

（6）Jerneck, M., "Nordic Politics Viewed in a Changing Territorial Perspective," in ibid., p. 14.

（7）Gidlund, J., "Nordic Bifurcation in Post-Wall Europe," in ibid., pp. 237–238. ここではリージョンもしくはリージョン化という言葉によって、中央政府の権限を一定範囲で授権するという広域自治体の設置が念頭におかれている。

（8）Johansson, op. cit., p. 140.

（9）L. Pettersson（スコーネリージョン秘書官、一九九一年に中央党国会議員）に、一九九九年一〇月に筆者が行ったヒアリングによる。

（10）M. Olson（ルンド大学経済史学科教員、ルンドコミューン左翼党議員・NC議員）に、一九九九年一〇月に筆者が行ったヒアリングによる。

（11）Copenhagen Capacity and Skane Federation Council. Medicon Valley, pp. 2–13.

（12）J. Hällen（ルンド大学国際局部長）に、一九九九年一〇月に筆者が行ったヒアリングによる。

（13）Jerneck, M., "East Meets West. Cross-Border Co-operation in the Oresund," Gidlund and Jerneck eds., op. cit., p. 214.

（14）Olsonに対する前出のヒアリングによる。

（15）L. Prytz（ルンドコミューン議会SAPコミッショナー）に、一九九九年一〇月に筆者が行ったヒアリングによる。

(16) Jerneck, "East Meets West. Cross-Border Co-operation in the Oresund," op. cit., p. 220.
(17) Fernandez, C., *The Bargaining Region*, Statsvetenskapliga Instituionen Lund Universitet, 1998, p. 43.
(18) B. Bratt（ヴェストラヨータランドリージョン行政官）に、一九九九年一〇月に筆者が行ったヒアリングによる。
(19) L. Nilsson（イエテボリ大学公共行政学部）に、一九九八年三月上旬に筆者が行ったヒアリングによる。
(20) Nilsson に対する同上のヒアリングによる。
(21) L. Nilsson に筆者が一九九九年一〇月に行ったヒアリングによる。
(22) E. Schubert（ヴェストラヨータランドリージョン議会ＳＡＰコミッショナー）に、一九九九年一〇月に筆者が行ったヒアリングによる。
(23) Fernandez, op. cit., p. 8.
(24) Gidlund, op. cit., p. 239.
(25) Sivberg, A., *A New Policy-Style?* Statsvetenskapliga Institutionen Lund Universitet, 1999, pp. 25–39, 47–52.
(26) Gidlund, op. cit., p. 245.
(27) Jerneck, "Nordic Politics Viewed in a Changing Territorial Perspective," op. cit., pp. 26–30.

第五節　スウェーデンにおける福祉国家の転換点と自治体改革の位置

スウェーデンモデルの基礎をなす地方自治制度をめぐるシステムの転換には、次のような二つの要因が付随していると思われる。

第一は、戦後の福祉国家体制を構築するなかで進められたコミューン合併を最初の契機として、市民の意識と自治体との乖離が進んでいたことである。このため、従来スウェーデンの社会システムの基礎をなしてきた政党や労働組合・生協などをはじめとする団体が、社会的影響力を弱めて、コーポラティズムの枠組みが動揺するなかにあって、地方自治システムを再構築するための制度的枠組みと担い手の創造が求められた。

第二は、経済のグローバル化を背景にして、地域のもつ投資価値に直接の焦点があてられるなかで、地域・自治体のイニシアティブが強調されるにいたったことである。これは反面では地域とEUという構図を求める方向に導くとともに、中央政府権限の地方への委譲としての側面をもつリージョンの制度化をもたらした。

こうして進められている分権改革の背景をなすキーワードは、一方ではグローバル化であり、他方では個人への指向である。その過程は、個人の自由を焦点とした地方自治システムのあり方を探る上で、重要な論点を提供している(1)。同時に、福祉国家システムを個人や地域の自律性の回復に焦点をあてた形で改革することが、一面では公共部門の直接的な解体につながりうる側面をもつことも明らかである(2)。これまで見てきたように、地方自治システム改革の具体的な展開は、消費者としての市民に焦点をあてて自治体サービスの市場化をはかる方向と、市民の共同組織としての自治体の再生を目指す方向との、緊張関係のなかで進んでいるということができる。こうした改革が従来の普遍的福祉システムの解体に向かう危険性を内包していることは否定できないであろう。具体的には、地域への授権が、一方では福祉国家の解体とはてしなき分散化に導く可能性を必ずしも否定できないことであり、住民の所得水準の高いNCから独立したコミューンへの要求があげられている例からも、それは一定の根拠をもつといわざるをえない。さらに、経済が停滞するなかで、資本が主導するEU統合に対しても有効なオールタナティブを提起しえていないことが、SAPの戦略のある意味では限界となっていることは明らかである。

こうした複雑な側面をもつスウェーデンの自治体改革は、翻って日本の地方自治改革が直面する具体的な課題に大きな示唆を与えているということができる。

それは第一に、地域自治の主体形成からの視点である。スウェーデンの自治体改革が直面している大きな課題は、地方自治の主体形成に関するものであり、それは福祉国家形成のなかで市民を、自治の担い手としてよりも公共サービスの受け手として捉えてきたことの反映でもあった。こうしたなかでNCの設置や利用者委員会の設置等の改革は、住民共同の組織としての自治体の再建を目指す試みともいいうるものである。

第二は、分権型の財政システムについての視点である。スウェーデンの分権改革のなかで、各コミューンには財政基盤の相違を克服するための水平的・垂直的調整がはかられていることは、ナショナルミニマムの実現を前提に、地方の自律を重視した地方分権改革として評価することができる。さらにNCの設置による分権型の財政システムが、財政運営の効果性と効率性の向上に寄与するとされていることは、分権・市民参加と財政再建とが両立可能もしくは相互補足的な関係にあることを示唆するものである。

第三は、地域・自治体と国家との関係についての論点である。基礎自治体であるコミューンを重視するスウェーデン地方自治の制度的特徴は、リージョンの発足にあたっても活かされているということができる。それは、広域自治体の役割を、基礎自治体の自律性の拡大と一体のものとして考えることの必要性を示唆するものであり、リージョンはコミューンの連合体的な側面をもつとすらいうことができる。そして狭域の分権単位としてのNCと、これをまとめるコミューン、そして経済的な一体性をもった範域を統合するリージョンという三層構造をもつ地方自治システムへの展開は、コミューンの地域共同体への再生と地域経営の主体の形成とをベースにおいた、福祉国家の再編成への歩みとしても捉え返すことができるであろう。

（1）宮本太郎は、スウェーデンモデルを象徴する中央交渉制度を解体させたSAF（スウェーデン経営者連盟）が、賃金制度をプロフィットシェアリングやボーナス制度と組み合わせることによって、企業単位での労務管理の装置として活用する路線をとっていることを紹介している。これに対するSAPの戦略は、個人としての労働者が「よい労働」に就くとともに、その技術と知識の発展に見合った賃金を獲得することを奨励するものであり、それは「同一労働同一賃金」を中心とした従来の要求から、個人としての労働者に比重を置く方向での新たな戦略展開であった。宮本、前掲書、二三六ページ。

（2） 北村裕明は、イギリスで進められたサッチャーによる地方自治改革戦略のなかでの人頭税の導入目的が、納税者としての市民の参加をとおして自治体の歳出を抑制することによって、公共セクターの縮小とその市場原理による置き換えをはかったものであることを明らかにしている。北村裕明「地方財政改革」（北村裕明ほか編『現代イギリス地方自治の展開』法律文化社、一九九五年）七五—八三ページ。

第五章　社会システム論から地方自治論へ

——ウェッブ夫妻とG・D・H・コールの自治体論——

はじめに

本章では、福祉国家論の嚆矢ともいうべきウェッブ夫妻の理論とG・D・H・コールの理論の対比をとおして、個人の主権を基礎とした自治体改革への基本的な論点を検討する。

ウェッブ夫妻の理論の核心に位置するのは、後述するように、ナショナルミニマム論であった。それは、低賃金と劣悪な労働条件に寄生するいわゆる「苦汗産業」の淘汰をとおして、資本と労働者を最優良な企業に集中させ、これによって国民・労働者の福祉と産業の競争力の向上とを一体的に発展させることが想定されていた。こうした夫妻の捉え方は地方自治の分野でも共通している。一九世紀末の、形骸化したギルドや企業によって私物化されていた地方自治体には、市民と労働者の暮らしや産業の発展の基盤となるための変革が求められていた。そのために必要なのは近代的で透明な地方行政機構を創出することであり、中央政府による科学的な調査にもとづいたナショナルミニマムを、地方自治体が責任をもって実施することであった。こうしたウェッブ夫妻の理論展開のなかに、スウェーデン福祉国家を主導した理念との共通性を読み取ることは容易であろう。

他方、一九二〇年前後から理論活動を展開したコールが一貫して追求したものは、個人の主権に直接基礎をおいた社会組織論であった。個々人が主権者として能動性を発揮するためには、労働者の職場や地域生活のレベルに決定権限が委ねられなければならない。このために「下から」形成された社会組織の基礎単位としてコミューンと名づけられた共同体が位置づけられ、経済・社会活動の広域化に対応して地方自治を活かすために広域自治体の設置が提案される。広域自治体は、経済的にも一定のまとまりをもった範囲に設定され、大学をはじめとした一連の教育システムや、産業の動脈となりつつあった電力を担うインフラストラクチャーの管理、そして財政上の再配分機能などを担うことが構想されている。そのなかで国家は、自治体と並存して財政的な再配分機能を担い調整をはかる一つの組織でしかなかった。ウェッブ夫妻と対比させていえば、コールの理論では、ナショナルミニマムは中央政府の方針というよりも個人の自由と主権を活かすための条件として位置づけられていたといえる。

このようなウェッブ夫妻とコールの理論を比較して検討することは、スウェーデンの自治体改革で見てきたような、集権型福祉国家からの転換期における理論的な枠組みを探る上で有益と思われる。とりわけ興味深いのは、コールが地方自治に向けて構想した内容の基本的な部分が、スウェーデンの自治体改革のなかで実質的に実験・模索されつつあることである。

本章では最初にウェッブ夫妻による地方自治論の検討をつうじて、彼らの経済と福祉の調和的発展に向けた社会システム論のアウトラインと、そのなかでの地方自治の位置づけを振り返る。続いてコールの地方自治論をとおして、個人と地域を基礎とするその社会組織論を検討することで現代地方自治改革の基本的な論点を探ることとしたい。

第一節　ウェッブ夫妻の社会システム論と地方自治論

1　近代的な社会システムとナショナルミニマム

（1）都市社会主義思想の形成

ウエッブ夫妻の広範にわたる理論活動の基本的な内容は、夫妻が都市社会主義者として政策活動を開始した時期の著作のなかにすでに見ることができる。夫妻が活躍した一九世紀末から二〇世紀初頭の時期は、イギリスが経済的繁栄の最盛期を過ぎて、新興工業国であるドイツやアメリカに追い上げられていた時代であった。E・ホブズボームは、社会的・計画的な基盤整備が急務となっていた当時の時代背景を次のように指摘している。「一九世紀半ばまで英国の経済・政治・知的構造が依存していた支柱は、一九世紀末には急速に沈下しつつあった。それは経済的には、世界工業生産の独占に依存した、小規模な自由放任的な企業による自由な経済であった。その基礎は全て一九世紀後半に掘り崩された[1]。」「『個人主義的』思想から『集産主義的』思想への移動は必然的な知的調整を反映している。社会主義という言葉は単に自由放任の反意語であり、『今や我々は全て社会主義者であるという』言葉は皮肉とは思われなかった[2]。」

ウエッブ夫妻が幅広い政策を展開し始めた理由には、次のような当時の都市行財政システムの無政府状態が色濃く反映している。

第一の特徴は、名誉革命以来ほとんど放置されたに等しいような地方行政機構、とりわけロンドン市行政機構の未組織状態であり、地方の名望家によって支配されている地方行政システムの腐敗である。次の指摘は、こうしたいわば都市の無政府状態に対する、ウェッブ夫妻の鋭い告発ということができる。「ロンドンプログラムの最も緊急の課題は、教区の廃止である。ほとんどの行政機能は州議会の権限にはなく、時代遅れの地方委員会――五〇〇〇人のメンバーは名目的に選出されたにすぎない――の手にある。委員会は仕事をしない権限をもっており、そこからは労働者は除外されている。(3)」「ロンドンの大衆は、投機家や地主や市場独占者に対抗するために組織されねばならない。何百万の世帯は、共通の基盤や組織をもっておらず、単なる乾いた砂の集まりのようなものだった。一方、多くの労働者や子どもたちは飢えるに任されている。(4)」

第二の特徴は、大都市の中心地域における行財政システムの未整備状態と、社会資本の不足と混乱状態である。水道やガスなど社会化した生活にとって必需的なサービスですら、儲けの対象として独占的な企業の支配下にあった。「ロンドンの水供給は私的な会社によっており、七〇万ポンドのコストに対してロンドンでは一七〇万ポンドを支払っている。さらに問題は、水の供給量と水質の悪化である。人口の増加にともなう使用量の増加に対して水質の悪化が進んでいる。(5)」「ロンドンの人たちは、彼らの行政を時代遅れの委員会による管理から救わねばならない。ガスや水道や市場や川ですら独占家たちから取り戻さねばならない。(6)」

第三の特徴は、一九世紀末からのイギリス資本主義の国際的な地位の低下であり、新興工業国としてのドイツやアメリカの後塵を拝しつつあるなかで、技術革新などを進めるための実学的な研究や教育制度の整備が、著しく立ち遅れていたことである。

こうしたなかで、包括的なインフラストラクチャーの整備とそれを担う行財政システムを構築するための理論が、客観的にも求められる状態にあった。

一九世紀末のロンドンでは、産業資本家と労働者の間には、市政の近代化と民主化に向けての同盟関係が成立しており、産業基盤の整備と市民の生活水準の向上とを調和的に進めるための政策が求められていた。ウェッブ夫妻は、ロンドン市に近代的な行財政制度を確立するために、単なる特権的な集団と化しているギルドの廃止や、地代への課税を提案するとともに、ガスや水道など公共的サービスを公有化すること、大学を頂点とする教育制度の整備などを強調した。そして都市自治体による生産と生活にかかわるインフラストラクチャーの総合的な整備をとおしてこそ、新興工業国との競争に打ち克つための条件が整備されると主張した。近代的な社会システムは民主的で透明なものであることが要求され、その基礎的な組織としての自治体行政を担うものは有給かつ常勤の専門職員であるとされる。シドニー・ウェッブが執筆した『ロンドンプログラム』での提案は、こうした夫妻の構想を具体化したものである。「いま必要なのは、地区議会の設置である。地区議会は、選挙によって選ばれ、そこには活動性を保障するためにも独立した課税権や執行権をもたせ、従来の教区のすべての事務や輻輳する事務を集中し、専従職員をおくべきである。[7]」「もしロンドンに地方の自治体ほどの権限があれば、ただちに特別委員会を設けて新たな水源を確保し、十分な水を供給するとともに現存の設備は会社との交渉の後に引き継ぐことになろう。そして、水道の管理は、周辺州の代表を含む委員会に委ねられるだろう。[8]」

福永智全は、この時期の政治的背景を次のように描いている。一九世紀末のロンドンは、人口が集中する一方で公共サービスが立ち遅れ、一八八〇年代からは労働運動・社会主義運動の思想的拠点となっていた。こうしたなかで、自由主義者と急進主義者・労働者の選挙同盟である進歩党が州議会選挙で多数を獲得した。進歩党は労働者の住宅建設や州事業での雇用条件の改善などの要求を受け入れ、シティがもつ市場独占権の廃止、州によるガス・水道会社に対する統制、土地所有者・占有者による地方税の分割負担、首都警察の州による管理などを主張した。彼らは、シティやガス・水道会社の既得権益と、住宅所有者や小店主が旧態然としたロンドンの行政体を握っている状態とを放置しておくかぎり、改革は困難との認識をもっていた。一八九〇年からはシドニー・ウェッブが進歩党のイデオローグとなり、彼の『ロンドンプログラム』は進歩党の選挙綱領として採択された。進歩党が議席を伸ばした背景には、好景気にともなう新しい組合主義運動の高まりと労働者階級の有権者の増加、ガス・水道の改善の主張が上流階級に

支持を得たこと、さらに保守党員らのなかにも『ロンドンプログラム』が支持されたことなどがあげられる。(9)

犬童一男は、ウェッブ夫妻の思想形成における都市社会主義思想の位置を、次のように指摘している。「ロンドン社会主義者が都市改革に乗り出したのは、選挙制度改革に伴う大衆デモクラシーへの政治構造転換期であった。〃都市社会主義〃の言葉は、自由党急進派の指導者チェンバレンのバーミンガム市長時代（一八七三―七六）の改革を嚆矢として生まれた。チェンバレンは、ガスと水道を市営化して能率的な事業とし、そこからの利益金と借入金とで改良計画を造り、スラムを浄化し公園や図書館を造り、街路舗装や河川浄化をした。都市問題が最も鋭い形であらわれたロンドンでは統一的行政を為す自治体が無く、都市デモクラシーも形成されていなかった。一八八九年の『フェビアンエッセイ』でウェッブは、地方諸都市での市営事業の増加に注目し、こうした無意識的な社会主義の推進を構想した。それが彼の初期フェビアン社会主義である。（中略）初期のフェビアン社会主義は、完成都市を理想像とするまさに都市社会主義であり、それが全国的社会主義と重畳している。ウエッブは、一八九二年から一八九八年に掛けて行った労働組合の研究を通じて、労働組合や協同組合が都市と並列する地位を占めることを認めた。そこからナショナルな社会主義政策が取られるが、彼らはまずナショナルミニマム政策にそれを見いだした。(10)」

（2）ナショナルミニマム論

都市社会主議論に続いて、夫妻の理論活動の中心に置かれたのが、ナショナルミニマム論である。それは、労働者の生活と世代の再生産を保障するコストさえ満たさない、低賃金と劣悪な労働条件の「寄生的」な産業が野放しの状態では健全な産業を駆逐して、社会全体の生産力を阻害する恐れがあるという考察に発していた。寄生的産業について夫妻は次のように捉えている。「産業間の競争の中で、特定産業が補助金を受けているならば優位に立つことは明らかである。このような優位は、特定産業の雇主が賃金勘定書に含まれない労働力（世帯主に扶養された婦人や児童など――引用者）を使用し得る場合にも獲得できる。(11)」「遥かに有害な寄生の形態は、労働者が健康を保つことが出来ず、その寿命を縮めるに違いないような条件の下に働かせることであり、この場合その産業は明らかに対価を支払わない労働力を受けている。[12]」「寄生的産業は、国民の活力の資源を使いきるばかりか国民産業の最も有利な配分を妨げ、その生産性を阻害する。各産業が経済上自立しているかぎりは、産業間の競争は資本と労働力の配分を最も生産的なものにする傾向を持つのに対して、寄生的産業は能力不相応に発展してその結果総生産高を減少させ、自立産業の発展を妨げる。[13]」

産業の進歩を保障しうる労働条件を設定する基準として、賃金や労働時間・衛生・安全などについて各産業レベルの労使間に設けられている共通規則（Common Rule）を、政府の権限で法的な根拠をもつものにすること、すなわち最低基準としてのナショナルミニマムが必要であるとされる。ナショナルミニマムについての、夫妻による定義は次のようなものである。「産業間の競争が国民全体に有害な労働条件の発生を齎らさないために、ナショナルミニマムを設定して、どのような産業でも公共の福祉に反する条件の下では経営を許さないようにすべきである。[14]」「ナショナルミニマム――労働者が生産者および市民としての実力を有する状態に維持することと相容れない一切の労働条件の禁止――は、児童の場合には教育や発育の条件を含め、代々健康で実力のある成年を保障するような養育条件を意味する。[15]」

夫妻によるナショナルミニマムの位置づけは、次の指摘に端的に示されている。「共通規則の経済効果は、一定時点での最上の労働条件と国民産業の最高の能率確保とを同時に実現することにある。[16]」労働条件にかかわる最低基準の規制を設けることによって、資本家にとっては、労働条件の切り下げではなく労働節約的な設備への投資や技術開発などに競争の重点が移り、それは製品価格の低下をもたらすことによって消費者にとっての利益になる。また、労働者の間では、仕事を得るための労働条件の切り下げ競争ではなくて、よりすぐれた技術や技能をもつことに競争の重点が移ることとなり、総じて生産力の大幅な発展に寄与する。そして、こうした労働条件が遵守できないような非効率な産業が淘汰されることをとおして、資本や労働者がより一層効率的な企業に集中することになる。これは社会全体の生産力の発展に大きく貢献する。一方、淘汰された産業に従事していた労働者たちは、効率的な企業の側での生産効率の上昇と投資が拡大する結果として、こうした生産性の高い企業に吸収される。ナショナルミニマムとその基礎にある共通規則が、産業構造の改革を推し進めるというものである。夫妻は次のように指摘する。「共通規則の存在は、産業全体の能率に一層重要な結果を持つ。それは、最良の地位と設備を有し最有能者の管理下にある工場に事業を集中させ、無能で旧式な企業を排除することである。労働組合が共通規則を勝ち取るときは、その産業において最も設備の悪い知恵の無い企業家の棺桶に、なお一本の釘を打込むものである。この最適者選択の政策――劣等な工場を常に摘み取って、より才幹ある産業統帥者の掌中に集中するように共通規則を定めること――は、明らかに労働組合の利益である。共通規則の存在しない場合の劣等企業家が、不十分な資本で工場に職工を詰め込み、それで優良な工場から事業を移し取るならば、それは明らかに国民の生産能率の減少である。こうして、共通規則の強行は、競争の全圧力を最高に能率のよい生産に集中させ、これによって産業形態の不断の発展に資する。[17]」

最低基準としてのナショナルミニマムの概念は、生活賃金として教育やレクリエーション等のミニマムを満たしうるものとされており、個々の労働者の同意と不同意とにかかわらず、社会全体に強制されるべきものであった。それは労働者の広い意味での生活水準の向上が、産業全体のレベルアップと競争力の拡大につながるものとして、産業の発展と労働者の生活保障とを統一した構想であるといえる[18]。

P・リーとC・ラバンは、産業発展と労働条件の向上との調和的発展を重視する理論が展開された社会的背景を、次のように説明している。「ウェッブ夫妻を中心としたフェビアン協会の理論は、ヴィクトリア期の資本主義の黄金時代のなかで考えられ、〝行政革命〟の後に発展した。エドワード期の実質賃金の低下に拘らず、二〇世紀初めまでの政権による社会改良の継続は、一八八〇年代後半からの弱者救済に向けた政府の介入・保護と併せて、社会主義への平和的な道を約束しているように思われた。自由党と労働党との選挙協定の確立や、国民経済の効率性という利害に基づく社会改良への数人の実業家・政治家の譲歩は、彼らに共通する利害が究極的には利己的エゴイズムに打ち勝つというフェビアンの確信に、大きな信頼を与えた[19]。」

その後、救貧行政の研究に進んだ夫妻が直面したのは、産業革命による住民の流動化によって都市に人口が集中する一方で、公共サービスの未整備状態であった。「産業革命は、一方で王国の富の飛躍的な増大をもたらし、他方では人民を独立生産者から賃金所得者に変えた。それはつねに貧困化をともなった。一八世紀末からは、工業中心地への人口の集中が進み、一八三五年までにはイギリスの多くの国民は、もはや農業者や家内職人ではなかった。工場や鉱山などの増加とともに路上で生活する新しい都市住民の増加が進み、従来の地方団体が旧来の形態にとどまっているなかにあって、教区委員たちは、鉱工業の拡大と並行して急増する人口のなかで、自分が唯一の地方当局であることを見いだした[20]。」

地方の地主層の負担を前提にした救貧行政が機能不全に陥った一方で、大都市での貧窮状態の一般化と生活の都市化が進むなかで、救貧法にもとづく病院や学校などが多くの労働者にとっては欠かせない施設になっていった。夫妻の主張は、労働者の低賃金あるいは一時的・季節的な失業など資本家の負担によるべき貧困を除いて、老人や病人・児童などへの公共サービスを制度として確立することであった。こうした主張はさらに、貧困者の救済よりも貧困の予防に重点をおくこと、貧困に陥る原因の除却を中心におくことへと展開されるにいたる。具体的には、児童に対する教育の保障をとおして、将来の就業不能者の出現を未然に防止することなどが主張される[21]。ここではナショナルミニマムはもはや労働条件の最低基準にとどまらず、社会的サービスのレベルを決定する基準にまで拡大されており、それは個々のサービスの受給者や自治体の同意の有無にかかわらず、一律にミニマムとして決定されるべきものであった。

2 消費による生産のコントロールと自治体

(1) 消費者組合運動への注目

産業発展と労働者の生活水準の向上とをあわせて達成するために、合理的な社会システムを考案するという夫妻の発想は、都市のインフラストラクチャーの整備やナショナルミニマムの理論に加えて、消費のための計画的な生産へのコントロールという方法論によって、さらに具体化された。この点で見逃すことができないのは、消費者民主主義とその担い手としての消費者組合運動論についてである。

佐藤博樹は、ウェッブ夫妻とりわけビアトリス・ウェッブの、消費者組合運動に対する関心のポイントを次のように要約している。「ビアトリスは消費者組合運動について、純粋に労働者階級自身に起源を持つ使用価値を獲得するための運動であり、開放的な民主制であるとした。同時に、消費者組合運動が労働者の待遇に無関心であることから、生産者の民主制によって補完される必要を指摘した。ここから新しい社会秩序のイメージ――中心信念となるものを獲得する。それは、消費者は市場や消費者組合を通じて自分達の欲求を表明し、生産者は労働組合や専門的職業団体を通じてその欲求を主張する。両者の利害の調整は市民が行なうという『協同的共和』の原型を為すものであった。ビアトリスは、社会主義者となった理由を『消費者組合運動を発見したからだ』と述べる。[22]」

夫妻は主に次の点から消費者組合の役割に注目している。第一に、産業革命を契機とした労働者階級の出現をとおして、労働者自身によって消費者組合が組織されたこと。さらにそれが自治体単位での独立した組織をもち、全国レベルの連合会にいたる組織をとおして、労働者自身が生産を組織化する能力を実際に示すと同時に、卸売り連合会などをとおして国全体の経済活動に影響力を与えるほどの勢力になっていること。第二に、組織の創立者から現在の加入者にいたるまで一人一株の平等の決定権を保障しているだけでなく、経営効率の点からも組合員の拡大を指向する動機をもっており、幅広い消費者民主主義を担いうる組織形態となっていること。さらに、消費者組合が留保金を活用して独自の図書館の創設や学習活動等を進めてきたことが、自治体の公共的なサービスとして制度化されるという下からのシステムづくりについては、今後の国家行政組織の萌芽的な形態として高い評価がくだされている[23]。こうした労働者による消費者組合の活動については、「効用の拡大」、すなわち使用価値の生産を直接の目的として生産をコントロールすることが、資本主義経済の不効率と無計画性とを排除する可能性をもつという観点から、大きな意義づけが与えられている。

(2) 義務的消費者組織としての自治体

夫妻による地方自治体の捉え方で注目されるのは、消費者組合の評価とも重なりあう形で自治体を義務的消費者組織と捉えていることである。

消費者組合と自治体との相互関係について、夫妻の捉え方は次の文章に要約されている。「自治体と消費者組合という二つの運動は、イギリスでは補いあっておりほとんど重複は見られない。両者はともに、世帯の必需品の供給に関して民主主義の適応を代表する。市民の義務的で普遍的な協同組合である自治体は、水や電気や輸送や住宅など、基礎的で共通の必需品の、無料かそれに近い供給を発展させた。他方、各世帯が必要とする食料や家具などの生産と分配に対する民主主義的な統制は、自発的な消費者組合によって実施された[24]。」

「市民の義務的協同組合」という自治体の捉え方は、地方自治体がその発展過程をとおして市民の自発的な活動にもとづく組織へと変化したという認識を背景としている。夫妻は、産業革命をとおして生産関係が変化するなかで、土地への束縛から自由になった人民が都市に集中したこと、その生活をめぐって新たな社会的サービスの必要性が高まったことに注目する。こうした都市社会の出現とともに、自治体によるガスや水道の設置など普遍的な社会サービスの共同的な提供が実現されていく。それは夫妻の表現を借りれば、「無意識の社会主義」とも呼ぶべきものであった。「一七、八世紀のイギリスでは、教区委員会や道路・港や都市改善委員会などのゆっくりとした発足が見られた。

それは、地方の住民すべてのために活動を始めた。道路や港や街灯や財産の保護などは地方の住民すべてが必要とするものであり、これらは一九世紀に入ると新しい地方政府が担った活動であるが、われわれはこれらの担い手を消費者の協同組合と名づけることができる。（中略）その後の一連の改革の結果、イギリスの全域は一定の例外を除けば民主的な地方政府のもとにある。そこには、自由な課税権が与えられている。こうした、消費者の組合として彼ら自身の要求を満たすための民主的な組織は、『都市（自治体）社会主義』と見なすべきである。[25]」

このような夫妻の認識には、産業革命以来の都市問題の発生に対応して衛生政策その他の公共事業が整備されてきたことや、労働者議員の都市自治体への進出という流れが反映している。こうしたなかで形成された、公共的なサービスを共同的に提供するためのシステムは、住民が地域の安全を守るために自主的につくり上げてきた共同行動が、公共的なサービスとして引き継がれるなど、社会の進歩のなかで漸進的につくりだされてきたものであることが念頭におかれている。

夫妻は、こうした地方自治体の発展過程を、『イギリス地方政府の展開』に著している。「政府機能の遂行のための消費者団体が、最大の発展を遂げたのは、産業革命によって必要とされた建設事業に関してのことである。地方当局は港の建設や改善のために組織され、また市場の建設や管理に携わった。最大の発展は、都市の住宅や交通の集中によるものであり、それは地方政府の最も重要な仕事となった。従来の消費者による団体の多くは、その地域の所有者や占有者によって構成され、街灯の設置や道路の舗装を行ってきたが、こうした仕事を行う上で任意団体という性格は不適切であることが直ちに明らかとなり、すべての住民に負担を強いる法律を獲得した。個別法によって創設された地方当局の発展こそ、イギリス地方政府の最も重要な形態である。そこでの理事者は、義務的加入にもとづいた消費者団体の代表としての性格をもった。[26]」ここでは、生命の再生産のための消費と、港などインフラストラクチャーの生産的消費とが概念上未分化な形で論じられていることに注意が必要である。地方自治体の発展過程では、産業革命を契機とした社会の進化と文明化をつうじて、土地領主やギルドなどの生産を基盤とした組織によって閉鎖的に運営されていた従来の自治体の基本的な性格が変化し、自治体がサービスを消費する納税者の組織へと進化したことに注目がそそがれている。「一八三六年前後の改革が地方政府にもたらしたものは、排他的性格をもった職業組織を排除して、これをレイトペイヤーまたは消費者民主主義にもとづく、選出された主体に置き換えたことであった。これらに劣らず重要なのは、一九世紀の地方政府の機能が救貧事業に限定されていたことである。地方政府の活動をすべての分野に拡大するには一九世紀の残り全部が必要だった。教育や図書館やガス・水道等々が共同のサービスとして認められるとともに、地方政府の範囲と性格は拡大した。地方政府のこの拡大、とりわけ抑圧的・慈善的機能から市民生活の共同組織としての発展にともなって、新しい階層が選出代表としてまたは事務員として、自治体のサービスを強めた。労働者はその母体ともなった。(27)」こうした変化は社会の漸進的な進化の帰結として捉えられているということができる。

３　社会有機体・ナショナルミニマム・地方自治

ウェッブ夫妻の方法論は、社会有機体の漸進的で合理的な発展という社会史観を前提にしたものであり、社会有機体の健康な成長を支える合理的な社会システムと、その実現のためのインフラストラクチャーの考案という視点が出発点になっている。社会発展史観を前提として、「社会有機体」の健康を重視する姿勢は、シドニー・ウェッブの初期の論文に明確に表れており、後に見るように夫妻の生涯にわたる方法論であったともいえる。「一九世紀のイギリス経済史は、社会主義のほとんど連続的な前進の記録である。プラトンからオーウェンにいたる社会思想家の顕著な特徴は、彼らの提案の静止的な性格にある。理想の社会は完全に均衡のとれた形で描かれており、未来におけるなんらの変更も予期されていなかった。主に、コント、ダーウィン、スペンサーの貢献によって、もはやわれわれは理想社会を、変化しない国家として捉える必要はない。社会有機体の一貫した成長と発展の必要性は公理となった[28]。」

進化する社会有機体の全体像を捉えようとする夫妻の基本的な視角は、社会を客観的に捉える社会調査者としての夫妻の方法論につながったといえる。同時に他方では、社会システムやインフラストラクチャーの考案にあたって、公的な制度だけでなく労働組合をはじめさまざまな社会組織の展開と、それが客観的に果たしている社会的役割やその限界を組み込んだ形のシステム論を展開する姿勢に結果したということができる。これは具体的には、自治体と消費者組合との関係と位置づけ、また労働組合の運動とナショナルミニマムの機能とを統一的に捉える方法のなかに見ることができる。その方法論では公的セクターと準公的または私的セクターとは、機械的に分離しうるものではなく、歴史的にはむしろ私的セクターから公的セクターが発展してくるという形で、統一的に捉えられている[29]。社会の進化は、ある意味では自然史的な過程として捉えられる。「産業革命の結果は、社会のすべての新しい要素を解き放した。産業革命の前進は、すべての法や慣習を時代遅れにするとともに、突然の人口の増加はすべての期待や調和を破壊した。こうしたなかで、すべての人々が自分自身のために戦うという思考が受け入れられた。他方で、これとはまったく関係なく、実践家は工場法、下水道法、等々の整備を進めざるをえなかった。こうした無意識の社会主義は認識されていないが、保守党が多数を占める議会であるにもかかわらず、自由・財産防衛同盟の努力すら、一層の社会主義化に向けた法律の通過を妨げることはできない[30]。」社会主義に向かう社会全体の漸進的な進化のなかで、個々の社会的勢力の生成と主体の形成過程はありのままに捉えられており、たとえば産業革命を契機とした労働者階級の出現とともに、労働者自身によって消費者組合が組織され、それが労働者にとっては最大の政治教育の場であるとされる。同時にその各々が抱える問題点や限界もリアルに捉えられている。親方的な側面をもつ熟練職工を中心とした従来の労働組合が、既得権を維持して賃金の引き上げを有利に進めるために、組合員の新規加入を制限するなどの欠点をもっていること、また消費者組合についても、本来的に生産者の労働条件には無関心であることが指摘され、消費者組合の拡大にともなって廉価な商品の購入のみを目的とした会員が増大する傾向にあることも、直視されている。

こうしたなかで重要なのは、社会の変化に適合的な社会システムである。「社会有機体の継続と健康がなくしては、誰も生きて繁栄することはできず、したがってその存続は個人の主要な目標である。高い文明をもったギリシャ人などが下級の競争者に破れたのは、競争者がその時点で一層価値のある社会組織をもっていたからである。フランスがドイツに破れたのは、ドイツの社会組織の効率性がフランスに優ったからである。[31]」効率的な社会システムは消費者と生産者との関係をはじめとした社会的諸勢力の間における、一定の利害対立を不可避的にともなう競争関係を、ポジティブサムゲームに誘導する役割を担わねばならない。その基本的な手法はナショナルミニマムであり、これを社会政策の分野でも徹底させようとする。

夫妻による、個人と社会有機体そしてナショナルミニマムの関係についての見方は、次のような論稿に象徴されている。「文明諸国に来たった諸変化は次の一言にまとめられる。人間社会の原子的な見方は、一層有機的な概念によって置き換えられたと。全体としての社会は、それが全体としての目的をもつこと、団結した組織によってこの目的を追求すべきことを知っている。文明的な市民生活として規定された最低水準、個人にとってと同様に社会にとっても利益であることが認識されている最低水準を普遍的に維持することは、社会全体としての責任になっており、そのなかでは子どもも大人も果たすべき役割をもっている。一八四二年の紡績工は、子どもをどう扱おうが自由だったが、いまでは学校に通わせ、病気のときには病院に行かせねばならない。[32]」「現代の社会主義は、次のことについて急速に広がっている確信を意味する。社会的健康とそして結果としての人類の幸福は、個々人の別々の利害とは別の、それを超えたものであり、それ自体の目的を意識的に追求すべきものであること。社会発展の教訓は、皆殺しの競争を各々の有機体の間での意識的に規制された調和によって、置き換える必要があることを示していること。富の生産と分配は、個人の無拘束の自由に委ねられるべきものではなく、あらゆる公共機能と同様に、社会全体の利益のために組織されコントロールされるべきこと。[33]」

社会全体の利益を追求する社会システムの考案は、客観的で実証的な調査とこれにもとづく研究の課題であり、その担い手は社会学者であって、政治・経済上の問題が発生することは、主として社会学という学問分野の若さに起因する。さらに、主権をもつものは代表制民主主義のもとでの政府であるが、社会システムを実際に動かすのは頭脳労働者と専門家の役割である。合理的なシステムは専制君主によっても採用されうるが、民主的な制度のよさは、それが採用にいたる過程での討論をとおして国民に徹底されることである。[34] ここでは民主主義は、いわば機能的な側面からの評価にとどまっていることが注目される。他方で、市民によるシステムの制御という点には、大きな役割は与えられていない。むしろ期待が寄せられているのは、社会システムを管理する公正無私の公務員であり頭脳労働者である。[35]

こうした理論展開のなかで、都市社会主義から出発した夫妻の自治体論が、中央政府が定めたナショナルミニマムの実行者としての自治体の役割に重点をおいたものになっていることは興味深い。ナショナルミニマムと地方自治体とをつなぐ上で重要な役割を果たすのが国庫補助金であり、それはナショナルミニマムの実現のために、自治体の権限を買い上げることを意味するとされる。ここでは自治体は、中央政府が決定したナショナルミニマムを、国庫補助金の交付をとおして実施する機関としての側面をもつことが重視されている。すべてこれらは単に弱いもののためだけではなく、望むと望まざるとにかかわらず強制される。「われわれはいまや、法律によって住宅や職場や水道供給等の最低条件を守っている。すべての市民のために健康の最低条件を規定するのは、共同体全体としての権利義務の主張である。同様に教育のミニマムがある。国家はいまやそれ自身のために、すべての子どもへの教育に固執しこれを提供する。ナショナルミニマムの同様の概念は、地方政府に委ねられた諸義務に中央が干渉することに新しい重要性を与える。一九世紀の初めには地方は自由でよかった。二〇世紀にはわれわれは次のことを認識し始めている。われわれはすべて同じメンバーであり、ある地方の不衛生は全体を損なうことを。こうしてイギリスでは、ナショナルミニマムを地方に強制することは一層重要になった。これは地方支出の増加と活動範囲の拡大を説明する。こうして、補助金は二〇世紀初めのイギリス内政の中心的な分野となった。」[36]（引用文中の傍点は引用者による）

4　小　括

ウェッブ夫妻の伝記をまとめたL・ラディスは、近代福祉国家の創設者とも呼ぶべき夫妻にトータルな伝記もなく、またその研究についての全般的な評価すらこれまでなされてこなかったことは驚くべきことだと指摘している。その原因の一端は、夫妻の業績があまりにも広範囲にわたっていることにある。同時にラディスは、夫妻の広範な業績に一貫するものとして、社会は変えられなければならず、社会の利己主義的な諸特徴は道徳的な秩序に置き換えることができるという、固い信念があったとする。その論理展開の特徴は、プラグマティズムであるとともに、社会を進化の視点で捉える手法であり、利己主義の対極としての集産主義（collectivism）であった。それは民主的で多元的な国家への固い信念に根ざしていた。[37]

夫妻の業績を総括的に評価することは本稿の中心課題ではないが、その理論的特徴は、概ね次のような評価に見ることができる。

第一は、資本主義の矛盾を直視した夫妻が、科学の前進に裏づけられた合理的な制度の考案と公務員によるその運用に、絶対的な信頼を置いていたとするものである。ウェッブ夫妻は、資本主義文明による共同社会の分裂と労働者階級の肉体的・精神的退廃化に直面して、資本主義体制を本質的に浪費のシステムと捉えた。夫妻が新しい社会の基底に据えたのは、「資本主義の精神」にとって代わる「公共の精神」であり、その背景には誠実で有能な公務員層に対する絶対的ともいえる信頼があった。夫妻は、民衆的統制と国民的効率性との統一的発展を一貫して追求したが、そのなかで前提されていたのは社会の絶えざる進化と、科学の前進であった。科学的社会認識にもとづく「測定」と「公開」の原則の普遍的な適用は、社会から一切の不合理と恣意性を排して民主的・効率的な社会へと再生させることにつながると考えられ、その実施を担うのは誠実で有能な公務員であった。同時に夫妻の思想がもつ時代的制約は、その抜きさしがたい「制度信仰」に現れている。結局夫妻は、大衆デモクラシーと大衆政党の問題には最後まで無関心であり、民主主義を政治統合の制度としてしか捉えられなかった(38)。

第二は、ウェッブ夫妻は、彼らが新社会層・知的プロレタリアートと呼んだ知的職業人を中軸とする社会主義を描いたとするものである。夫妻は公務員をはじめとするこのような職業のエートスに、金銭的動機に代わるものの先駆を見た。彼らは社会全体の専門的助言者であり、利潤に対する審理法廷を設けたのである(39)。

第三は、夫妻が専門家的かつ実務家的な立場から世界を変革しようとしたこと、また、制度を絶対視する彼らの方法論が晩年のソビエト賛美の背景になったとするものである。夫妻が目指したものはビクトリア時代に支配的だった、文学的・貴族的な文化と実利を求める企業家的な文化という二つの文化の限界を、専門家気質に根ざす理想をとおして乗り越えることであった。文化的な生活の最低基準は、政策目標として専門家によって作成されねばならず、その根底にあったのは、人間は組織制度によって形づくられる存在であるとする捉え方である。それは、社会の組織制度とその構造に第一義的な重要性を与える夫妻の方法論に結果し、夫妻が晩年にスターリン支配下のソビエトロシアをほとんど手放しで賛美した背景となった。組織制度的な枠組みに心を奪われてきた夫妻は、ソビエト体制の目指すものが消費のための生産であるという主張を、無批判に受け入れた(40)。

第四は、夫妻は、個人が習慣的に「個人の利害」を「公共善」に従属させる未来社会像を提出したとするものである。市民は科学の急速な発展の必要性を理解するよう説得されねばならないとした夫妻は、コントを受け継いで、科学と科学者を宗教——人間性の宗教——の地位にまで引き上げたのである(41)。

ウェッブ夫妻についての以上のような評価に共通しているのは、社会の合理的な進化への確信と、科学に対する絶対的な信頼、そして制度とシステムの役割を重視する方法論であろう。

夫妻の理論全体を貫くものとして、これまで検討してきたように、その根底に動的な社会発展史観があったこと、政策論的には、社会有機体の健康な成長を保障するためのナショナルミニマムを核心とした社会システム論がおかれていたことが指摘できる。このようなウェッブ夫妻の諸議論を振り返るならば、そこには第二次大戦後の福祉国家体制の基本的な枠組みがすでに用意されていたということができるであろう。現代的な視点からその特徴をまとめるならば、第一に、一方での産業の競争力の強化と投資の拡大、他方での国民の賃金や教育・生活水準の向上が、調和的もしくは相互補完的に発展しうるものとして捉えられていたことである。第二に、そのナショナルミニマム論に見られるように、労働組合や消費者組合の組織力とその社会的影響力が、産業民主主義や消費者民主主義をとおして合理的な社会を実現するための原動力として前提されていたことである。第三に、社会政策的な意味でのナショナルミニマムの全国的な実施に向けて、その基礎単位としての自治体という形で、自治体の役割が集権的な枠組みのなかで捉えられていたことである。

これらを端的に特徴づけるならば、それは生産と生活の調和的な発展を目標に、上からのシステムづくりを重視した社会組織論ということができるであろう。こうした方法論的特徴をもった夫妻による地方自治体論が、地方自治体の機能変化を社会有機体の合理的な進化と担い手の成長という動的な社会史観のなかで捉える一方で、自治体の役割をナショナルミニマムの実行単位として位置づけるという、両側面をもっていたことに注目するのが本書の独自の視点である。それは、スウェーデンをはじめとした福祉国家が集権的な構造をともなった背景を考える上で、重要な示唆を与えると思われる。

夫妻のナショナルミニマム論が、セーフティーネットとして経済的・社会的活動の外側におかれたものではなく、むしろ経済的・社会的活動の動的な発展を促す手段として想定されていたことは、現在なお重要な視点を提供するものである。他方、今日的に見た場合に、こうした枠組みは、夫妻の理論では暗黙の前提とされていた一国単位での投資と雇用のシステムが、グローバル化のなかで行き詰まりを見せていること、労働組合などの組織力の不安定化と個人指向の高まり、そして地域・自治への関心の高まりという形で大きく動揺しつつあるということができる。(42) こうした意味で、社会システム論のパラダイム転換が求められているいま、新たな枠組みを探るために、この当時ウェッブ夫妻と激しく論争したG・D・H・コールの議論を検討することは有益であろう。

(1) Hobsbawm, E., *Labouring Men Studies in The History of Labour*, 1964.（鈴木幹久・永井義雄訳『イギリス労働史研究』ミネルヴァ書房、一九六七年、二三六ページ。）
(2) Ibid.（同上書、二四〇ページ。）
(3) Webb, S., *London Programme*, Swan Sonnenschein, 1891, p. 17.
(4) Ibid., p. 6.
(5) Ibid., p. 31.
(6) Ibid., p. 7.
(7) Ibid., p. 21.
(8) Ibid., p. 34.
(9) 福永智全「一九世紀末のロンドン州（County of London）における政治変革」（廣島史学研究会『史学研究』第一七一号、一九八五年）四八―五一ページ。
(10) 犬童一男「ロンドンにおける都市社会主義――その比較論的位置付けの試み――」（『思想』第五三四号、一九六八年一二月）九三ページ、一〇〇―一〇二ページ、一〇七―一〇九ページ。

（11） Webb, S. and B., *Industrial Democracy*, Augustus M. Kelley, Bookseller, 1965（初版は一八九七年）。（高野岩三郎訳『産業民主制論』法政大学出版局、一九九〇年、七四九ページ。）

（12） Ibid.（同上書、七五四ページ。）

（13） Ibid.（同上書、七五五ページ。）

（14） Ibid.（同上書、七七一ページ。）

（15） Ibid.（同上書、七七五ページ。）

（16） Ibid.（同上書、七六七ページ。）

（17） Ibid.（同上書、七二八―七三一ページ。）

（18） 生活賃金とナショナルミニマム、そして労働組合との関係についての夫妻の論点は次のとおりである。「今日の労働組合運動に発展が最も必要なのは生活賃金説についてである。民主的輿論の期待は、各職業が各々の社会的機能を果たすために必要な条件――専門家として・市民として両親としての能力に最も役立つようなものを獲得することであろう。ここで労働組合の政策には変更が迫られる。それは賃上げよりも遥かに高い程度の技術的熟練を要する。」「同時に各職業にとっては、寄生的産業を廃することが必要になる。こうして、生活賃金に特有の方策である詳細な労働法典によって一定程度の教育と衛生と余暇と賃金とをあらゆる職工に強行するという、ナショナルミニマムと我々が名付けたものに到達する。」「このミニマムは、民主的国家の輿論が共同の利益のために主張するものである。しかし、このミニマムの原則が十分に適用され、細目が法律化されると共に実施に移され、国民産業の変動に速やかに適応するためには、不断の努力と専門的技量を要する。この役割には、民主的国家は主として労働組合に頼らねばならない。」（Ibid. 同上書、八一六―八一七ページ）

（19） Lee, P. and C. Raban, *Welfare Theory and Social Policy*.（向井喜典・藤井透訳『福祉理論と社会政策』昭和堂、一九九一年、四一―四二ページ。）

（20） Webb, S. and B., *The Development of English Local Government*, Oxford University Press, 1963, p. 70.（初版は一九二二年）

（21） Webb, S. and B., *Problems of Modern Industry*, Longmans, Green and Co., 1902, pp. 167–179. および、Webb, S. and B., *English Poor Law Policy*, 1910, ed. 1963, Frank Cass and Co. Ltd., pp. 300–303.

（22） 佐藤博樹「ウェッブ社会理論の再構成」（『日本労働協会雑誌』第二五八号、一九八〇年九月）五七ページ。

（23） Webb, S. and B., *The Consumer's Co-Operative Movement*, Longmans, Green and Co., 1921, pp. vi–vii, 3–4, 8–9, 37, 390–394.

（24） Webb, S., *Tword Social Democracy?* Fabian Society, 1906, p. 19.（引用ページは一九一六年版による。）

（25） Ibid., pp. 11–13.

（26） Webb, S. amd B., *The Development of Einglish Local Government*, op. cit., pp. 129–130.

（27） Ibid., p. 189.

（28） Webb, S., "Historic," in G. B. Shaw ed., *Fabian Essays*, Fabian Society, 1889, p. 63.

（29）「工場法が一般的に受け入れられて拡大されたことはきわめて最近のことである。一九世紀の前半には、雇用契約への介入は支持されていなかったために、労働者は自身の任意の組織をとおして自己を守ろうとした。個人によるコントロールを集団によって置き換えるプロセスの発展が、任意組織と政府によって手を携える形で進められたのは、一九世紀の典型的な特徴である。消費者協同組合の運動と自治体の活動とが並行して発展したように、法による労働条件の規制は、労働組合による規制と並行して進んだ。」（Webb, S., *Tword Social Democracy?* op. cit., p. 26.）

（30） Webb, S., "Historic," op. cit., p. 85.

（31） Ibid., p. 90.

（32） Webb, S., *Tword Social Democracy?* op. cit., pp. 39–44.

（33） Webb, S, "The Difficulties of Individualism," in G. B. Shaw and S. Webb eds., *Socialism and Individualism*, Fabian Society, 1909, Second Edition, p. 9.（初版は一八九一年）

（34） Webb, S. and B., *Methods of Social Study*, Longmans, Green and Co., 1932. pp. 250–253.

（35） Webb, S. and B., *The Decay of Capitalist Civilisation*, Fabian Society, 1923, pp. 125, 173–174.

(36)　Webb, S., *Tword Social Democracy?* op. cit., pp. 29-31.

(37)　Radice, L., *Beatrice and Sidney Webb*, The Macmillan Press Ltd., 1984, pp. 1-8.

(38)　名古忠行『フェビアン協会の研究』法律文化社、一九八七年、一五二―一六九ページ。

(39)　Hobsbawm, op. cit.（邦訳、前掲書、二三四ページ。）

(40)　Harrison, R.「ウェッブ夫妻小伝――その生涯と思想」（大前真訳『日本労働協会雑誌』第二九八号、一九八四年二月、五四ページ、第二九九号、一九八四年三月、五〇ページ、六一ページ、六二ページ。なお、この論文は英文では公開されておらず、この日本語訳には英文の原題は記されていない。）

(41)　Lee and Raban, op. cit.（邦訳、前掲書、三八ページ。）

(42)　ここで付け加えるべきは、ウェッブ夫妻自身はこうした資本の海外展開を一定程度念頭においていたことであり、この点は次の指摘からも明らかである。ただし、もちろん今日のような本格的なグローバル化が考えられていたわけではない。「国内外での無制限の自由競争とは、苦汗業と共に国民を堕落のどん底に突き落とす世界である。」「これに対する普遍的な工場法による対応は空想主義である。」「従って、各国にそれぞれのナショナルミニマムを組織的に施行させる方策は、自由貿易主義の必要な仕上げになる。」「ここまでは、ナショナルミニマムが不当に引き上げられた国から労働が比較的低廉に得られる国への資本の移動を無視してきた。このことは、イギリス事業家に対するイギリス生活の優れた愉快さによって阻止されている。イギリスの産業的優越に対する危険は、頭脳労働をする有能なイギリス人に対するイギリス生活の魅力の減少に存する。」「あらゆる階級の市民が健康と知力と品性において急激に向上するならば、イギリス生活が一層住心地良くなることは疑いを入れない。従って、各社会は外国貿易を失う恐れなく、それ自身のナショナルミニマムを決定することが経済的に自由である。」（Webb, S. and B., *Industrial Democracy.* 高野訳、前掲書、八五五―八六三ページ）

第二節　G・D・H・コールの地方自治論
――下からの社会組織論――

個人の自由と主権から出発したコールが念頭においたのは、後述するようにルソーが描いた都市国家を前提とする民主主義社会である。ルソーの発想を、多元化し複雑化した社会に適応して再構築することが、産業民主主義論と自治体民主主義論をはじめとするコールの理論活動の中心的な課題であったということができる。その基礎単位として構想されたのは、生産者と消費者の調整の場としても機能するコミューンであった。コールの理論活動では、生活圏レベルでの自治単位を設置することや、またその一方で経済活動の広域化のもとで自治を生かすために、全国的な送電施設と自治体によるその管理との関係などが具体的に検討されている。全国を一〇ヵ所程度に分割する広域自治体の設置に向けた提案も、コミューンを基礎単位として、経済活動の広域化に対応するための枠組みとして構想されていたということができる。

こうしたコールの理論が現代的な点で意味をもつのは、従来の福祉国家の枠組みが動揺するなかで、地域の固有性を生かした経済や個人の主権と能動性とに焦点をあてた地方行財政理論の構築が求められていることにあるといえよう。これはスウェーデンの分権改革において、国家の枠組みが相対化する一方で、リージョンの設置と自治体民主主義の拡大が重要な論点になっていることにも示されている。

以下ではこうした問題意識から、コールの理論活動の概要と地方行財政についての理論展開を見ていきたい。

1　個人の主権から出発した社会システム

コールは、ウェッブ夫妻をはじめとする集産主義者が、社会主義の目標を生活賃金を中心とした分配の問題に集中させることによって、社会主義の中心課題を「国家による支配のもとでの高賃金」という問題に矮小化させたと批判する[1]。これに対して、「働く喜び」を説くW・モリスに啓発されて社会主義者になったと語るコールは、「自由な労働者の力は奴隷に勝る」という確信から出発した[2]。

コールによれば、モリスの主張の焦点は、生産についての責任と統制権を労働者に与えること、換言すれば、社会に貢献する労働者に、彼ら自身の人格を仕事のなかで表現する自由を与えることにあった。モリスが主張する自己表現の自由や労働における自由は、将来社会の中心命題とすべきである。労働者の手中に、彼ら自身の生活と労働を統制する権利を与えること、すなわち奴隷の働きをするかそれとも自由人として自己を表現する働き方をするかについての選択の自由を与えることによって、はじめて機械の専制を破壊することができる[3]。

労働党政権下での経済の計画化を論じた著作での次の指摘は、こうしたコールの思想を端的に表現するとともに、その後の福祉国家に対する鋭い批判としても吟味に値する。「生産の場で自由がないところには民主主義はありえない。そのようなシステムのもとでは、個々の労働者は自由を感じることはないだろう。彼は自分が何であるかを感じる、それは機械の奴隷である、たとえその機械が、これまでよりもずっと多く共通の喜びを生み出すために使われたとしても。社会化された産業においては、機械に対する抵抗が起こるであろう――労働者が、彼自身が情け容赦なく巻き込まれていると感じている経済的な怪物がもたらす痛みに対する、苦悶に満ちた神経的な反抗が。ストライキが、外部からは取るに足りなくて的外れと思われる問題をめぐって発生するであろうし、こうしたストライキは『共同体に対するストライキ』として告発されるであろう。社会全体を不安と幻滅が襲うであろう。どのような富と快楽の拡大もそれを妨げることはできない。ロボットたちは富んで自由時間を与えられるだろうが、しかし、彼らは彼ら自身にもその理由と内容を明らかにできない惨めさのなかで、不幸であろう。その結果は不健康で神経症の社会であろう。そこで産み出される富は人々にいわせれば取るに足りないものになってしまい、この社会のうんざりするような規律が引き起こす抵抗の波に直面して、富を大量生産する能力すら失う。もしわれわれがこうした危険を避けようとするのなら、われわれは政治の分野と同じように、人々を産業における『市民』の立場に立たせなければならない。人間は人間であって機械ではない。生産の目的は喜びまたは幸福であって生産それ自体ではない。われわれは人間の幸福という実質を得るために、生産効率を上げるための手段を形式的に犠牲にすることを覚悟しなければならない。人々の喜びや幸福は、彼らが何を消費するかにだけかかっているのではなく、彼ら自身がいかに生産するかにもかかっている。産業民主主義は職場の民主主義を意味するのでなければ、なにごとをも意味しない。(4)」コールによれば、計画化にとっての問題は、地方機関に命令を発する中央機構を考案することにあるだけではなく、各分野の職員全体がその仕事のコントロールに決定的な役割を果たし、その提言やアイデアを全体計画の立案や働きに実際に影響を与えるように、システムを考案することにあった(5)。

個人の権利と自由を出発点にしたコールが、その思想の中核においたのは機能的民主主義の思想である。現代社会では、個人の意志を政治に反映するためには代議制度が不可欠である。しかし、およそ個人のすべてが特定の代議員によって丸ごと代表されることはありえないし、それは必然的に代表者による専制に導くことになる。社会が個人の自由意志と能動性の発揮される場所となるためには、個人の日常的な仕事と生活の範囲で、個々人に最大限度の自発性と責任とが委ねられなければならない。労働者にとってはその単位は、工場よりも個々の職場であり、また生活のなかではそれはコミュニティであった。このように、個々人がその主体性を発揮することができ、また一体的な共感関係が生まれるような範囲を社会の基礎単位とした上で、機能（分野・課題）別に選出された代表者をとおして全体を調整するシステムがコールの描く機能的社会主義の世界である(6)。

こうしたコールの構想を理解する上では、コール自身が最も大きな影響を受けたとするルソーについての、コールの評価を振り返ることが有益と思われる。

コールは、ルソーの思想が社会思想家の歴史に例がないほど間違って解釈されてきたという。そのポイントは、個人の主権を絶対視するとともに、小さな共同体の美点を信じたルソーの思想が、大きな国家での代議的な制度に置き換えられたことである。コールによれば、古代都市国家のスパルタを理想化したルソーは、個々の市民が社会の統制に直接参加するために、小さくてまとまった社会と不平等の排除とを前提していた。その意味で主著である『社会契約論』の意図は、小社会――古代都市国家の現代版――の「聖書」たらんとするところにあった。それは決して代議的な政府を排除するものではなかった。ルソーが排除したのは代議的な主権である。市民の主権者としての機能を代理することはなんぴとにもできないとされ、主権は不可分のものとして集合した人民におかれていた。個々の市民は、憲法的諸原理を定式化する立法過程に直接参加する資格をもたねばならず、個人による直接の公民的行為であるこの領域にのみ、一般意志が直接に現れるとする。同時に、一般意志が形成されるのは人々に社会的連帯性を感じられるような、同質的で平等な社会である。こうした理想は、全市民が審議と決定に集合できるような小国家を前提したものであった(7)。

コールの構想は、都市国家における個人の主権と社会的連帯にもとづく統治というルソーの理想を、現代に適用することを目指したものとして捉えることができるであろう。コールは、代表制民主主義を改革する必要性とその方向を次のように論じている。「一九世紀に遍く受容された、国会をとおして機能する代表制民主主義の理論には、すべての問題を託する代議員を選ぶことができるという前提がある。しかし、中央・地方での問題の複雑さのなかで、これは不可能である。私は、そもそも人間が他の人を代表しうるとは信じない。代表制度が受容できるものであるための条件は、その代表範囲が全体的なものではなくて、一定の範囲に限られていることである。もしも、町の市民が教育問題についての彼らの意見を代表する者を選ぶことを求められるとすれば、満足できる代表の形態を得ることは可能だろう。必要なことは、一九世紀に支配的だった普遍的代表制システムを、機能（分野・課題）別代表システムに置き換えることである。私の第一の主張は、人々の声を反映する健全な社会に向けて、社会全体を機能別に組織することである。第二には、各組織で代表制民主主義を採用することである。代表制民主主義は、社会を機能別に組織する思想と結びついてこそ、人民によるコントロールの手段になりうる。(8)」

このような思想に裏づけられたコールの社会システム論の特徴は、個々人の意志を下から積み上げた社会組織という点に尽きる。ここでは、国家を含む全国レベルの機関は、調整役としての役割しかもっておらず、最終的な決定や判断は、個々人が直接に影響力を行使しうる職場単位に委ねられる。(9)個人の意志を最大限度尊重する社会システムが、全体として調和のとれた形で機能するためには、個々人の主権者としての成長が保障されるとともに、個々人の自発的な意志が、社会全体と調和することが必要条件となる。このためコールは、国レベルの制度改革よりも下からの力量形成に重点をおく態度をとった。コールの論理展開の要に、労働者の働きがいや個人間の共同性の発展という、個人の内面に属する問題がおかれていることの背景がここに見出される。

主体的な面での前提として強調されるのは、個々の労働者にとっては、自分の仕事の社会的な意義が実感できることであり、地域自治体レベルでは、生活の共同性のなかから生まれる共同体意識である。地域生活での共同体意識は、男女の平等や生活の社会化が進むなかで、自治体が提供する共同的なサービスの充実と相まって形成される。こうした「下から」の主体形成を促す基盤的なシステムを形成することがコールの地方行財政論の核心にあり、それは個人の自主性・自発性が最大限保障される社会主義社会への漸進的な移行を保障する。

こうした構想のなかでは、市民の意識を反映する上で公共的な組織とその他の組織とを機械的に区分することは無意味とされている。「過去に、国家の公共機構に属すると見なされた部分と、その外側にあると見なされたものとの間に一方的な区別がつけられた。国会や地方政府組織は国家組織である。しかし、労働組合や消費者協同組合はその社会的な目的がどうあろうとも、一般的に国家の外部にあるとして理解されてきた。私の主張はこうした区別は基本的なものでも、まったく合理的なものですらないことである。[10]」コールは将来の共同社会の基本に、市民のさまざまな意志や願いを表現するすべての組織が共同体に結集され、共同活動の可能性を最大にするために必要な範囲で調整されるシステムを描いた。そして、生産者の組織や消費者組織をはじめとした諸組織が、地域での最も重要な公共政策の諸原則を共同で決定する仕組みが「コミューン」と名づけられて、将来社会の基礎単位とされる。ここでは、教育や都市計画などの問題分野別に代表者が選ばれるとともに、これを調整する機関としてコミューンを設けることが提起される。こうしたコミューンを地域と州と中央の各レベルにおくことが社会制度全体の基本にされていた。コミューンについてのコールの構想は、コールの自治体理論の核心をなすといえる。「ここで私が期待するのは、次のような構成のコミュニティである、そこではギルドや消費者協同組合や現在では正確に予測することがむずかしい多様な形態の諸組織が、自治体諸組織とともにその地域の最も重要な公共政策の諸原則を共同で決定するために集合する。それ故に私は、地域と州と中央の各々に『コミューン』と名づけるものをおくことを提案する。[11]」

コールが描く将来の社会主義社会では、生産手段は国有ではなく広域自治体としての州の所有とされた上で、その運営は各産業別の生産者の組織に委ねられる。個々の産業別組織は、全国的な組織による援助と調整のなかで工場・事業所を運営するが、そこでの基礎単位は個々の労働者の影響が直接およぶ職場のレベルとされる。同時に、消費者による生産の統制というフェビアン協会の主張の流れを汲んだコールは、自治体のレベルで生産者と消費者の声が調整されることを重視する。こうして将来社会の自治体には、生活と生産にかかわる全般的な調整の場としての役割が求められることとなる。こうした意味で、自治体民主主義は産業民主主義と並んで、将来の社会主義社会の基本的なシステムとしての位置にあった。[12]

2　地域共同体の発展を基礎とした自治能力の発展

個々人の主権と自由から出発したコールの地方自治論は、一言で要約すれば、住民の共同組織としての自治体組織論という点に尽きる。職場と地域に一次的な権限を与える共同社会への漸進的な移行を念頭におくとともに、これに向けた主体の形成を促す社会システムの一環として自治体を捉えた上で、技術進歩や経済活動の広域化などに適合した自治体組織論が展開されている。自治の基盤を形成するものとして指摘されるのは、自治体が提供する公共サービスによって支えられた市民の共同的な生活スタイルと、これを基礎とした市民による自治体への関心と一体感、そして自治体のサービスを実質的に支える自治体職員の専門性である。

住民の生活スタイルと自治体とのかかわりに注目した場合、コールの地方自治論の特徴は次のように整理することができる。

第一に、自治体による民主的な社会に不可欠な公共サービスの提供を媒介として、近隣相互の共同性、すなわち公共的な圏域が形成されるとともに、これが自治体運営に対する市民によるコントロールの基盤となることである。現代風に言い直せば、生活の社会化を背景に保育所やコミュニティセンターその他の共同的なサービスの身近な自治体による供給をとおして、市民の間に自治と共同の気風が高まること。こうした近隣相互の共同性の拡大は、個々人がバラバラな形で商品形態の生活手段に対する依存を深めるアメリカ型生活スタイルと、対比させた形で描かれていることが興味深い(13)。

第二に、公共サービスを担う拠点施設では、住民の声をしっかりと受け止めることのできる専門職員が配置されていることが必要である。専門職員による公共サービスと、他方での住民自身によるボランタリーな活動が噛みあうなかでこそ、充実した共同のサービスが保障される。こうしたプロセスをとおして住民間の信頼や共同の精神も高まるのであり、また自治体サービスに対する住民の関心や信頼も高まる。市民の意識を反映する上で、公共的な組織とその他の組織とを機械的に区分することは無意味であるとするのがコールの基本的な立場であり、住民の自主活動には、将来のコミューンを念頭において重要な位置づけが与えられている(14)。

第三に、こうした生きいきとしたコミュニティの拠点としての狭域的な自治単位の設置や財政基盤の強化をとおして、基礎自治体の機能を確立するとともに、それを広域的にフォローする枠組みとして、経済・社会活動の広域化を踏まえた広域的な自治体の設置が提起される。コールの広域自治体論は、地域の住民と職場の労働者という「下からの」主体形成を重視した上で、経済・社会活動の広域化に対応した自治の拡大を支えるシステムとして展開されていることが注目される。

3　経済・社会活動の広域化、生活の社会化と広域・狭域自治体

地方行財政制度改革の具体的な展開についてコールは、両大戦をとおした中央統制の強まりと経済・社会活動の広域化、そしていわゆる「生活の社会化」のなかで、地方行財政システム全体を再組織化していくことを論じている。ここでは一九世紀以降に国家の行政機能が飛躍的に拡大したことが念頭におかれている。それは自治体の活動を拡大させた反面で、自治体財政の基盤が制限されたままであったために、中央統制の強化をもたらした。他方で自治体の組織は、現実の経済活動が自治体の範囲を超えて拡大するなかで、大都市が近隣地域を合併によって拡大するなどの、その場しのぎの対応が進んでいた。こうしたなかでコールが、近い将来に労働党が政権を獲得するという予測を念頭において、中央統制を排除するために地方自治制度の強化を提案していたことは興味深い点である。「労働党政府の誕生によって自治体の諸活動が、教育や保健などの重要な市民サービスと公益事業との両面で、拡大することは間違いない。しかし、こうした拡大の最初の結果は、現状ではどんな政府のもとであろうとも、ほとんど不可避的に集権化に導くだろう。自治体財政の基盤が制限されていて重要なサービスの拡大を担うこともできず、また自治体の権限

範囲が限られていて、地方税システムの改善も重要な経済活動へのサービスも実施できない状態では、自治体の機能を拡大することが事実上は中央統制の強化につながることは避けられない。[15]」コールにとって、公共サービスの拡大は地方自治の確立と並行して進まなければ意味がなかった。

コールの自治体改革論は、地域の共同性を基礎とする自治力量を発展させるための、基本的な制度的保障に主眼をおいていることが最大の特徴である。その意味で、自治体の改革にあたっては次の点が前提とされる。

第一に、自治体の地理的領域は共同の市民意識を結集しうる範囲とすることである。「自治体が、住民の社会的な現実にもとづいた共同の市民意識を結集しうるためには、自治体の領域は現実的で認知された単位でなければならない。なぜなら、それを支える共同意識が存在しない自治体は、最良の市民による積極的な奉仕も、構成員による効果的な支持も期待することができないだろう。それは、中央官僚との争いでは弱いし、そしてその自治と権限はたやすく掘り崩されるだろう。[16]」

第二には、自治体に幅広い権限を委ねるだけでなくて、きわめて広範囲な領域で新たな活動領域や影響範囲を切り開く自由を与えることである。「自治体と住民との一体感が、自治体の権限にも依存することは重要である。自治体に広い範囲での発展の自由が与えられていることは、人々の間の一体感と自治体への信頼を生む上でも決定的である。地方自治に不可欠なことは、幅広い権限が自治体に委ねられているだけでなくて、きわめて広範囲な領域で新たな活動領域や影響範囲を切り開く自由が自治体に与えられていることである。[17]」

自治体改革への具体的な構想では、一方での経済・社会活動の地理的な広域化と他方での公共サービスの拡大を踏まえて、広域的な自治体と狭域的な自治体とをあわせて整備することによって自律的な行財政上の基盤を整備することが主張される。

第一には、合併によって消滅した小コミューン単位に生活圏レベルの狭域的な自治組織を設けて、自治体業務の一部を委任するとともに、これを中心として公共的なサービスを拡充することである。「これまでの自治体の拡大は周辺の小自治体の代表機構を根絶やしにしてきた。それは小地域でのコミュニティづくりの制度を残さなかった。こうした地域でコミュニティを再建するために何ができるのか。まず、市の指導のもとで機能する代表制議会（council）を設けることができる。そこには学校や運動場の管理を委ねたり、歩道の設置についての規則制定権をもたせたり、自治体に対する苦情を取り上げたりする権限を与えることができるし、地方議会の議員が定期的に報告する場にすることができる。これらすべては決して上位の行政を分解することではない。それは自治体の活動を新たな分野に、人々の毎日の生活や小地域の住民組織と密接に関連した分野に、拡大することを意味する。それは真の意味での民主主義の称賛すべき実験であろう。人々が容易に理解できる諸問題についての小さなグループとの共同活動からはじめて、こうした自治の基礎の上に、より大きな形態の組織を設けることは(18)。」自治体を市民に身近なものにするためには、身近な公共施設とサービスや、これらを律する近隣議会が必要であるとともに、また専門性を保障された職員の活動と住民の自主活動が連携をもって展開していくことが必要である。これは自治体の再組織化のなかで中心的な位置を与えられている。こうした公共的なサービスの提供をとおして、男女平等の保障を含めた共同的な生活スタイルが確立されていく(19)。

第二には、地域の中心的な都市と周辺農村とを包含した、半ば広域的な自治体を設けて調和的な発展の単位とすることである。都市人口の拡大にともない、周辺農村自治体への住宅建設などが無政府的に進んでいるなかで、都市と農村の調和的発展を導く自治体の役割が強調される。

第三には、経済・社会活動の広域化に対応した広域自治体としての州を設けることである。州には、税源の保障をとおして自治体財政上の基盤を拡大する役割が想定される。このなかで自主財源の充実に向けて主張されるのは、州所得税と地価税である。地価税は州単位で徴収し分配することをとおして、都市と農村との調和的な発展を準備する。

また州所得税は、経済活動の上で一体化した広い範囲を領域とする広域自治体としての州によってこそ、徴収と分配が可能であるとされる。これらの自主財源は国庫補助金を排除するものでなく、将来的には州が、国の補助金を域内のコミューンなどに分配する媒介機関としての役割を果たすことが想定されている。[20]

こうした構想のなかで、中央や州と基礎的な自治体との事務分担の範囲は、事業の実施を基礎的な自治体単位とし、公益事業の拡大や経済と雇用を含む広義の都市計画の調整などを州の役割とするなど、経済・社会活動の広域化との調和が念頭におかれていた。[21]

こうして基礎的なコミュニティがベースとなった地方自治システムを前提に、広域自治体としての州が都市計画の立案・調整や、地方所得税などの徴収と配分などの機能を担当する。そして漸次公益事業の範囲を拡大していき、産業民主主義の前進に相ともなって、州による産業の所有と労働者による自主管理とが進んでいく。[22] こうした多元的もしくは自主管理社会主義に向けた主体の形成を目指すインキュベーターとして、地方自治・行財政システム論が組み立てられている。これは現代風に言い直せば、地域の共同性と公共圏域の形成を基礎においた地方自治組織論であるとともに、社会システム全体の組織論でもある。

4 分権型福祉社会への地方自治改革

コールの生涯と業績についての伝記的な著作を著したA・ライトは、その最終パラグラフで、次のようなコールの文章を引用している。「私は共産主義者でも社会主義者でもない。なぜなら、私から見ればこの両者は集権主義と官僚主義の信念にほかならないから。これに対して私は、人間の友愛にもとづく平等主義の原則に忠実な社会主義社会は、可能な限り多くの市民が民主的な自治政府の仕事に積極的に参加するために、責任と権限とを広範囲に分担することを基礎とするものと確信するからである。[23]」ライトによれば、コールは参加民主主義と多元的社会主義の指導的理論家であり、その思想の特徴は、彼の生涯を貫く民主主義への根本的な信念にあった。コールの思想は長期にわたって忘れ去られていたが、最近の民主主義的参加や自主管理に対する関心が高まるなかであらためて注目されつつある(24)。

池上惇は、コールの妻であるM・コールの回想を紹介している。これによればコールの死の当時には、産業民主主義や労働者統制のような彼の主張にはほとんど誰も関心を示すことなく、それらは過去が生み出した、死んだスローガンとなっていた。しかしそれらは、彼の死後に重要性を増しつつある。池上は、参加民主主義や分権、自主管理、そして議会制民主主義の擁護と多元主義といった現代のキーワードのすべてが、コールの生涯にわたる著作のなかで展開されていることに注目している(25)。

こうした民主主義と分権を基軸としたコールの評価は、当時の論争相手でもあったウェッブ夫妻の論点と比較するなかで、より具体的に捉えることができるであろう。

福祉国家論の創始者ともいうべきウェッブ夫妻の、社会システムに関する構想の特徴は、健全な社会と競争力のある産業との並行した発展に向けた広範な理論展開にあったといえる。反面において夫妻の理論が、合理的な社会システムの考案を過度に重視する態度に傾斜したこともすでに見てきたとおりである。これに対してコールの地方自治論は、個人の主権から出発した地方自治・社会システム論としての特徴をもつということができる。それは地方自治制度を、個人の主権から出発した社会組織の基礎単位として位置づけたという意味で、「上から」の地方自治論に対するパラダイム転換ともいうべき内容をもつものであった。従来のコールの評価については、さきに紹介したライトのような伝記的な著作を除けば、ギルド社会主義者としての個々の主張に焦点をあてるものや、地方自治をめぐる論点についても広域自治体論としての側面に注目するものが多かったと思われる。その意味では、コールの地方自治論を、個人の主権と住民の共同性に基礎をおいた社会組織論としての側面から捉え直した上で、ウェッブ夫妻の福祉国家論的な把握を前提とした地方自治論に対比させるという視点は、本書での独自のものである。こうした視点は、第四章で見たような福祉国家での自治体改革をめぐる論点を検討する上で、重要な示唆を与えるものということができる。

コールの地方自治論は、個人の主権を基礎とする協同体の思想から発した社会組織の構想として、特徴づけることができるであろう。その核心におかれているのは、主体としての個々人が取り結ぶ「住民共同組織としての自治体」という把握である。その全体をとおした特徴は、次のように要約することができる。

第一に、地方自治の主体形成を考える視点として、共同的な生活様式とこれを支える公共サービスとの関係を重視したことである。住民生活における共同性の高まりや市民による自治体への関心と一体感、公共サービスを支える専門労働者、さらに住民の活動と身近な公共サービスを束ねる役割を果たす近隣自治体、そして住民生活の新たな課題に積極的に応えていく基礎自治体という、各々の役割が有機的に関連しあう形で捉えられている。

第二に、市民の自主的な活動がもつ公共的な側面を重視したことである。公的な自治体と任意の活動とを機械的に区別することは無意味とされ、機能別に組織された諸団体が、相互に関連する問題を協議する仕組みとしてのコミューンが将来的な社会システムとして展望される。自治体はある意味では混合財としての側面から捉えられているといえる。

第三に、地方行財政システムの枠組みである。基礎的な自治体を強化するとともに、一方では自治体内の分権改革として生活圏レベルの狭域的な自治単位の設置と、他方では広域自治体の設置をとおした分権型行財政システムの構想が提案されている。

第四には、国家の役割の相対化であり、その役割は自治体と並ぶ機能的な団体にすぎないものとされる。

ここで指摘した四つの特徴の全体をとおして貫かれているのは、個人の主権から出発した社会組織の構想という側面であり、それはギルド社会主義者としてのコールによる、産業の労働者自主管理と将来的な公有化という構想とも対をなして論じられている。こうしたコールの構想は、ウェッブ夫妻の福祉国家論と対比させるならば、「分権型福祉社会の構想」と呼ぶことができるであろう。

　このような地方自治についての視点は、グローバル化を背景に国家主権の相対化や公共セクターの役割についての見直しが進む一方で、市民活動のもつ公共的な側面などがあらためて議論される現代において、地方自治改革への議論に新たな貢献をするものである。

(1) Cole, G. D. H., *Self Government in Industry*, 1917.（亀島勝美・岡上守道訳『産業自治とギルド社会主義』国文堂書店、一九一九年、四八ページ。）
(2) Cole, G. D. H., *World Socialism Restated*, 1956.（福田実訳『世界社会主義への道』南雲堂、一九六三年、九—一〇ページ。）
(3) 亀島ほか訳、前掲書、七二ページ。
(4) Cole, G. D. H., *Principles of Economic Planning*, Macmillan, 1935. (*Democratic Socialism in Britain*, Volume 7, Pickering and Chatto, 1996, pp. 330–331.)
(5) Ibid., p. 328.
(6) Cole, G. D. H., *Social Theory*, 1920.（村上啓夫訳「社会理論」『世界大思想全集　第45巻』春秋社、一九二九年、六一ページ、七六ページ、八〇—八四ページ。）
(7) Cole, G. D. H., *Essays in Social Theory*, Macmillan.（藤野渉ほか訳『政治・教育・倫理——新社会理論』誠信書房、一九五九年、一四三—一六三ページ。）
(8) Cole, G. D. H., *The Future of Local Government*, Cassell and Company, Ltd., 1921, pp. 177–179.
(9) 亀島ほか訳、前掲書、一〇〇—一〇四ページ、一一九ページ。
(10) Cole, *The Future of Local Government*, op. cit., p. 180.

（11）Ibid., pp. 175–181.

（12）Cole, G. D. H., *Guild Socialism Re-Stated*, 1920.（白川威海訳『ギルド社会主義の理論と政策』内外出版、一九二二年、一五四―一五九ページ、一六八―一七一ページ。）

（13）Cole, G. D. H., *Local and Regional Government*, Cassell and Company, Ltd., 1947, p. 257.

（14）Ibid., pp. 254–256.

（15）Cole, *The Future of Local Government*, op. cit., p. 6.

（16）Ibid., p. 27.

（17）Ibid., p. 29.

（18）Cole, *Local and Regional Government*, op. cit., p. 59. なお、これに続く次の指摘は、具体的なイメージを提供している。「コミュニティ生活に不可欠なものが新しいコミュニティにはまったく欠けている。郊外にはどんな施設が必要か。まず学校が、また地域社会のさまざまなニーズに対応できる設備をもった学校が必要である。第二には、バーとレストランそれも子どもや男性女性を歓迎できるものが必要である。コミュニティの形成に主要なのはドリンクである。第三には、小さな委員会室からダンスホールまでを備えた施設が必要である。そこでは、図書室やゆったりできる椅子が用意されていること。そこでは、社会サービスの相談員が置かれ、ボランティア組織や若者や音楽のクラブなどが活用する場であること。また、議員は定期的にここで報告することなど。要するにこの施設と学校は、地方の活動の最も広い領域でのセンターにしなければならない。この施設は運動場などをもつことが望ましく、また併設して保健所——相談室や幼児保育や簡単な診療や、健康教育の機能をもつ——を設けなければならない。大きな自治体でも内部には小さなコミュニティが存在している。」（Ibid., pp. 60.）

（19）Ibid., p. 258.

（20）Cole, *The Future of Local Government*, op. cit., pp. 97–102.

（21）Cole, *Local and Regional Government*, op. cit., pp. 253–256.

（22）Cole, *The Future of Local Government*, op. cit., p. 108.

（23）Wright, A.W., *G. D. H. COLE and Socialist Democracy*, Clarendon Press, 1979, p. 282.

（24）Ibid., pp. 1, 8.

（25）池上惇「なぜ、いま、G. D. H. Coleなのか?」（財政学研究会編『財政学研究』第八号、一九八三年一〇月）九―一一ページ。

第六章　地方自治と近隣自治体

——「自由の拡大」と地方自治改革——

はじめに

本章では、これまでの各章の検討を踏まえて、個人の自由を支える公共政策の担い手としての自治体の再生に向けた改革課題とその方向を示して、本書の締め括りとしたい。

個人の自由と公共政策との関係を論じるにあたって最初に注目したいのは、潜在能力アプローチを柱としたA・センの理論である。センによれば、潜在能力（capability）とは、ある人が価値あると考える生活を選ぶ真の自由を意味する。潜在能力は、いままでのものに替わるさまざまなライフスタイルを主体的に選択し、達成する上での真の自由であり、その範囲は個々人の主体的な能力とともに、所得その他の客観的な条件によって規定される。それは言い換えれば、「生きるに値する人生を選択する自由」ともいいうるものである。[1] ここでのポイントは、「生活の質」という従来の捉え方が客観的な状態を表す概念としてやや静的に捉えられる傾向があるのに対して、潜在能力という把握では、選択の主体としての個人の自由が中心におかれていることである。

このように個人の自由に焦点をあてる根拠は、二つの側面から説明される。一方では、個人にとって価値があると思うことを行う自由の増大は、個人の全体的な自由にとってそれ自体に意味があることであり、他方では、より多くの自由は、人々が自らを助け世界に影響を与える能力を向上させることである。同時に、これら二つの側面は統一的に捉えることが必要である。個々人が積極的に達成することができることの範囲は、経済的機会や政治的自由、基礎的な教育などによって影響される。これらの条件や機会を確保するための社会的な体制を確立すること自体は、個々人が自由を行使することによっても影響を受ける。こうした個々人の影響力は、公の決定に参加する自由をつうじて行使される。

こうした理論展開のなかで注目されることは、個人の自由と公共政策とが相互作用をつうじて捉えられていることである。ここでは、センによる次の二つの論点が重要である。

第一に、自由の拡大は決して無秩序を意味するものではないことである。センによれば、個人が自分の自由をどのように行使するかに影響を与え、自由を実践させるものは価値観である。価値観は民主主義と政治的自由を背景とした公開の討議と社会的な相互作用によって、つまり意見を交換しつつ人々が認識を共有し、問題や解決策を互いに理解しあうことをつうじて形成される。ここで示された、「自由を実践させるものは価値観である」という認識は、正義や理性が社会的な影響力をもつ根拠となるものである。センによれば、正義の観念は人々を動かす力をもっている。社会的価値は、さまざまな形態の社会組織——市場メカニズムや、民主政治や、基本的な市民的・政治的権利や、基本的な公共財の提供や、公的な行動と抗議のための制度などの——が機能する上で、重要な役割を果たしてきた。それが可能なのは、社会的存在としての人間にとって、正義に関する基本的考えが無縁ではないことにあり、社会的存在としての人間は自己利益について心を砕くだけでなく、家族、隣人、中間の市民、他の世界の人々について考えることもできるという事実にもとづいている。(2) こうした個々人の価値観や正義の観念が、討議をとおして社会的に形成され、人間の認識と行動を律する力をもつとする視点は、人間の合理的な行動の範囲を狭い自己利益に限定して捉える立場への鋭い批判となっており、個人の利益や価値観を幅広い社会システムのなかで捉え返すことを可能にする。

第二に、個人の自由を公共政策との相互関係のなかで捉えることである。個人の自由は本質的に社会的産物であり、経済的・政治的自由や基礎的な教育などの社会的・経済的条件は、人々の自由を拡大するとともに、人々が能動的に世界に立ち向かうことを可能にする。この意味で、個人的自由を拡大する社会体制と、社会体制をより適切で有効なものにするために個人の自由を行使することとの間には、双方向の関係が存在する。基礎教育、初歩的な医療、安定した雇用というような社会的・経済的要因は、それ自体重要であるだけでなく、人々が勇気と自由をもって世界に立ち向かう機会を与えることに寄与する役割も重要なのである。個人の自由の拡大に焦点をあてるアプローチは、自由な人間の能動的な力に対する信頼に基礎をおいている。そこでは自由の拡大は、暮らしを豊かで束縛のないものにするだけでなく、社会的により完全な人間になること、すなわち自分自身の意志の力を行使し、生きる世界と応答しあい、その世界に影響を与えることを可能にするものと捉えることができる[3]。

ここで、個人の主権と自由の拡大を実現する公共政策の役割と、公共政策の形成と選択にかかわる個人の影響力の拡大という指摘を現実化する上では、次のような論点が必要といえる。第一は、自由な個人の社会的な価値観が安定した形で形成される現実的な可能性と、その回路をどこに見出すかである。第二は、公共政策が具体的に形成される過程とともに、人々の自由を拡大するプロセスへの個々人の能動的な働きかけやその役割についてである。第三は、公共政策の実質的な内容や優先順位の決定に対して、個人が影響力を発揮するための制度的条件である。

以下では、第一の点については、コミュニケーションをとおした公共圏の形成という視点から、第二の点については、社会的共同業務とインフラストラクチャーの形成という視点から、そして第三の点については、分権と市民参加という視点から検討することとしたい。

（1）Sen, A., *Development as Freedom*, Alfred A. Knopof, Inc., 1999.（石塚雅彦訳『自由と経済開発』日本経済新聞社、二〇〇

〇年、八三ページ、八六ページ。)

(2) Ibid.(同上書、三一ページ、三〇〇ページ。)

(3) Ibid.(同上書、一七ページ、三二ページ、七〇ページ。)

第一節　コミュニケーションと公共圏・自治体

1　公共圏とコミュニケーション

個人による社会的な価値観の形成とそのメカニズムを考える上で示唆に富んでいるのは、ハーバーマスの生活世界に発する公共圏の形成という理論である。ハーバーマスは個々人が日常的に生活し生産する空間のなかで、コミュニケーションにもとづく公共的な圏域の形成とこれに基礎をおいた価値観が、競争的な経済システムの影響を制御しうる実質をもちうると捉えた。ここで興味深いのは、相互主体関係としてのコミュニケーションをとおして新たな公共的な圏域が形成されるとする論点である。それは、個々人の私的な領域を相対化させるとともに、新たな社会的価値観が形成される端緒として位置づけることが可能である。

初期の代表的な著作である『公共性の構造転換』においてハーバーマスは、公共領域と私生活領域そして公権力との関係を次のように要約している。「公共性そのものは、一つの生活圏という形で現れる。公共生活の領域は、私生活の領域に対立している。それはしばしば端的に公論の勢力圏として現れ、公権力にはかえって対立している。あるときには国家機関が〝公共の機関〟に数えられるのに、あるときには、新聞のように公衆の意思形成に奉仕するメディアが公共機関——公器——に数えられるのはこのためである。[1]」ハーバーマスはここで、資本主義の発展過程における市民的公共性の生成経過を跡づけている。ここで興味深いのは、出発点としての文芸的公共性を生じさせたシステム的な構造である。本来、商品交換の担い手が生み出した市民社会は独立した私有財産所有者の社会であり、家族を中心とした個々人の私的な生活領域は、公共生活の領域とは対立している。ここで文芸的公共性が形成される際の核となったものは、カフェーでの文芸に関する自由な討論という形をとった、自然発生的なコミュニケーションであり、そこでの参加者は自由な市民として平等の資格において討論を行った。カフェーでの討論をさらに洗練したものにしたのは、文芸批評家による批判と評価であり、それは独自のメディアをとおして文芸的公共性の全体としての水準を引き上げ、批評の視点を普遍化する役割を果たした。こうした過程は市民社会における公共圏を生み、それは租税国家に転化した近代国家による市民社会への介入と、それに対する公論の形成などの過程をとおして政治的公共性に転化した(2)。

ハーバーマスが現代社会において、公共性の支えとなるメカニズムとして新たに注目するのは、自由な意思にもとづく非国家的・非経済的な結合関係としての教会、文化サークル、学術団体、スポーツ団体、労働組合などの、市民社会におけるさまざまな協同体（アソシエーション）関係であり、それは自発的な公共的コミュニケーションの結節点としての役割を果たす。とりわけ重視されるのは意思形成を行う協同体であり、さまざまな自律的な公共圏は意思形成を行う協同体を中心としてその周囲に形づくられうる(3)。

ハーバーマスは、生活世界を源泉として自然発生的によみがえる公共的コミュニケーションを、資本主義的な経済合理性にもとづく経済システムや権力システムによる支配との、対抗関係をつうじて捉えている。ここでは、協同体には生活世界を源泉とした公共性の形成を媒介、もしくは結晶化させる役割が与えられているということができる(4)。言い換えれば、近代市民社会の形成期に公共的コミュニケーションを生み出したカフェーや文芸批評家などの舞台装置の役割が、現代社会では自由な協同体に振りあてられている。そうした協同体は、制度化された民主的な討論の手続きとの連携をとおして、自由な意見を発信して政治的意思決定に影響を与え、政治的公共性に転化するのである。

2　公共圏と社会的価値

コミュニケーションに媒介された公共圏の形成が、社会的価値形成の一環としての性格をもつことを前提とした場合、次の問題は公共政策を決定する制度的なメカニズムと公共圏との関係であろう。それは公共政策に対する個々人の影響力の行使とその回路という問題ともかかわっている。ハーバーマスは、公共圏を担う協同体が特殊利益の普遍化された装いという役割を果たす恐れをも考慮に入れた上で、制度化された意思決定のシステムとこれらの協同体とが相互関係に立つことを重視する。(5) ここでは公共圏が、個々人を主体とした社会的な価値形成の側面から捉えられているといえる。こうした理論を自治体論のレベルから捉え返した場合には、公共圏は個々の市民と公的主体としての自治体とをつなぐ論理のキーワードになるであろう。それは、住民相互間のコミュニケーションにもとづく公共的な圏域の形成を媒介として、自治体と個々の市民との関係を捉え直すことを意味する。この場合には、自治体自身の基本的な性格は、さまざまな領域で生じる公共圏の結節点として捉えることができる。

ここで問題になるのは、個別的に形成される公共圏が全体として調和を保ち、社会的価値が形成されるのはなぜかという点であろう。この点に関連して後藤玲子は、異なる利害関心をもった個々人が、なぜ自分たちの行為を共通に制約するルールに賛同するのかについての、センの最近の理論展開に注目している。センによれば、社会的に成立しうる正義の原理とは、単一の観点をもった社会構成員の間の契約ではなくて、複数のカテゴリーやポジションに属して複数の観点をもった諸個人の間の契約にもとづくものである。複数の集団に属する個人は、各集団の個別的請求に対して内的にコミットしながら、同時に外的に観察する機会をもちうる。彼らはこれをとおして、各集団の個別的請求がもつ普遍的・人間的意味を、不偏的に評価する公共的観点をおのずと獲得する。それは複数の集合体の当事者としての複数の観点にとどまらない、不偏的観察者としての観点である。ここで重要なのは、複数の集団に属し、多層的な自我をもつ個々人が集まって、さまざまな個別的請求の普遍的・人間的意味を互いに解釈し発見していくプロセスである。こうした公共的討論の場では、均衡へと向かう個々人の反省作業は、個々人が自己を統合化するプロセスと重なりあっている。他者との〈相互性〉を基盤として形成される個々人の〈公共性〉、個人内の不均衡を抱えながらも自己統合をはかろうとする個人のダイナミズムと、そうした個々人の間の均衡はまさに公共的均衡ともいうべきものである。[6] こうしたセンの論理は、多様なレベルでの公共圏の形成と、確立された民主主義の制度や公共性との相互関係を捉え直す上で有益である。

以下では、公共政策の役割の点からこれまでの論点を振り返ってみることにする。

（1）Habermas, J., *Strukturwandel der Offentlichkeit*, Suhrkamp Verlag, 1990.（細谷貞雄・山田正行訳『公共性の構造転換』第二版　未来社、一九九九年、一二ページ。）
（2）同上書、四六―六四ページ、七二―七八ページ。
（3）同上書、四四―四八ページ。
（4）Habermas, J., *Theorie des kommunikativen Handelns*, Suhrkamp Verlag, 1981.（河上倫逸／M・フーブリヒトほか訳『コミュニケイション的行為の理論（下）』未来社、一九九八年、三〇八―三一二ページ。）
（5）Habermas, *Strukturwandel der Offentlichkeit*, op. cit.（細谷・山田訳、前掲書、三一―三四ページ。）
（6）後藤玲子「多元的民主主義と公共性」（山口定ほか編『新しい公共性』有斐閣、二〇〇三年）一〇七―一二六ページ。

第二節　現代の生活様式と社会的共同業務

1　現代の生活様式と社会的共同業務

生活世界に発する公共圏の形成という論理を考える上で興味深いのは、成瀬龍夫の生活様式に関する理論である。成瀬によれば、資本主義的生活様式の諸特徴は次のように把握される。第一の特徴は、それがもっぱら個別家族の消費生活様式としての現象形態をとることである。家族の小規模化が進むとともに、人間の生命や労働力の再生産が、小規模な消費単位と化した個別家族の全責任となる。第二の特徴は、生活手段が商品生産物として、個別家族と個人を単位として所有され消費されることである。同時に、都市化の拡大にともなってさまざまな種類の共同消費手段が必要になり、私的商品消費と社会的共同消費の両者がともに発展する。第三の特徴は、消費サービス労働の分化と専門化である。家族内での私的な労働と、家族外での社会的な労働が分化するとともに、人的サービス労働などの分野で生活技術の社会的専門性が発達してくる(1)。

以上のような資本主義的生活様式の基礎の上で第二次大戦後の資本主義世界を席巻したのは、大量生産・大量消費体制の確立のもとで形成された消費生活様式としての、アメリカ的生活様式である。そこでは、生活手段の全面的な商品化のもとで、個別化された消費生活の風潮が高まる一方で、社会的共同消費手段は、従属的な役割に縮小される。同時に、子どもから大人まで一般大衆の消費欲望が、企業のマスメディアによる刺激や操作の日常的な影響下におかれるようになる(2)。

こうした生活様式の意味するものは、生活の質が生活手段の商品品質に全面的に依存するようになり、生活者としての自由で自覚的な生活意識や消費能力が解体されて、商品購入者としてのそれに一面化されることである。同時に注目すべきは、資本主義的生活様式のもとでは新たな共同的欲求の発生が不可避だという点である。それは住民の運動に媒介されて公的な制度として実現したり、協同組合の活動として展開されるという経過をたどる。こうした社会的な制度化へのプロセスには、住民の側での権利の認識と自治体による権利の制度化、および権利充足のための専門的サービス労働という要素の三位一体的関係が見られる(3)。

ここで示された、新たな社会的共同業務の「下から」の形成と制度化、およびその担い手としての公務労働者による専門的サービスの提供という捉え方は、公務労働の位置づけをめぐる理論のなかにも見ることができる。重森曉は、資本主義国家のもとでは伝統的な社会的共同業務が解体される一方で、運動や制度の発展をとおして新たな公務の分野が拡大していくとする。これは公務労働が、一方で国家に包摂されて資本や権力に奉仕する労働としての側面をもつと同時に、他方では住民の共同業務を遂行する役割という、二重の性格をもつとする論点を踏まえたものである。公務労働の二重性は、官僚機構のもとでの官治的行政と、住民による社会的共同業務の民主的な再建という、対抗関係のなかで把握されている。社会的共同業務のなかで公務労働が本来果たすべき役割は、「社会的共同業務の総合性を現代的に再生するためのインフラストラクチャーを、形成・維持・管理するための労働」と規定される(4)。ここで指摘されている「社会的共同業務の再生」は、現代の生活様式を基礎とした共同的欲求の発生、言い換えれば、公共圏の形成との相互関係のなかで進むものと捉えることができるであろう。社会的共同業務の展開と社会的な価値観の形成とは、相互に媒介しあう形で進むということができる。ここで鍵となるのは、社会的共同業務が現実に展開されるメカニズムとその働きである。

2　インフラストラクチャーと公務労働

社会的共同業務が住民自身の運動の高まりをも背景として制度化され、公務労働者によって遂行されるなかで住民相互の共同性を媒介する役割をも果たすという視点は、公共政策の具体的展開と社会的価値観の形成との相互関係にもかかわるものである。ここでのポイントは社会的共同業務の位置づけである（なお、以下本章では、「公務労働者」を政府・自治体の職員に限定せずに、サービスの遂行を担う専門職員の意味で用いる）。

この点で示唆的なのは、社会的共同業務の原点を共同財と捉える池上惇の理論である。池上は、資本主義経済が顕著に発展する以前の社会や地域では、地域共同体が人間の生産や生活や文化芸術の営みを支えてきたとした上で、地域社会が生産や生活を営むための施設や仕組み、またこれらを律する規範的な倫理をつくり上げ維持するための共同の業務を「共同財」と呼んでいる。こうした共同財のもつ総合的な性質は、公共財と私的財への分化が進み、それぞれが利潤原理や官僚主義などの独自の論理で発展すると、次第に失われやすくなる。しかし、新たな技術進歩と契約関係の発展が進むと、生産者・消費者・市民生活者などに共通の基盤を提供するシステムとして、そこに再び共同財の総合性が求められることになる。

こうした意味での共同財の再生を、池上は社会的共同業務を担うインフラストラクチャーの再構築として捉えている。ここでのインフラストラクチャーは、個人の自立を支援するための施設やサービスや法律・ルールなどの、ソフトとハードを結合した概念として、共同財を原点とした形で捉えられている。インフラストラクチャーは、非営利組織をはじめとした人間ネットワークによる個々人の自立を支援する活動を包含することをとおして、共同財としての再生が可能となる。(5)

以上のような論理構成のなかで注目されるのは、人間ネットワーク、すなわち個人間の共同性にもとづく主体的な活動に、個々人の自立を支援する社会的共同業務を担うインフラストラクチャーの一環としての役割が与えられていることである。その意味で、この理論が注目される一つのポイントは、個人間の共同的な活動がもつ公共的な性格を捉えた上で、それをインフラストラクチャーの再生にあたって要に位置するものとして捉え直したことにあるといえる。

インフラストラクチャーは、公務労働と個人間の共同性にもとづく人間ネットワークによって支えられ、その展開をとおして住民相互の共同性を一層拡大する役割を果たす。ここで焦点になるのは、インフラストラクチャーの形成と展開とを動的なプロセスのなかで捉えることである。

ここで、インフラストラクチャーの形成という側面から出発する場合、示唆的なのは成瀬が指摘する現代的生活様式の特徴である。そこでは「生活の社会化」の深まりを背景にして、個人の生活が一層の個別化と商品関係への依存を深める傾向をもつと同時に、社会的サービスの公的供給に向けた住民の運動を背景として自治体によるその制度化、そして公務労働者に担われたサービスの提供とこれを軸とした住民相互の共同性の高まりというプロセスが展開される。こうした論理を、あらためて自治体の公的なサービスと住民相互の共同性の形成にもとづく活動との相互関係、およびその全体としての社会的役割という視点から捉え直すことは有意義である。具体的には、第一章で見たような子育て支援システムの構造とその働きなどの例をあげることができる。

子育て支援システムの構造と働きが本章の文脈のなかで示唆的なのは、それが育児グループや保育所・保育士さらに保健師などによる活動の総体によって構成されており、全体として子育てを支援する機能を果たしていることにある。その意味で、子育て支援システムは、子育てを支援するインフラストラクチャーとして位置づけられる。子育て支援システムの構造を、子育て世帯相互間におけるコミュニケーションの組織化の過程に注目して捉えるならば、そこでの直接の主体は子育て世帯自身であり、そこには育児グループなどの自主的な活動主体形成の過程を見ることができる。孤立した子育て世帯相互間のコミュニケーションを媒介しているのは保育士や保健師などによる活動である。保育所は、こうしたシステム全体のなかで地域レベルでの結節点としての役割を果たしているということができる。それは総体として社会的共同業務を担う一種の公私混合システムともいいうるものであり、その基盤を支えているのは自治体の公的な活動である。

子育て支援システムが決して特別な事例とはいえないことは、第三章で見たような他の行政分野の変化からも確かめることができる。たとえば、まちづくり・都市計画の分野を事例にとれば、まちづくり条例の制定とまちづくり協議会などの設置をとおして進められている地域整備は、自治体による条例をはじめとした制度づくりと住民組織としての「まちづくり協議会」によるまちづくりビジョンの作成、そして都市計画専門職員による建築活動のコントロールなどが、全体としてまちづくりを推進する公・共協働のシステムを構成していると捉えることができる。

こうした事例が示しているのは、現代的生活様式の大きな特徴として、住民相互の利害調整に向けたルールの形成や、コミュニケーションをとおした共同性の形成が、それ自体として社会的な重要性を高め、公共的な側面をもつことである。それは同時に、共同財の現代的な形成過程もしくはインフラストラクチャーの下からの形成過程としても捉えることができる。ここで重視するべきは、こうしたインフラストラクチャーの有機的構造である。インフラストラクチャーの構造を個人による共同的な活動をも含めて総体として捉えること、個・共・公の役割と相互関係のダイナミズムを捉えること、さらに公務労働の位置を明確にすることが、ここでのポイントである。やや図式化していえば、一方で個々人を基礎とした相互主体的な関係としてのコミュニケーションに媒介された共同性の形成とその活動の具体化、他方で公的主体としての自治体による政策の実施と公務労働をとおしたその具体的な展開とが、相互に不可分な形でインフラストラクチャーを形成する。このなかで公務労働は、広い意味でこの両者を媒介する役割を果たす。

ここであらためて注目されるのは、子育て支援システムの形成とその運営における保育士集団の活動、すなわち公務労働が果たした独自の役割である。子育て支援システムは都市化にともない、生活を支える公共サービスへの要求が高まったことを背景として、公的な事業としての保育が自治体によって市民的権利として制度化されたことが出発点となった。さらに保育士という専門職員が配置され、専門職としての保育士の集団的な力量が形成されるなかで、その活動で培われた「共同の子育て」像が、地域での子育て全体を視野においたものとして継承され、展開していった。こうした過程は、住民の運動をとおした市民的な権利の制度化と専門職員によるその質的発展、および子育て世帯相互のコミュニケーションを媒介する公・共協働システムとしての社会的共同業務が創造されるメカニズムを、典型的な形で表すものといえる。さらに公務労働の役割に注目した場合、そのポイントは、コミュニケーションを媒介する専門職としての公務労働者の位置と役割であり、それは共同の子育てという新たな公共圏の形成に大きく寄与したといえよう。

次節では、以上の論点を自治体改革の課題として捉え返すこととしたい。

(1) 成瀬龍夫『生活様式の経済理論』御茶の水書房、一九八八年、一九ページ。
(2) 同上書、六ページ、六八ページ。
(3) 同上書、一三八―一四八ページ。
(4) 重森暁「インフラストラクチャーと公務労働」(『経済論叢』第一五八巻第六号、一九九六年一二月、五〇―五三ページ。)
(5) 池上惇『現代経済学と公共政策』青木書店、一九九六年、一三六ページ。

第三節　自治体改革と近隣自治体

1　「コミューン」と近隣自治体

第一節で示したような、自由な協同体(アソシエーション)と公的な制度との両者の関係について、本章ではこれを単に意志決定段階における相互関係のレベルで捉えるにとどまらず、この両者を、社会的共同業務を担う総体としてのインフラストラクチャーを構成する一環として捉える。ここでの焦点は自治体の役割と意志決定のメカニズムを、個・共・公の役割と相互関係のダイナミズムのなかで捉えることである。自治体の役割は、一方では生産と生活に不可欠な財とサービスを供給する公・共協働システムの基盤を担うとともに、他方では住民自身がコミュニケーションをつうじて公共的な圏域の形成を促すための契機もしくは基盤的な条件を提供することにある。自治体改革の課題として捉えた場合に重要なのは、インフラストラクチャーの基本的な担い手としての自治体の役割と、公共圏の形成に裏づけられた自治の主体形成との相互関係にもとづくダイナミズムを念頭において、制度的な意志決定システムの枠組みをつくり上げることであろう。ここであらためて注目されるのは、G・D・H・コールの自治体論である。

第五章で検討したように、コールの自治体論の特徴は、個人の主権を基礎とする共同体（コミューン）の思想から発した社会組織の構想にある。その核心は、主体としての個々人が取り結ぶ「住民共同組織としての自治体」という把握であり、特徴は次の二点に要約できる。

第一に、個人の自立を支える社会的共同業務の担い手として、市民の共同的な活動と公共サービスとを統一的に捉えていることである。公的な自治体と任意の活動とを機械的に区別することは無意味とされ、機能別に組織された諸団体が相互に関連する問題を協議する仕組みとしてのコミューンが、将来的な社会システムとして展望される。今日的にいえば自治体は、ＮＰＯなどの市民の共同的な活動と公的サービスの両者によって展開される社会的共同業務を、協働的に運営・管理するシステムとして捉えられている。

第二に、地方自治の主体形成のプロセスを、共同的な生活様式とこれを支える公共サービスとの相互関係のなかで捉えたことである。そこでは、自治体が提供する地域に密着した公共サービスとこれを支える専門労働者、保育所やコミュニティセンターなどの公共サービスに媒介された市民相互間の共同性の高まり、ここから生まれる自治体への関心や一体感、さらに住民の活動と身近な公共サービスを束ねる役割を果たす近隣自治体、そして住民生活の新たな課題に積極的に応えていく基礎自治体という、各々の役割が有機的に関連しあう形で捉えられている。自治体の財政的・制度的な枠組みは、こうした自治をめぐる主体形成のダイナミズムを前提として構成される。

このようにコールの自治体論では、個々の住民と自治体とを媒介する要として近隣自治体が想定されていたことは興味深い。それは地域レベルのルールの制定やコミュニティ施設の運営などの権限をもつとともに、地域から民主主義の力量をつくり上げるシステムとしても、また自治体全体の運営に責任をもつ代表者の報告や住民との討議の場としても想定されている。コールの構想における近隣自治体の役割は、地方自治の主体形成や住民共同組織としての自治体の再生に向けた展望のなかで捉え直すことが可能である。

こうした近隣自治体の位置づけを現代の自治体改革の課題として考える上で示唆的なのは、水口憲人による「ストリートトレベルの政府」についての論点である。水口は一九六〇年代以来の日本における市民運動の展開過程を整理して、とりわけ一九八〇年代以降は、町づくりや村おこしといった地域性や住民意識をもった住民運動が多様な広がりを見せたという。こうして「住民の共同生活条件としての地域」が焦点になるなかで、住民共同としての公共的領域が形成されつつある。こうした捉え方の延長上に、ニューヨーク市のコミュニティボードなどをイメージしたストリートトレベル（日常生活圏）の政府という捉え方をおいている(1)。水口の議論で興味深いのは、都市内での分権改革を単に制度的・形式的な意味での分権改革にとどめずに、市民レベルでの公共圏の形成との相互関係のなかにこれを位置づけていることである。それは言い換えれば、自治体改革の方向を下からの主体形成という問題意識にもとづいて捉えることを意味する。

以下では、日本の自治体改革の課題を近隣自治体の役割に焦点をあてて論じることにしたい。

2 自治体改革の課題

第一節で検討したように、個人の主権と自由から出発した自治システムを構想する上で最も基礎的な視点は、自治体を市民生活から生じるさまざまな領域での共同性を基盤とした公共圏の結節点として位置づけ直すことである。個々人と自治体との相互関係は、公と共の協働的な活動の展開をとおした社会的共同業務の遂行と公共的な圏域の拡大過程として捉えることによって、一層動的な把握が可能となる。こうした問題意識に立った上で、ここでは前節までの検討を踏まえて、自治体の基本的な役割とその範囲を、社会的共同業務の遂行という点から検討する。

自治体の役割と社会的共同業務との相互関係は、次の点から捉えることができる。第一に、社会的共同業務の範囲と自治体サービスとの相互関係である。都市型社会での生活様式を念頭におくならば、社会的共同業務の範囲は、「生活の社会化」を背景とした個々人・家族の孤立化と社会的に供給されるサービスへの依存の深まりなどを要因として、最も基底的なレベルで規定される。同時に、生活の社会化と住民生活の孤立化のなかで、社会的必要性そのものが埋没する傾向をもつことも見逃してはならない。これは社会的共同業務として認められる範囲を動態的に把握する必要を示唆するとともに、子育て不安の拡大などに見られるように、社会的な対応を必要とする新たな業務が生じるなかで、こうした問題を社会的に顕在化させるための自治体の活動が重要な役割を担うことを示すものである。

第二に、社会的共同業務の担い手の多元化である。自治体と住民自身による共同的な活動は、総体として社会的共同業務を担うインフラストラクチャーとして捉えることができる。そこでは自治体は、インフラストラクチャーが形成され機能する基盤としての役割を果たす。同時に、住民自身による共同的活動と公務労働とは、住民相互のコミュニケーションをつうじた公共圏の形成を媒介し、社会的価値観の形成をつうじて社会的共同業務として認められる範囲の拡大を促し、それがさらなるインフラストラクチャーの発展を準備するという形で、相乗作用を生みだす。

第三に、自治体行財政の質を評価する基準としての社会的共同業務の役割である。それは、行財政運営をコントロールする主体の形成という問題とも重なりあっている。行財政の評価にあたって最も基本的な点は、自治体の活動が社会的な対応を必要とする業務の遂行という役割と一致しているか否かであり、それが総体としてのインフラストラクチャーを効果的に創造し機能させる上での役割のいかんにある。同時に、社会的共同業務の範囲を認識し、自治体の行財政を評価する住民の力量それ自体は、公共圏の形成に裏づけられた社会的価値観の形成と並行して進むことに着目する必要がある。言い換えれば、公共圏の形成と社会的共同業務の範囲の拡大、総体としてのインフラストラクチャーの形成・発展、さらに行政サービスの評価主体と評価能力の形成は、その本質上並行して発展するものと捉える必要がある。

以上を念頭においたならば、近隣自治体の設置をはじめとする分権化は、自治体行財政運営を社会的共同業務の遂行という点から制御するための制度的枠組みと捉えることができる。

ここではスウェーデンのNC改革をイメージして都市内分権制度を提言したい。こうした改革は、地域からインフラストラクチャーの構築を進める一環としての位置づけをもって進めることが必要であり、その意味で近隣自治体は公・共協働型システムの要としての役割を果たすことが重要な点である。そのためには近隣自治体の組織構造は、分野ごとにつくられる公・共協働型システムとしての、たとえば子育て支援システムを構成する関係機関やグループなどによる分野別の協議機関と、そして地域内の有権者によって選出されて行財政運営上の最終的な決定権をもつ地域議会という、二つの部分で構成されることが妥当であろう。自治体の再生は、これらが一体となって自治体の権限を地域に授権する受け皿となること、それが自治体との協力・相互関係のなかで機能することによって展望することができる。

このように自治・分権改革が統治主体の形成という課題に果たす役割は、二つの面で捉えることができる。一つは、社会的共同業務の協働的展開がそれ自体として公共圏の形成を促すとともに、住民がコミュニケーション関係の発展や専門職員との交流をとおして、あるべき社会像を主体的に形成する力量と社会資源を総体として活用する能力を身につけることを助けることである。またもう一つは、地域単位で設けられた地域議会における、財源配分やこれにともなう規範やルールの議論などをとおして、地域の現状を踏まえた統治能力の形成が進められるからである。この点では、スウェーデンでのNC改革の到達点を評価する際の重要なポイントが、「地域の政治家」の誕生という点におかれていることを見落としてはならない。

こうした改革の主要な意義は、住民のレベルからの地方自治の担い手づくり、言い換えれば、行財政を評価し運営を進める主体の形成という点にある。それは市民を消費者としての側面から捉える「スーパーマーケット型国家モデル」にともなう制約を突破する条件と可能性を用意する。地域レベルの主体形成は、行財政運営への市民による主体的な参加とコントロールを強めることをとおして、自治体行財政運営の効果と効率性を高めると考えられる。それはスウェーデンのNC改革において、財政執行権限の地域への分権化こそが効果的・効率的な財政運営につながるとされていることにも重なりあうものである。こうした改革の重要性は、現代日本の自治体が直面している諸課題からも確認することができる。

ここでは基礎自治体の行財政改革が求められる背景として、次の点に注目する。

第一に、高齢化の進行や少子化と子育て不安などに象徴されるように、自治体による対応が求められる領域が市民や地域の生活領域にまで拡大していること。

第二に、いわゆるNPOの活動への注目にも見られるように、自治体と市民との新たな協働関係そのものが不可欠になりつつあること。

第三に、都市基盤の緊急的な整備が一段落した自治体財政運営の当面の焦点が、施設建設に偏重しがちな財政支出から、行政運営・サービスの質的向上をはかる財政運営への脱却を進めることにあること。

これらは総じて、自治体の役割を社会的共同業務の協働にもとづく遂行という側面から捉え直すことの必要性を示すものであり、本章が指摘する分権型改革への根拠となるものである。

都市内分権改革は、さらに市町村単位の自治体の自立的な発展をフォローする制度的な枠組みの確立と並行して進められることが必要である。第二章での検討をとおして、大阪府下の地域開発が「上からの開発」として進められた結果、各市町村は都市圏域内での部分的な機能に特化した地域構造になっていること、これと照応する形で市町村間での所得階層の格差構造が顕著に見られることが明らかになった。それは大都市圏域における地域形成のメカニズムが、市町村レベルを超えた範囲で機能し、その結果として地域の特性が形成される傾向をもつことを示している。このような傾向は、大阪大都市圏の場合には、政府部門の大都市圏計画によって加速されたということができよう。

こうした現状は、各市町村レベルでの参加・分権型の改革を進めるとともに、これを基礎とした市町村レベルの計画を確立すること、そしてそれを広域レベルでフォローする行財政システムの重要性を示すものである。ここで必要なのは、「住民の共同組織」としての自治体の再生に向けて、地方自治システムの下からの再構築をはかることである。公と共の協働システムとしての近隣自治体の設置を基礎とした地方自治システムの再構築は、分権型福祉社会を支える基盤としての役割を果たすであろう。

（1）　水口憲人「市民運動と行政」（西尾勝・村松岐夫編『講座行政学　第6巻　市民と行政』有斐閣、一九九五年）二三一―二三三ページ、二四六―二六二ページ。なお水口は、政治システムにおける市民参加の位置について、足立忠夫の論点（『行政学』日本評論社、一九九二年）を引用する形で論じている。ニューヨーク市のコミュニティボードについては、次の文献に詳しい。横田清『アメリカにおける自治・分権・参加の発展』敬文堂、一九九七年、二〇八―二二八ページ。山崎正『米国の地方財政』勁草書房、一九九二年、二八七―二九三ページ。

あとがき

本書は、筆者が学生時代からかかわった地域住民団体の活動や、自治体職員として担当した学童保育・高齢者福祉などの職務、またなにより自治体職員労働組合の役員としての経験をとおして培われた問題意識などをベースとしたものである。その意味で、地域と住民サイドから発せられた貴重な情報や経験の蓄積を国レベルの政策展開と接合して、地方自治の新たな方向を見出すこと、それが本書の課題と言える。全六章の内容がこうした課題にどこまで応えられているか否かは読者諸賢の評価に待つほかないが、筆者としては本書を今後の研究活動の一里塚とするためにも、多くの方々による忌憚のない批判を期待するところである。

本書は、筆者が京都大学大学院に博士号請求論文として提出したものに補筆・修正を加えたものであるが、各章の初出は次のとおりである。

第一章　書き下ろし

第二章　「大阪大都市圏の形成とニュータウン開発（1）（2）」京都大学経済学会『経済論叢』第一六二巻第一号、同第二号所収

第三章　書き下ろし

第四章　「分権型福祉国家と自治体改革（1）（2）」京都大学経済学会『調査と研究』第一九号、同第二一号所収

第五章・第六章　書き下ろし

二十数年にわたって市役所職員として勤務してきた筆者が研究者として独り立ちする過程では、学生時代の恩師である大谷明夫先生や、京都大学大学院で本格的な研究活動を始めるにあたっては池上惇先生、植田和弘先生、岡田知弘先生をはじめ、多くの先生方のご指導とご援助を受けてきた。なかでも、重森曉先生（大阪経済大学）、加茂利男先生（大阪市立大学）、二宮厚美先生（神戸大学）、横田茂先生（関西大学）には、大阪自治体問題研究所での活動などをとおして自治体行財政の分析・研究にかかわるさまざまなご指導をいただいた。また、同研究所の行財政研究会でのイタリアへの調査旅行を含む二十年に及ぶ研究活動や、京都大学大学院池上・植田ゼミの社会人大学院生による産業論研究会での諸学兄との研究や議論からは、地方自治の現場での出来事を理論的に捉え返すうえで大きな示唆を得ることができた。さらに、スウェーデンの研究・調査では、藤岡純一先生をはじめ、宮本太郎先生（北海道大学）や穴見明先生（大東文化大学）から懇切な助言をいただくとともに、アグネ・グスタフソン先生（ルンド大学）およびレナート・ニルソン先生（イエテボリ大学）には、これ以上ないと思えるほど親切に指導していただいた。またここに、お一人ずつお名前を挙げることは控えさせていただくが、数え切れないほどの先生方から一方ならぬご指導をいただいた。この場を借り心から御礼を申し上げたい。

本書はこうした諸先生方によるご指導の賜物でもある。同時に先述したとおり、筆者の研究活動の原点は主要には自治体労働組合での自治研（地方自治研究）活動にあり、その意味からも吹田市役所職員のみなさまならびに吹田市職員労働組合には心から感謝したい。

二〇〇四年六月

槌田　洋

索　引

あ行

か行

さ行

た行

な行

は行

ま行

や行

ら行

槌《つち》田《だ》　洋《よう》

富山大学経済学部を卒業後，大阪府吹田市役所勤務を経て
京都大学大学院経済学研究科博士課程修了
経済学博士（京都大学）
現在，日本福祉大学社会福祉学部教授

著書・論文
『現代地域福祉の課題と展望』（共著）かもがわ出版，2002年
「分権型福祉国家と自治体改革(1)(2)」京都大学経済学会『調査と研究』2000年
ほか

分権型福祉社会と地方自治

2004年7月22日　初　版

著　者　槌田　洋
装幀者　林　佳恵
発行者　桜井　香
発行所　株式会社 桜井書店
東京都文京区本郷1丁目5-17　三洋ビル16
〒113-0033
電話（03）5803-7353
Fax　（03）5803-7356
http://www.sakurai-shoten.com/
印刷所　株式会社 ミツワ
製本所　誠製本株式会社

ISBN4-921190-26-7　Printed in Japan